U0928629

北京能源发展研究报告 2016

"十二五"北京能源发展大事述略与
"十三五"发展战略研究

北京能源发展研究基地◎编著

BEIJING NENGYUAN FAZHAN YANJIU BAOGAO 2016

中国经济出版社
CHINA ECONOMIC PUBLISHING HOUSE
北 京

图书在版编目（CIP）数据

北京能源发展研究报告（2016）："十二五"北京能源发展大事述略与"十三五"发展战略研究／北京能源发展研究基地　编著.

中国经济出版社，2017.3

ISBN 978－7－5136－4641－3

Ⅰ.①北… Ⅱ.①北… Ⅲ.①能源发展—研究报告—北京—2016 Ⅳ.①F426.2

中国版本图书馆 CIP 数据核字（2017）第 043982 号

责任编辑　赵静宜

责任印制　巢新强

封面设计　久品轩

出版发行　中国经济出版社

印 刷 者　北京力信诚印刷有限公司

经 销 者　各地新华书店

开　　本　787mm×1092mm　1/16

印　　张　15.25

字　　数　259 千字

版　　次　2017 年 3 月第 1 版

印　　次　2017 年 3 月第 1 次

定　　价　68.00 元

广告经营许可证　京西工商广字第 8179 号

中国经济出版社 **网址** www.economyph.com **社址** 北京市西城区百万庄北街 3 号 **邮编** 100037

本版图书如存在印装质量问题，请与本社发行中心联系调换（联系电话：010－68330607）

《北京能源发展研究报告（2016）》

主　　编：徐唐棠

副 主 编：王　伟

撰 稿 人：（按姓氏笔画排序）：

王　伟　肖宏伟　徐唐棠　梁晓丽

前　言

能源是国民经济快速稳定发展和社会经济系统正常运转的重要物质基础，是城市生产和生活不可缺少的动力系统。作为国家首都和超大型城市，北京市的能源消耗体量巨大，位列我国第二大能源消费城市。在资源禀赋方面，北京市的一次能源只有煤炭和水电，经济发展和社会生活所需的能源主要依靠外部调入，北京市能源的供需平衡和可持续发展，不仅是一项重大的经济任务，也是一项重大的政治任务。“十二五”时期，北京市能源运行总体形式基本平稳，能源消费总量得到了较好地控制，能源结构得到了一定程度地优化，能源技术水平获得较大提升，节能工作成效突出。同时，随着城市人口规模、产业发展规模和建筑规模不断扩大，能源需求将持续刚性增长，资源约束矛盾更为突出；产业结构不合理，能源效率有待提高，环境压力增大，雾霾频发。在此背景之下，迫切需要对“十二五”时期北京市能源行业的发展特点和能源政策的渐进改革进行梳理和总结，因势利导，合理规划北京市“十三五”能源发展战略，引导北京能源产业结构的进一步优化和技术水平的不断提高，通过降低能源使用总量和提高能源使用效率，维护北京能源长期、稳定和可持续利用，逐步实现北京能源的清洁、可持续发展。

为了增强北京市能源发展决策的科学性，促进北京市能源全面、协调、可持续发展，充分利用高等院校能源科研机构和平台，汇聚国内外能源行业的专家资源和信息资源，北京市教育委员会和北京市哲学社会科学规划办公室组织有关专家，经全面考察和严格评审，于2006年11月1日正式批准在华北电力大学设立“北京能源发展研究基地”（以下简称能源基地），并于2007年1月26日正式授牌。能源基地成立后，秉持“聚能会源，咨政立言”理念，与国务院和北京市政府能源管理部门及相关职能部门紧密配合，为国家和北京市制订能源战略、能源规划、能源政策和能源法规提供理论研究成果和专家智力支持，努力建成以科学研究、学术队伍建设、条件平台建设为重点，注重高层次人才引进和人才培养，开展高端学术交流，集科研、咨询、教学和培训于一体，具有学术原创力和特色竞争力的能源科研机构。在北京市教育委员会及北京市哲学社会科学规划办公室在电力大学2009年和2013年组织的北京社科规划研究基地的两次验收中都被评为优秀基地。

针对北京市能源发展中存在的重大问题，北京能源发展研究基地组织科研人员开展重点研究并积极建言献策，形成了专题研究成果，形成这本《北京能源发展研究报告2016》。本报告共分五个部分。

第一部分为北京能源发展现状研究。该部分重点研究了北京传统能源和新能源的现状特点和发展成就，分析了“十二五”时期有关能源发展的法律、法规和政策，梳理了北京能源和新能源的发展规划和取得的成就，指出了北京清洁能源和新能源发展的不足和困境，为政府相关部门完善清洁能源和新能源的发展规划提供了有益参考。

第二部分为“十二五”时期北京传统能源发展大事述略。该部分重点研究了“十二五”时期北京煤炭、天然气和电力行业清洁发展的历程，分析了三个行业的发展规划、行业政策以及发展取得的主要成就，梳理了三个行业在推进清洁发展中的重大事件，指出了传统能源尤其是煤炭产业的转型升级、天然气和电力等清洁能源的快速发展是北京能源结构优化的重要实现途径。

第三部分为“十二五”时期北京新能源发展大事述略。该部分重点研究了“十二五”时期北京太阳能、地热能、生物质和风电行业的发展历程，在国家资源禀赋和发展政策背景下，分析了北京发展新能源的优势和不足，梳理了四个新能源行业发展的体制机制环境和重大事件，指出了充分利用科研技术的集聚和创新效应是助推北京市新能源产业发展的重要举措。

第四部分为“十二五”时期北京节能降耗大事述略。该部分重点研究了北京市在内涵促降、结构促降、重点（工业、建筑和交通）领域节能降耗的政策创新和具体措施，梳理了“十二五”时期北京节能降耗的思路和举措，即以节能科技创新驱动和培育现代产业体系、以先进能耗标准引领清洁生产，推进落后生产力退出、完善能源市场服务机制促进能源监测、管理体系的建立和完善，指出深入推进节能降耗、以降耗促能源转型升级是北京有效破解资源环境约束、切实改善环境质量、治理“大城市病”的根本之策，事关城市建设全局和长远发展。

第五部分为“十三五”时期北京能源发展战略重点研究。该部分重点研究了

"十二五"时期北京能源发展结构优化、能耗下降的主要特点，评估了北京市"十二五"经济发展规划，分析了"十三五"时期北京经济社会发展趋势、经济政策取向及其影响因素，预测了"十三五"时期北京各行业能源需求总量、能源总体消费结构和发展目标，并以此为基础对"十三五"时期保障北京能源安全发展提出了政策建议。

目　录

前言 ………………………………………………………………… 1

第一章　北京市能源发展现状 …………………………………… 1

一、北京市能源发展基本情况 …………………………………… 1

（一）北京市能源发展成就 ……………………………………… 2

（二）北京市能源发展存在的问题 ……………………………… 4

二、北京市新能源和可再生能源发展概况 ……………………… 6

（一）北京市新能源品种和分布 ………………………………… 6

（二）北京市新能源技术的发展 ………………………………… 8

（三）北京市新能源发展的空间规划 …………………………… 8

三、“十二五”时期北京市能源发展的主要政策和法律法规述略……… 11

（一）纲领性政策文件 …………………………………………… 11

（二）传统能源、新能源和可再生能源有关的政策文件 ……… 13

（三）节能减排有关政策文件和法律法规 ……………………… 14

第二章　“十二五”时期北京市传统能源发展 ……………………… 17

一、北京市煤炭清洁发展之路 …………………………………… 17

（一）国家煤炭资源分布和发展规划 …………………………… 17

（二）“十一五”时期北京煤炭发展成就和“十二五”发展规划 …… 18
（三）主要成就和发展目标（2010—2012年） …… 20
（四）集中治理用煤设施加快压减燃煤总量（2013—2015年） …… 24
二、北京市天然气清洁发展之路 …… 36
（一）国家天然气储量和分布特点 …… 36
（二）“十二五”时期国家天然气管网建设 …… 38
（三）“十一五”时期北京天然气发展成就和“十二五”发展规划 …… 39
（四）主要成就和发展目标（2010—2012年） …… 42
（五）增强综合保障能力（2013—2015年） …… 44
三、北京市电力清洁发展之路 …… 60
（一）国家电力资源和电网分布 …… 60
（二）“十一五”时期北京电力发展成就和“十二五”发展规划 …… 61
（三）主要成就和发展目标（2010—2012年） …… 64
（四）优化供电保障布局（2013—2015年） …… 66

第三章　“十二五”时期北京市新能源发展 …… 76
一、新能源发展概述 …… 76
（一）世界新能源发展的主要特点 …… 76
（二）“十二五”时期我国可再生能源发展的主要指标 …… 79
（三）发展新能源对于我国环境和社会的影响分析 …… 80
（四）北京市“十二五”时期新能源发展目标 …… 81
二、北京市太阳能发展之路 …… 82
（一）国家资源禀赋和太阳能发展规划 …… 82
（二）“十二五”时期太阳能利用的发展方向 …… 83
（三）“十一五”时期北京太阳能发展成就和“十二五”规划 …… 85
（四）重要项目 …… 87
（五）“十三五”时期北京太阳能发展方向 …… 91
三、北京市地热能发展之路 …… 92
（一）国家资源禀赋和地热能发展规划 …… 92

（二）“十一五”时期北京地热发展成就和“十二五”发展规划 …… 93
（三）重要项目 …… 95
（四）“十三五”时期北京地热能发展方向 …… 97
四、北京市生物质能发展之路 …… 98
（一）国家生物质能资源禀赋和生物质能发展规划 …… 98
（二）“十二五”时期我国生物质能的发展布局和建设重点 …… 99
（三）“十一五”时期北京生物质能发展成就和“十二五”发展规划 …… 100
（四）重要项目 …… 101
（五）“十三五”时期北京生物质能发展方向 …… 105
五、北京市风电发展之路 …… 106
（一）国家风电资源禀赋和风电发展规划 …… 106
（二）“十一五”时期北京风电发展成就和“十二五”发展规划 …… 107
（三）重要项目 …… 109
（四）“十三五”时期北京风电发展方向 …… 111

第四章 “十二五”时期北京市节能降耗发展 …… 112
一、着力提升内涵促降能力 …… 113
（一）科技创新驱动 …… 113
（二）先进能耗标准引领 …… 115
（三）市场服务机制的完善 …… 117
二、深度挖掘结构促降潜力 …… 122
（一）积极培育现代产业体系 …… 122
（二）继续推进落后生产能力退出 …… 123
（三）全面推行清洁生产 …… 124
三、系统提升重点领域能效 …… 125
（一）深化工业领域节能 …… 125
（二）建设低碳建筑 …… 127
（三）发展绿色交通 …… 129

四、提升其他领域减碳能力 …… 138
(一) 开展农业减源增汇能力建设 …… 138
(二) 强化废弃物处理领域温室气体控制 …… 140

第五章 "十三五" 时期北京能源发展战略 …… 142

一、北京能源发展特征 …… 142
(一) 能源消费增速换挡 …… 143
(二) 单位 GDP 能耗不断下降 …… 145
(三) 能源消费结构不断优化 …… 146
二、"十三五" 时期北京经济社会发展预测 …… 146
(一) 北京经济社会发展现状 …… 146
(二) 北京 "十二五" 经济发展规划评估 …… 150
(三) "十三五" 时期北京经济政策取向及影响因素 …… 151
(四) "十三五" 时期北京经济社会发展趋势 …… 154
三、"十三五" 时期北京分品种分行业能源需求预测 …… 157
(一) 煤炭消费分行业预测 …… 159
(二) 石油消费分行业预测 …… 166
(三) 天然气消费分行业预测 …… 189
(四) 电力消费分行业预测 …… 196
四、"十三五" 时期北京能源需求总量分行业预测 …… 204
五、"十三五" 时期北京能源消费结构预测 …… 212
六、"十三五" 时期北京能源发展目标预测 …… 215
七、北京在京津冀能源协同发展战略中的地位与作用 …… 217
(一) 京津冀能源发展现状 …… 217
(二) 京津冀能源协同发展面临的形势 …… 219
(三) 保障京津冀能源安全的战略举措 …… 221
八、"十三五" 时期保障北京能源安全的政策建议 …… 222
(一) 控制能源消费增长速度，推进能源消费革命 …… 222
(二) 加快能源结构调整，推进能源供给革命 …… 222

（三）发挥首都科技创新优势，推进能源科技革命 …………………… 223
（四）稳步开展能源改革试点先行，推进体制机制革命 ……………… 223
（五）加强国际国内能源合作，提高首都能源安全保障能力 ………… 224

参考文献 …………………………………………………………… 225

第一章　北京市能源发展现状

能源是国民经济快速稳定发展和社会经济系统正常运转的重要物质基础，是城市生产和生活不可缺少的动力系统。作为国家首都和超大型城市，北京市的能源消耗体量巨大，是我国第二大能源消费城市。在资源禀赋方面，北京市的一次能源只有煤炭和水电，经济发展和社会生活所需的能源主要依靠外部调入：约70%的电力供应从京津唐电网和华北电网调入，天然气来自陕甘宁长庆气田及华北油田等，100%的原油靠外地输入，95%的原煤从山西、内蒙古、河北等省区调入①。北京市能源的供需平衡和可持续发展，不仅是一项重大的经济任务，也是一项重大的政治任务。

“十二五”时期，北京市能源运行总体形势基本平稳，供需基本平衡，应急措施得当，节能工作成效突出。2014年北京市地区生产总值达到21330.8亿元，比上年同期增长7.8%；全市能源消费量为6832.2万吨标煤，比上年增长1.5%，即北京仅以1.5%的能源消费总量低增速，支撑了7.8%的地区生产总值高速增长。② 另外，北京市能源资源匮乏，随着经济快速发展和人口的增加，能源对外依存度高的问题变得更为突出，2014年北京市能够自给的能源——原煤和电力的能源生产量分别为514.0万吨标准煤和351.6亿万千瓦时，能源供需平衡的压力不断增大，传统的以资源和环境为代价的粗放型经济增长模式，难以支撑北京经济与社会的可持续发展。因此，北京必须走低能耗、低排放、高效率的绿色经济发展之路，通过加强规划、制定标准、完善制度、强化管理，进一步促进能源发展，为建设节约型城市和保障首都的可持续发展提供可靠的保障。

一、北京市能源发展基本情况

北京市是一个高耗能城市，随着能源供需形势的不断变化和治理雾霾的紧迫现

① 北京市发改委，北京市规划委，北京市建委［R］. 关于建筑节能地汇报材料，2005－09.

② 北京市统计局. 国家统计局北京调查总队［R］. 北京统计年鉴2015，2016.

实，北京市以改善空气和环境质量为基本出发点的能源规划和政策在首都的能源发展过程中发挥了重要的作用，取得了显著成绩。

（一）北京市能源发展成就

1. 能源消耗水平降低，能源运行基本平稳

2014 年，北京市能源消费总量达到 6831.2 万吨标准煤，比上年增长 1.6%，而同期北京地区生产总值达到 21330.8 亿元，比上年增长 7.3%，“十二五”时期前四年平均增速为 7.7%。北京市每产出 1 万元地区生产总值仅仅消耗 0.36 万吨标准煤，“十二五”时期前四年万元地区生产总值能耗下降率平均为 5.47%，位居全国前列。

表 1－1 能源消费总量及万元地区生产总值能耗（2011—2014 年）

项目 年份	地区生产总值（亿元）	能源消费总量（万吨标准煤）	万元地区生产总值能耗（万吨标准煤）	万元地区生产总值能耗下降率（%）
2011	16251.9	6995.4	0.458	6.95
2012	17879.4	7177.7	0.436	4.75
2013	19800.8	6723.9	0.380	4.88
2014	21330.8	6831.2	0.360	5.29

资料来源：《北京统计年鉴 2015》。

“十二五”期间，北京市各种能源品种的消费量呈现有增有减的局面，其中煤炭 1736.54 万吨，比上年下降 14%，比 2011 年下降 26.6%；天然气 113.70 亿立方米，比上年增长 13.1%，比 2011 年增长 54.6%；电力消费 567 亿千瓦时，比上年增长 2.7%，比 2011 年增长 9.3%；汽煤柴油 1144.66 万吨，比上年增长 4.6%；热力 16577.79 万百万千焦，比上年增长 7.6%。

表 1－2 北京市主要能源品种消费量（2011—2014 年）

项目 年份	能源消费总量（万吨标准煤）	煤炭（万吨）	天然气（亿立方米）	电力（亿千瓦时）	汽煤柴油（万吨）	热力（万百万千焦）
2011	6995.4	2365.54	73.56	853.68	1050.78	17539.09
2012	7177.7	2269.89	92.07	911.94	1075.05	17065.92
2013	6723.9	2019.23	98.81	908.70	1094.57	15408.22
2014	6831.2	1736.54	113.70	933.41	1144.66	16577.79

资料来源：《北京统计年鉴 2015》。

2015 年北京地区最大电力负荷为 1820 万千瓦，同比增长 3.3%；2014 年北京市

天然气日均用气量为3115.0万立方米，较2011年增长54.6%。

2. 优质能源比重提高，能源消费结构有所改善

2015年北京市优质能源在能源消费总量中的比重达到85%，比2013年提高5个百分点，新能源和可再生能源比重达6%；2014年煤炭在能源消费总量中的比重下降到25.4%，比2013年下降了4.6个百分点。北京市环境状况得到进一步改善，2015年北京市区空气质量达标（优和良）天数为186天，比上年增加了14天，占全年总天数的51%。2014年，北京市第一产业用能为91.7万吨标准煤，占全市能源消费量的1.3%；第二产业用能1998.4万吨标准煤，占全市能源消费总量的29.3%；第三产业用能3236.5万吨标准煤，占47.4%；居民生活用能1504.6万吨标准煤，占22%。

表1-3　能源消费总量及万元地区生产总值能耗（2011—2014年）　单位：万吨

项目 / 年份	能源消费总量	第一产业	第二产业	第三产业	居民生活
2011	6995.4	100.3	2488.7	3100.5	1305.8
2012	7177.7	100.8	2426.1	3252.1	1398.7
2013	6723.9	97.3	2079.2	3109.1	1438.3
2014	6831.2	91.7	1998.4	3236.5	1504.6

资料来源：《北京统计年鉴2015》。

“十二五”时期，北京能源结构调整成效显著：2012年，全年能源消费总量约为7180万吨标准煤，同比增长约2.6%；万元地区生产总值能耗同比下降约4.67%，新能源和可再生能源占比达到4.3%。能源结构调整的主要措施包括：全年压减燃煤70万吨，超额完成燃煤锅炉清洁改造任务，为2.1万户东西两城平房居民实施“煤改电”工程，加快推进非文保区“煤改电”进程；全年完成能源投资236亿元，四大燃气热电中心建设任务完成过半，外部气源工程加快推进，开工建设大唐煤制气（古北口—高丽营段）、西六环燃气管线南北段等重点工程；抓住国家支持新能源发展的政策机遇，推进实施一批新能源高端示范项目，太阳能利用取得突破，全市太阳能集热器面积达到700万平方米，太阳能光伏发电装机达到60兆瓦，积极推进生物质能、地热能多样化规模化利用，高安屯垃圾填埋气发电和延庆城西40万平方米地热供暖工程投入运行，鲁家山生物质能源电厂项目进入设备调试阶段。

3. 各种能耗降低、节能效果明显

近年来北京市一手抓产业结构调整和产业布局优化，一手抓节能管理，提高能源利用效率，使北京单位 GDP 能耗逐年降低。2014 年全市万元地区生产总值能耗为 0.360 吨标煤，比上年同期下降 5.29%。

“十二五”期间，北京市通过政府机构节能、建筑节能、工业节能、交通节能和节能管理等措施，取得了显著的节能效果。通过政府机构节能示范工程和大型公建节能试点工程，选择 30 家大型宾馆饭店作为试点，进行节能改造，达到了建筑用能总量控制；通过工业高耗能行业节能改造工程，加强对重点行业高耗能企业监管，推行高耗能企业用能在线监测；通过绿色照明工程，建立绿色照明新技术、新产品认证、评审、推广体系，实现中小学校更换高效照明光源；通过节能新技术推广工程，加大节能产品评审力度，推广节能新技术，使节电、节煤、节气、节油取得突破。

（二）北京市能源发展存在的问题

“十二五”期间，北京的能源发展取得了较大的成就，但是依然面对一次能源匮乏、天然气主要依靠外调的资源禀赋，需要面对能源供给无法自给的能源安全问题，需要面对较长时期内无法根治的空气污染和环境保护的压力，以及新能源技术资源和发展遇到的“瓶颈”，北京能源的绿色、安全和可持续发展任重道远。

1. 一次能源资源缺乏，能源发展与环境保护压力巨大

随着北京市的经济增长对能源需求的提升，奥运会的举办等对北京市的能源供应提出了较高的要求。据调查，在本市重要的工业领域中，如电力、冶金、建材、石化、化工五大行业里，万元工业增加值能耗、水耗仍然较高。

北京市是一个能源资源缺乏的城市，人均水资源不到全国的 1/8，全市多年平均水资源量为 37.4 亿立方米，人均水资源不到全国平均水平的 1/8，人均土地资源不足全国平均水平的 1/6。联合国制定的一个地区适合人类生活的最低标准是人均耗地 0.8 亩以上，而北京仅为 0.27 亩；人均水资源 1000 立方米以上，而北京不足 300 立方米。而经过多年努力，北京好于二级的天气已经达到 62% 左右，但与常年空气质量都在二级以上的标准，以及要拥有充足的日照和绿地的标准相比，北京还相差甚远。

北京市地处华北平原，周边地区环境质量不高，北京市的盆地地形又不利于污染物扩散，环境容量有限，作为首都，人们对北京市的环保标准要求又高于一般城市，要加强对化石燃料燃烧的排放控制，这对北京市的能源供应和能耗降低也必然会造成压力。

2. 能源严重依赖外部，供应体系存在安全隐患

北京市电力主要靠“西电东送”，输送走廊过于集中，受气候和外力破坏的同时停电的可能性大，现有配电网能力也难以满足最大负荷需要。煤炭和天然气主要依靠外购，受到资源、运力以及能源结构调整的影响，近两年供应紧张局面尤为突出。天然气供应源单一，主要来源于陕西长庆气田一个气源。

3. 节能潜力较大、节能任务艰巨

北京节能减排工作虽然已经取得一定成绩，但仍有较大的改进空间：工业产业结构和产品结构需要进一步调整；机动车百公里油耗比欧洲高25%；集中供暖单位建筑面积平均能耗是气候相近发达国家的2~3倍。目前，城市管理体制的政策保障体制尚不完善，管理机制需要理顺。市民过度消费现象较为普遍，自觉节约资源、保护环境的意识不足。

4. 可再生能源种类较少，开发利用发展缓慢

北京市的可再生能源主要是太阳能，占可再生能源资源总量的99%以上，除此之外还有少量的生物质能、地热能、风能和水能（小水电），年资源总量折合26.1亿吨标准煤。从对太阳能的利用来看，北京地区年均日照时数达到2763小时，而号称“日光城”的拉萨也不过3005小时，我国日照最多的哈密和玉门两地，日照也只有3200小时到3300小时，发展太阳能具有良好的条件，太阳能可开发的潜力比较大。北京市的风能主要分布在官厅水库周边及密云水库北部，据测算总能量有830兆瓦[①]，风能利用同样也存在可进一步开发的空间。

5. 能源管理体制不够健全，改革有待进一步深化

能源管理分散在多个部门，缺乏协调统一的研究管理机制，难以针对国内外能源形势的变化采取及时有力的应对措施和制订全面、统一、科学的战略方案。能源

① 杨振华. 北京能源紧缺热点问题的多维思考［J］. 北京联合大学学报（人文社会科学版），2006（6）：9-14.

行业缺乏有效竞争，运营管理成本高，服务水平低。科学合理的价格体系和价格联动机制尚未形成。

二、北京市新能源和可再生能源发展概况

（一）北京市新能源品种和分布

北京市新能源和可再生能源品种比较齐全，主要包括太阳能、地热能、生物质能、风能和小水电等，但相对于资源大省，北京市新能源和可再生能源资源总量较少。

北京市的太阳能资源丰富，开发潜力巨大。北京市地区年日照时数达到2600～3000小时，年日照时数在2750小时左右，年累计太阳辐照量达到5000～6000兆焦/平方米，接受太阳能辐射总量约为26亿吨标准煤。北京属于全国太阳能资源区域二类地区，分布呈现南、北多，中部少的型态，东北部上甸子、汤河口一带及延庆盆地辐射条件较好。从总体上来看，北京市太阳能资源较丰富，优于上海、云南和江浙等地区。其中，生态涵养区的延庆、密云、怀柔等区县以及亦庄地区太阳能资源条件最为优越。

地热、余热潜力较大。据初步勘测，地热资源年可利用量约350万吨标准煤；再生水和工业余热资源年可开发利用约60万吨标准煤。主要分布在延庆、海淀、大兴、昌平、顺义等区县。

生物质能资源种类多样。北京市生物质能资源主要包括农业废弃物、林业废弃物、畜禽粪污、生活垃圾、餐厨垃圾及污泥等。其中城市发展新区和生态涵养区的生物质能资源约占全市生物质能资源总量的80%以上。

风能资源相对不足。北京风能资源储量约为460万千瓦，目前已探明的风资源可利用量合计约为45万千瓦，主要分布于延庆、密云、门头沟等北部及西北部山区。

水电资源储量较少。根据全国水力资源复查成果分析，北京市水力资源技术可开发量约为58.5万千瓦，经济可开发量约为41.4万千瓦，主要分布于潮白河、拒马河、京密引水渠等河流。

“十一五”期间，北京市新能源和可再生能源开发利用步伐不断加快，产业规模不断扩大。特别是奥运会的成功举办，建成了一批标志性的重点示范项目，兑现

了“绿色奥运”的承诺，极大地促进了本市新能源和可再生能源的发展。2010 年，本市新能源和可再生能源开发利用总量为 223 万吨标准煤，比 2005 年增长 2.7 倍，年均增速达 30.1%，占全市能源消费总量的比重达到 3.2%；新能源和可再生能源产值达到 400 亿元。到 2015 年，本市新能源和可再生能源利用量可替代 550 万吨标准煤，减少二氧化碳排放量约 1100 万吨、二氧化硫 10 万吨，同时大幅削减氮氧化物和粉尘等颗粒物排放。

“十二五”期间，北京抓住国家支持新能源发展的政策机遇，推进实施一批新能源高端示范项目。太阳能利用取得突破。中科院兆瓦级太阳能光热发电、5 兆瓦阳光校园和奔驰汽车、新首钢动漫产业园光伏屋顶等一批新能源项目建成投运；延庆 31 兆瓦、密云 20 兆瓦等一批大型地面光伏电站开工建设；全市太阳能集热器面积达到 700 万平方米，太阳能光伏发电装机达到 60 兆瓦。积极推进生物质能、地热能多样化规模化利用。高安屯垃圾填埋气发电和延庆城西 40 万平方米地热供暖工程投入运行，鲁家山生物质能源电厂项目进入设备调试阶段。新能源发展环境和政策机制不断完善。成立北京市新能源和可再生能源标准化技术委员会，着手制定新能源统计管理暂行办法和新能源标准体系表；出台民用建筑太阳能光热应用强制标准；积极利用世界银行等国外优惠贷款参与本市新能源建设。

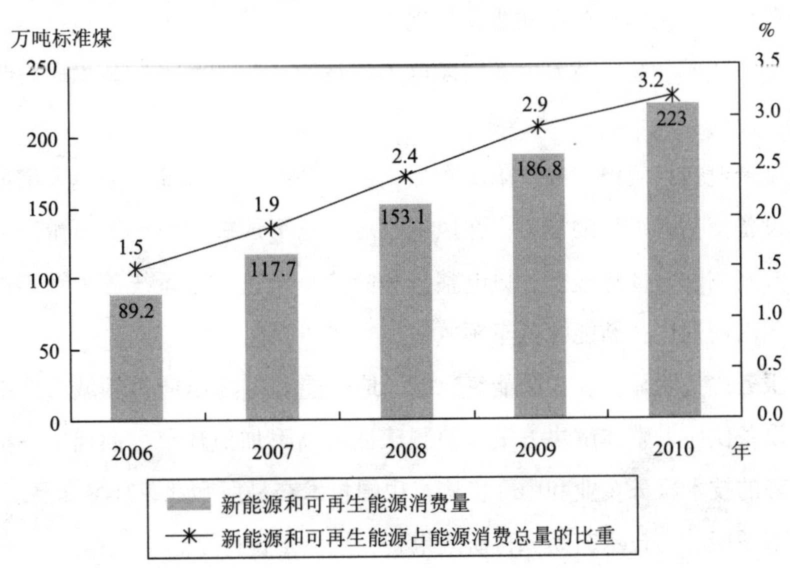

资料来源：北京市“十二五”期间新能源和可再生能源发展规划。

图 1-1 “十二五”期间北京市新能源和可再生能源开发利用情况

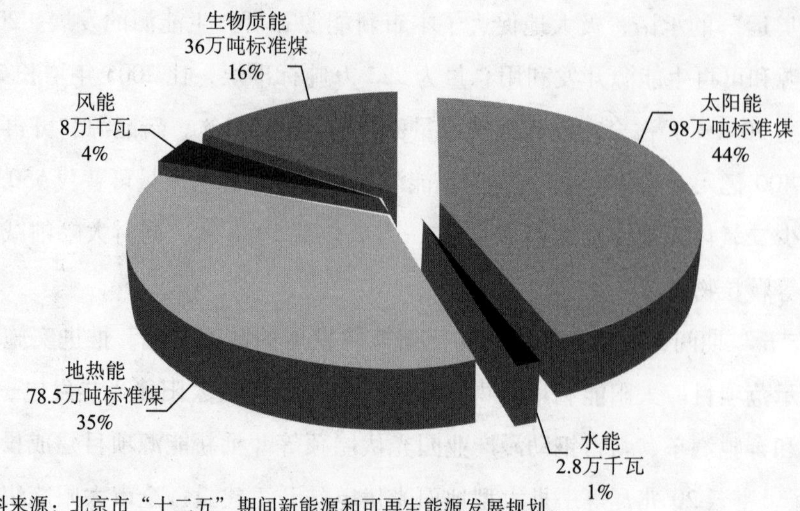

资料来源：北京市“十二五”期间新能源和可再生能源发展规划。

图1－2　2010年北京市新能源和可再生能源利用量及结构

（二）北京市新能源技术的发展

科技创新全国领先。依托本市新能源和可再生能源领域雄厚的研发实力，建成了一批国家重点实验室、国家工程实验室、国家工程研究中心等研发机构；在全国率先成立了太阳能光伏、光热、风能、生物质能等6个新能源产业技术联盟，初步形成了企业、研发机构、产业联盟相互促进的创新格局。在光热发电技术、非晶硅薄膜电池生产线成套装备技术、大型风电关键技术、新能源汽车技术研发等领域创新优势明显。

高端制造业初具规模。在太阳能领域，已具备晶硅、非晶硅薄膜太阳能电池生产线成套设备交钥匙工程的能力；在风电领域，已形成较完整的上下游产业链，风机整机系统集成能力优势显著，风电整机和叶片、风机控制系统等关键零部件的制造水平居国内前列；在新能源汽车领域初步实现产业化。

技术服务优势明显。在太阳能、风能、地热能和生物质能等领域，围绕系统集成、成套设备供应、整体解决方案、检测认证等高附加值环节，涌现出一批具有较强竞争优势的技术服务企业和中介机构。中国技术交易所和北京环境交易所的成立，为促进本市新能源的技术交易和科研成果转化提供了良好平台。

（三）北京市新能源发展的空间规划

北京市在新能源空间发展格局上，构建形成了“一县两区多基地”的空间格局：高水平建设延庆国家绿色能源示范县；加快建设北京经济技术开发区国家光伏集中应用示范区；积极支持本市有条件的区（县）争创国家新能源示范城市；做大做强延庆北京新能源产业基地、平谷绿色能源产业基地和大兴新能源汽车产业基地。

① 一县：即绿色能源示范县，是指国家能源局、财政部和农业部共同认定的、以开发利用可再生能源为主要方式解决农村生活用能的县（市）。全国共授予108个,北京市延庆县位列其中。

在全面“一县”建设即推进延庆国家绿色能源示范县建设方面，北京加大了政策、资金支持力度，创新管理机制和模式，高水平建设了一批体现当地资源优势与提高农村能源利用水平相结合的重点示范项目，建成延庆31兆瓦、密云20兆瓦等大型光伏电站项目；统筹延庆供热规划，重点实施城西地热供暖工程，在延庆妫水河以北新发展区域建设以地热供暖为主联合燃气调峰的复合供热系统。目标是2015年延庆县新能源利用占全县能源消费总量30%以上，全县50%以上的居民使用到清洁绿色的新能源。

② 两区：即光伏发电集中应用示范区和国家新能源示范城市。光伏发电集中应用示范区是财政部、科技部、住房和城乡建设部、国家能源局四部门联合命名的示范区，是国家对推进国内光伏发电规模化应用、培育战略性新兴产业的政策的重要举措。工程以产业园区、经济开发区为主，采取低压侧并网接入的形式，利用工业屋顶进行建设。北京经济技术开发区是国家首批授予的13家示范区之一。

2011年10月10日，北京京运通科技股份有限公司硅晶材料产业园（一期）屋顶光伏电站实现并网发电，北京经济技术开发区正式从能源合同管理示范阶段进入全面应用阶段。京运通一期屋顶光伏电站装机容量为1兆瓦，相当于1150个家庭一年的用电量。并网之后，项目日均发电量3600度，相当于每天为用户“节省”电费2800元，每年可达102.2万元。由于“并网不上网”，光伏电站的产能将直供工业企业自身使用，保证了安全性和经济性。

截至2012年12月，北京经济技术开发区光伏发电项目已完成10兆瓦的装机容量，京运通和京东方是开发区太阳能光伏发电的使用大户。京东方8.5代线厂房光伏发电面积11.5万平方米，总装机容量达5兆瓦，年均发电量达600万度，占京东方8.5代线非生产用电量的20%。京运通的光伏发电量则可为企业提供近四分之一的生活用电。2011年一年为开发区节约用电超过千万度，节约用电量相当于全区所有企业正常生产用电一天的量。

根据《北京经济技术开发区建设国家太阳能光伏发电集中应用示范区实施方案》的要求，到2012年末，开发区将实现太阳能光伏发电装机容量达到20兆瓦，具体指标包括，在2012年底前完成奔驰汽车、北汽集团、京东方视讯科技、康宁二期等企业20.3万平方米厂房屋顶，不少于10兆瓦的光伏发电项目建设。完成光伏与水资源、绿色照明的集成应用示范项目建设。每年太阳能光伏发电量将达到2000万度，节约标准煤7200吨，减少二氧化碳排放1.9万吨、二氧化硫排放超过60吨、氧化物排放超过50吨，同时带动光伏产业、LED产业、水资源产业新增产值百亿元。

③ 做大做强三大产业基地。立足现有基础，搞好存量调整，优化增量结构，实行差异化发展战略，依托龙头企业和高端服务平台，打造以太阳能、风能、智能电网产业及应用示范为主导的延庆新能源产业基地，积极促进以太阳能薄膜电池为特色的平谷绿色能源产业基地；发挥太阳能电池生产及高端装备制造企业优势，以新能源汽车企业为带动，形成纯电动汽车电池、控制系统、电机、整车制造等上下游完整产业链，打造北京新能源汽车产业基地。

资料来源：北京市“十二五”期间新能源和可再生能源发展规划。

图1-3　北京市新能源产业基地（园区）布局示意

三、“十二五”时期北京市能源发展的主要政策和法律法规述略

（一）纲领性政策文件

“十二五”时期，北京有关能源发展的纲领性政策文件主要有市级综合专项规划《“十二五”能源发展建设规划》，《“十二五”时期新能源和可再生能源发展规划》、热力发展规划和燃气发展规划等市级一般专项规划，以及《北京市 2013—2017 年清洁空气行动计划》和《北京市 2013—2017 年加快压减燃煤和清洁能源建设工作方案》等影响能源产业的重要政策文件。

《“十二五”时期能源发展建设规划》是依据《北京市国民经济和社会发展第十二个五年规划纲要》编制的市级重点专项规划，提出了“十二五”本市能源发展建设的指导思想、发展目标、主要任务、重大项目和政策措施，是未来五年本市能源建设发展的总体蓝图和行动纲领，也是指导各领域、各部门、各区县编制实施相关专项规划和年度计划，制定政策和标准的重要依据。《“十二五”时期能源发展建设规划》总结了“十一五”时期北京能源发展的主要成就，指出了北京在能源禀赋、能源消费结构和环境保护方面存在的主要问题，并为下一个五年北京能源结构的调整、能源消费方式的转变以及能源产业安全、可持续发展指明了方向。

《“十二五”时期新能源和可再生能源发展规划》是依据《北京市国民经济和社会发展第十二个五年规划纲要》《北京市“十二五”时期能源发展建设规划》和国家《可再生能源发展“十二五”规划》首次编制的市级一般专项规划，在分析我市发展新能源的区位优势、科技资源优势的基础上，提出了北京“十二五”时期新能源和可再生能源发展的指导思想、发展目标、主要任务、重大项目和政策措施，在利用总量、产业发展、空间布局和环境效益方面都提出了具体目标，尤其在重点建设延庆国家绿色能源示范县和亦庄国家光伏集中应用示范区，充分发挥北京科技创新资源密集的优势，以技术创新促进新能源产业发展方面，提出了因地制宜的发展规划，是指导“十二五”时期新能源和可再生能源发展的重要依据。伴随着新能源政策环境的改善、财税支持力度的提高、技术创新的助推，“十二五”时期北京市新能源和可再生能源利用总量达到 450 万吨标准煤，较“十一五”末期总量增加

226.7 万吨标准煤，年均增速约 15.0%，利用总量占全市能源消费比重由 3.3% 增长到6.6%，较“十一五”末期翻了一番，超额完成了“十二五”的规划目标。①

面对北京雾霾频发、空气污染严重的严峻形势，北京出台《北京市大气污染防治条例》《北京市 2013—2017 年清洁空气行动计划》以及《北京市 2013—2017 年加快压减燃煤和清洁能源建设工作方案》等系列法律法规和政策文件，各相关管理部门都制订了任务书和计划表，将治理空气污染作为一项重大的政治任务加以推进和落实，并纳入京津冀一体化防控体系中。改善空气质量、治理空气污染的巨大压力倒逼北京能源产业的转型和能源结构的优化，《北京市 2013—2017 年清洁空气行动计划》和《北京市 2013—2017 年加快压减燃煤和清洁能源建设工作方案》构成了各层级政府部门、能源管理部门、能源企业在“十二五”中后期重要的行动纲领和目标体系。《北京市 2013—2017 年清洁空气行动计划》将空气质量作为主要关切点，明确清洁空气行动的五年行动目标，即全市空气中的细颗粒物年均浓度比 2012 年下降 25% 以上，并细化了各个区县的治理目标，提出了八大污染减排工程，即源头控制（包括城市布局、人口规模、机动车保有、环保准入约束等）、能源结构调整（加大电力供应、电力生产燃气化和用能清洁化、“无煤化”“减煤换煤”等）、机动车结构调整、产业结构优化减排工程、末端治污、城市精细化管理、生态环境建设减排以及空气重污染应急减排八个方面，着力推动能源结构和产业结构的调整，加快转变经济发展方式，着力完善政府主导、企业实施、公众行动大气污染防治工作机制。《北京市 2013—2017 年加快压减燃煤和清洁能源建设工作方案》将降低北京的燃煤使用总量、改造燃煤设施、提高清洁能源供给作为主要抓手，以改善空气质量为根本出发点，坚持能源安全保障与清洁发展并重。提出的主要目标是燃煤总量大幅压减（到 2015 年和 2017 年，全市燃煤总量分别比 2012 年削减800 万吨和 1300 万吨）和清洁能源比重显著提高（到 2017 年，优质能源消费比重提高到 90% 以上；可再生能源消费比重达到 7%）两个方面，从集中治理用煤设施、完善燃气设施体系、优化供电保障和发展新能源四个领域，构建安全清洁高效的现代城市能源体系，促进空气环境质量显著改善和经济社会可持续发展。

---

① 北京市发展和改革委员会．“十三五”时期新能源和可再生能源发展规划［EB/OL］. http://mt.sohu.com/20160927/n469278162.shtml，2016-09.

（二）传统能源、新能源和可再生能源有关的政策文件

《北京市“十二五”时期供热发展建设规划》是依据《北京市国民经济和社会发展第十二个五年规划纲要》和《北京市“十二五”时期能源发展建设规划》编制的市级一般专项规划，总结了“十一五”时期北京供热事业在供热面积、节能减排和行业改革方面取得的成就，指出了热源建设落后、成本增加、节能任务艰巨等问题，明确了“十二五”时期供热规划的指导思想、发展原则和规划目标，即在注重供热安全保障、满足全市用热需求的前提下，继续调整优化供热用能结构，以发展热电联产热网集中供热和天然气供热为主，适度发展燃煤清洁供热，积极鼓励发展新能源和可再生能源供热。

《北京市“十二五”时期燃气发展建设规划》是依据《北京市国民经济和社会发展第十二个五年规划纲要》和《北京市“十二五”时期能源发展建设规划》编制的市级一般专项规划，总结了北京市“十一五”时期天然气的发展成就，即用户数和用气量均居全国第一、天然气在全市能源消费结构中所占比例约13.1%，指出发展天然气存在的问题，即设施建设成本高、进展慢，谷峰调度难度加大、中心城和新城天然气发展不均衡等，提出了“十二五”时期北京天然气产业的发展目标：天然气在北京能源结构中的占比提高到20%，市常住人口的天然气气化率达到80%以上，加快外部气源供应体系的建设，以四大热电中心供气管线建设为契机，进一步优化市内输气系统建设等。

在促进太阳能发展方面，北京市于2014年发布了《北京市分布式光伏发电项目管理暂行办法》（京发改规〔2014〕4号），明确了发展的重点领域，即重点推进在国家级新能源示范区、高端功能产业园区、商业设施及工业园区等建筑和构筑物上建设分布式光伏发电系统，积极支持在学校、医院等大型公共机构和新能源汽车充电站推广分布式光伏发电系统，对于年综合能耗超过5000吨标煤的工业企业，年用电量超过500万千瓦时的商业企业，有屋顶安装条件的鼓励安装分布式光伏发电系统，以及积极结合农村城镇化和新型农村社区建设分布式光伏屋顶系统。简化了分布式光伏发电项目的备案程序，实行备案制，免除发电业务许可、规划选址、土地预审、环境影响评价、节能评估及社会风险评估等支持性文件，并且将权限下放至区级发展改革委。在政策支持方面，鼓励区（县）政府在国家电量补贴政策的基础上制定本地区的分布式光伏补贴政策，鼓励电网企业和光伏项目业主开展代收电费

等多种商业模式创新，将光伏式项目接入北京市新能源和可再生能源监测系统按属地原则计入该区域和业主当年的节能量。

在促进地热发展方面，北京市于2013年发布了《关于北京市进一步促进地热能开发及热泵系统利用的实施意见》（京发改规〔2013〕10号），指出北京地热能源发展的四个主要领域是鼓励新建公共建筑、工业厂房和居民住宅楼使用热泵供暖系统，支持燃煤、燃油供暖锅炉利用热泵系统进行清洁改造，重点推进余热、土壤源、再生水（污水）热泵和深层地热资源的开发利用，凝练了促进地热能发展的四个工作抓手，即充分回收余热资源、积极开发浅层地温能、加快发展再生水热泵和高效利用深层地热能。其中，充分回收余热资源的工作重点是完成四大燃气热电中心、太阳宫和郑常庄等燃气热电厂余热热泵供暖工程，加快开展科利源、鲁谷和北重等大型锅炉房利用热泵回收余热资源工作；积极开发浅层地温能的工作重点是建设沙河高教园、顺义林河开发区、中关村科技园等重点功能区及成规模住宅小区的土壤源热泵供暖工程；加快发展再生水热泵的工作重点是建设电子城北扩、CBD东扩和中关村东升科技园等再生水热泵供暖工程；高效利用深层地热能的工作重点是推进北京新机场、采育新能源汽车基地和延庆新城等利用深层地热供暖工作。在简化审批程序方面，明确了热泵供暖项目所需的前置审批文件，将新建再生水、余热、土壤源热泵供暖项目的审批权限下放至县级投资主管部门，市级投资主管部门只审批资金申请报告。在政策支持方面，将采用热泵系统的企业和产业纳入清洁能源和节能产业，享受相关的采暖费和税收优惠；在热泵设备方面多采用一次性资金支持的方式，如新建的再生水（污水）、余热和土壤源热泵供暖项目，对热源和一次管网给予30%的资金补助；新建深层地热供暖项目，对热源和一次管网给予50%的资金支持；既有燃煤、燃油供暖锅炉实施热泵系统改造项目，对热泵系统给予50%的资金支持；市政府固定资产投资全额建设的项目，新建或改造热泵供暖系统的按现行政策执行。

（三）节能减排有关政策文件和法律法规

在节能降耗方面，北京市于2011年发布了《北京市“十二五”时期节能降耗及应对气候变化规划》，于2010年发布了《北京市节能减排奖励暂行办法》、2013年发布了《北京市节能监测管理暂行办法》《北京市清洁生产管理办法》，并规定了一系列规范和促进碳排放交易的政策文件。

《北京市“十二五”时期节能降耗及应对气候变化规划》总结了“十一五”时期节能工作的主要成就，肯定了北京能源利用效率位于全国首位、低消耗低排放的绿色经济特征初步显现、能源结构优质低碳化调整成效显著的节能成绩，同时指出，北京面临能源刚性需求快速增长、推进节能工作难度更大，能耗重点领域发生变化，结构促降空间逐渐缩小的形势，提出了北京“十二五”时期节能工作的总体目标、具体指标和发展方向，即以科技创新、市场调节提升内涵促降能力，以优化能源结构和城市功能深度挖掘结构促降潜力，系统提升工业、建筑和交通等重点领域能效，以及健全和完善能源与碳排放统计、监测体系。《北京市“十二五”时期节能降耗及应对气候变化规划》是北京“十二五”时期开展节能降耗工作的纲领性文件，为各项节能工作的科学展开提供了机制框架和政策支持。实践表明，“十二五”时期北京的节能减碳工作取得明显成效：以年均1.5%的能耗增长支撑了年均7.5%的经济增长，万元地区生产总值能耗和万元地区生产总值二氧化碳排放分别累计下降25.08%和30%，是全国唯一连续10年超额完成年度节能目标的省级地区，2015年万元地区生产总值能耗降至0.3吨标准煤（现价），能源利用效率位居省级地区首位。[①]

在碳排放交易方面，北京市于2013年发布了《北京市碳排放配额场外交易实施细则（试行）》《北京市碳排放权交易核查机构管理办法（试行）》和《北京市碳排放权交易试点配额核定方法（试行）》，为北京市实现“十二五”时期的低碳发展目标提供了政策框架。

《北京市碳排放配额场外交易实施细则（试行）》规定了必须采用场外交易的情况，即两个（含）以上具有关联关系的交易主体之间的关联交易行为，单笔配额申报数量超过10000吨（含）的大宗交易行为以及经相关主管部门认定的其他情况；明确了碳排放配额场外交易的监督主体，即由市发展改革委负责碳排放配额合规性的监督管理，市金融局负责配额场外交易规则的监督管理；指出北京市碳排放配额场外交易的方式将由双方协议逐步过渡到挂牌交易的方式，碳排放配额交割与资金结算手续将由双方在协议生效后前往北京环境交易所办理，北京环境交易所负有定期向前述市发展改革委和市金融局报送相关分析报告的义务。

① 北京市人民政府办公厅．北京市“十三五”时期节能降耗及应对气候变化规划［EB/OL］．http://zhengwu.beijing.gov.cn/gh/dt/t1445501.htm，2016-09.

《北京市碳排放权交易试点配额核定方法（试行）》明确了碳排放单位在特定区域、特定时期内（2013 年至 2015 年）可以合法排放二氧化碳的总量限额，代表的是各企业（单位）在相应履约年度的二氧化碳排放权利，是碳排放权市场交易的主要标的物。企业年度二氧化碳排放配额总量包括既有设施配额、新增设施配额、配额调整量三部分。相关主管部门综合考虑全市“十二五”全民生产总值平均增速目标、各相关行业碳强度下降目标、各行业碳排放历史平均水平和年均增幅等因素核定企业的既有设施排放配额，按所属行业的二氧化碳排放强度先进值核定新增设施二氧化碳排放配额。对于已经按照本办法完成了配额核定的重点排放单位，主管部门将对其排放配额进行相应调整。对于“十二五”期间已率先采取了节能减碳措施、成效显著的企业，可向市主管部门提出配额奖励申请。

《北京市碳排放权交易核查机构管理办法（试行）》细化了参与本市碳排放权交易的重点排放单位提交的二氧化碳排放报告，进行真实性、准确性核实查证的服务机构的资质、备案程序、对其进行的监督和管理程序，对备案核查员的年龄、学历、职称、项目经验和个人信用方面的履职条件，并要求核查机构和核查员应当在备案的核查行业领域内按照已发布的《第三方核查程序指南》和《第三方核查报告编写指南》的相关规定开展核查工作。

在清洁生产方面，北京市于 2013 年 11 月发布了《北京市清洁生产管理办法》，明确了清洁生产审核、清洁生产审核评估程序及要求、中高费改造项目支持相关流程以及清洁生产绩效验收程序及要求，为改进设计、使用清洁的能源和原料、采用先进的工艺技术与设备、改善管理、综合利用等措施，从源头削减污染，提高资源利用效率，减少或者避免生产、服务和产品使用过程中污染物的产生和排放提供了政策支持和具体的实施机制。

第二章　“十二五”时期北京市传统能源发展

“十二五”时期，北京的经济和社会进入了更高层次的发展阶段，对能源特别是清洁能源的总量供应和结构都提出了更高的要求，全面建设“人文北京、科技北京、绿色北京”，加快构建北京的清洁、高效、低碳的现代能源体系，应当加快推进能源结构优化，全面削减煤炭消费总量，实现天然气利用总量和多元利用方式的跨越式发展，大幅提升天然气、电力、新能源和可再生能源等清洁能源在能源总量中的比重，努力实现能源发展由“外延式”向“内涵式”转变，强化能源的高效经济利用，走清洁、低碳的能源发展道路。

一、北京市煤炭清洁发展之路

（一）国家煤炭资源分布和发展规划

1. 能源占比

我国煤炭资源总量约为5.6万吨，其中已探明储量为1万亿吨，占世界总储量的11%，煤炭在我国在一次能源生产和消费结构中一直保持70%左右。煤炭资源利用的主要方式有工业锅炉、发电、冶金以及煤化工，其中发电用煤占据煤炭消费的50%以上。在未来相当长的时期内，煤炭作为主体能源的地位不会改变，煤炭工业是关系国家经济命脉、保障我国能源安全稳定的基础能源。

2. 资源分布

我国煤炭资源丰富，但是分布不均，北方查明资源量占90%，其中65%集中分布在山西、陕西、内蒙古，南方的查明资源量仅占全国的10%，且77%集中分布在贵州和云南。煤炭主产区远离经济发达地区，北煤南运、西煤东调已是我国用煤的常态，随着东部能源需求的不断增长，煤炭产运矛盾还会进一步加剧。解决产需分离的有效途径是支持东部经济发达地区发展非煤能源，如修建核电站，发展特高压技术，变运煤为输电，提高铁路和水路煤炭运输能力。

3. 发展规划

制约我国煤炭产能的因素主要有浅层煤炭资源殆尽、深层煤炭开发引发的危险、煤炭开发西移引发的生态环境和长距离输送的制约、煤炭资源回收率低和导致的环境污染问题等，在资源和环境的双重约束之下，我国的能源结构将发生重大调整，到2030年左右煤炭占一次能源的比例将逐步下降至50%。

伴随我国近30年经济的快速增长，煤炭需求经历了较长一段快速增长的时期。随着国家产业结构和能源结构的调整、大气污染防止措施的落实和节能减排的逐步推进，煤炭需求的高速增长将有所缓减，有望到2030年前达到峰值，此后将逐年平缓下降。

基于我国煤炭产需区位分离的大格局，长距离运输始终是中西部地区煤炭开发的掣肘。合理规划输电和运煤比例，煤电就地转化，发展特高压大容量、长距离电力输送，变运煤为输电是缓解产需分离格局的重要途径。

我国煤炭能源加工、转换、储运与终端利用的综合效率仅为36%，比发达国家低10%左右，工业锅炉装备水平低，运行热效率比国家先进水平低20%左右，发电煤耗持续下降但是仍然高于国际先进水平约40克标准煤，利用效率低。近年来我国燃煤电站烟尘排放总量基本得到控制，火电厂烟尘排放对环境的影响有所减弱，工业锅炉和建筑供热排放的烟尘仍然是影响我国空气质量的重要因素。解决煤炭低效利用和相关环境污染问题，主要依靠科技进步：提高用煤质量，发展高效解决燃煤发电技术、钢铁、建材等行业发展高效燃煤工业锅炉和窑炉技术，以及发展先进的煤化工转化技术。

（二）“十一五”时期北京煤炭发展成就和“十二五”发展规划

“十一五”时期北京能源建设发展实现跨越式发展，能源设施供应能力、运行保障能力大幅提升，结构调整、能源惠民、节能减排和优化发展环境成效显著。

能源结构调整成效显著。加快实施燃煤设施资源整合和清洁能源改造，全市煤炭消费总量约为2750万吨，在全市能源结构中所占比重相比2005年下降13个百分点；天然气消费量逐年大幅提高，应用范围拓展到除炊事、采暖以外的发电、工业、制冷等领域；建成全国规模最大的奥运村再生水热泵系统，地热、热泵供暖面积达到2500万平方米；风能利用、垃圾发电实现零的突破，太阳能、风能、生物质能发电装机容量接近20万千瓦。2010年，全市清洁能源占能源消费总量的比重达到70%，其中天然气、外调电力、新能源和可再生能源比重分别达到13%、23%和3%。

能源惠民成效显著。着力解决城市薄弱地区、低收入群体基本生活用能的发展“盲区”，在全国率先启动实施惠及140万户城乡居民的能源安居工程。到2010年底，17.3万户老城居民实现采暖无煤化。

节能减排成效显著。关停焦化厂、三热等一批高耗能工业企业，淘汰关闭85.6万千瓦小火电机组和200余座小煤矿。新城供热资源整合全面推进，燃煤电厂全部完成高效除尘脱硫脱硝改造，建成全国首座电厂二氧化碳捕集示范装置。“十一五”期间，以年均4.7%的能源增长支撑了11.4%的经济增长，万元GDP能耗累计下降约26%，二氧化硫等主要污染物排放得到控制，超额完成“十一五”规划目标，节能减排工作处于国内领先地位。2010年二级和好于二级天数比例比2005年提升了14个百分点，生态环境和空气质量显著改善。

存在的不足主要是能源结构亟待加快调整，煤炭总量削减仍然有较大空间；设施供给约束仍然突出，现有热电中心网长期超负荷运行，实际供热面积已超过设计供热能力12%；城乡能源发展差距较大，农村地区用能仍以散煤、秸秆、薪柴为主，农村能源服务体系亟待建立和完善。

“十二五”时期，到2015年，北京能源需求总量达到8500万~9500万吨标准煤，煤炭供需衔接逐步平稳，严寒期供需矛盾犹存。从资源供应来看，本市煤炭主要调入地区——“三西”及宁东地区，预计2015年和2020年煤炭调出总量分别为11.2亿吨和11.7亿吨。“十二五”时期，本市煤炭需求将呈逐年减少趋势。总体判断，外埠煤炭资源总量供应能够满足本市生产生活需求。但由于铁路运力紧张状况长期难以缓解，供暖煤主要依靠公路运输，易受天气变化、道路施工等不确定性因素影响，严寒期的煤炭供应保障压力仍然存在。

结构调整的目标是到2015年全市能源需求总量预计达到8500万~9500万吨标准煤。大力削减煤炭消费总量，全面压缩发电、工业及民用燃煤总量：按照“总量控制、全面削减、全程管理、高效低碳”的原则，全面压缩发电、工业及民用燃煤总量，加快实施中心城区大型燃煤热电厂、63 座大型燃煤锅炉的天然气替代工程；继续推进非文保区平房、简易楼小煤炉清洁能源改造，2015 年基本实现五环内无煤化；新城地区严格控制新建燃煤设施，乡镇地区按照“上大压小”原则适度发展燃煤集中锅炉房；现有工业燃煤锅炉房逐步实施清洁能源改造；逐步建立煤炭全过程管理和清洁利用体系，加强煤炭运输、存储、加工、燃烧、排放等各个环节的清洁管理，所有燃煤设施排放均达到本市排放标准。

（三）主要成就和发展目标（2010—2012 年）

1. 压减燃煤

2010 年北京开启安全高效的城市供热体系建设，发布并实施《关于加快构建安全高效低碳城市供热体系推进四大热电中心建设有关意见》，全面启动“‘1+4+N’+X”城市供热体系和城区无煤化建设，成效显著：2010 年全市煤炭消费比重比 2005 年下降约 13%，优质能源比重上升至 70%。2010 年积极推进城市西部地区的转型发展。关闭门头沟、房山最后 24 家小煤矿，结束本市千年小煤矿开采史。研究并制订矿区替代产业发展和居民生活用能供应方案，促进矿区产业转型和能源结构调整。

2011 年北京市编制并发布了“十二五”能源发展建设等市级综合专项规划及燃气、热力市级一般专项规划，明确了今后五年能源主要领域发展建设思路、目标及重点任务。制定出台了一批重要政策。发布《北京市清洁空气行动计划》，制订《城六区大型燃煤锅炉房清洁能源改造方案》，加快推进中心城区供热无煤化建设，促进空气质量进一步改善；制订电力架空线入地改造工程资金筹措方案，创新融资渠道和工程建设机制；实施《全市煤炭储运场所污染综合规范整治工作方案》，规范煤炭储运场所的建设管理。

2011 年改造计划超额完成。完成马连道、裕中西里等 68 座、1200 蒸吨燃煤锅炉房改造，超额 50% 完成全年 800 蒸吨的改造目标，削减 30 万吨燃煤。东、西两城区率先完成区域内所有燃煤锅炉的改造工作，社区环境和供热质量显著改善。

2012 年北京市压减燃煤工作扎实开局。以防治 PM2.5、改善提升空气质量为重要目标，发布并实施《关于加快压减燃煤促进空气质量改善的工作方案》，全面建立“市级统筹、属地管理、分口负责”的协调推进机制，全年压减燃煤70万吨，圆满完成年度工作任务。超额完成燃煤锅炉清洁改造任务。完成2100蒸吨燃煤锅炉清洁改造。其中，城六区供热锅炉约2000蒸吨，昌平、顺义、大兴、通州等远郊区县工业锅炉约100蒸吨，超额完成1200蒸吨折子工程目标。加快推进非文保区“煤改电”进程。2.1万户东西两城平房居民实施“煤改电”工程，超过年初制定的改造1万户的目标任务。启动低矮面源治理工作。制订发布城六区优质无烟型煤替代实施方案，结合城乡结合部50个重点村综合整治，完成7万户农村居民清洁供热工作。

2. 设施建设

2010年东南、西南燃气热电中心开工。制订四大热电中心的建设方案，东南、西南热电中心于2010年8月和11月相继开工建设；东北和西北热电中心建设前期工作有序推进；实施大型燃煤锅炉房清洁改造。制订《城六区大型燃煤锅炉房清洁能源改造方案》，率先实施西八里庄、北小营大型燃煤锅炉房清洁能源改造。全年完成燃煤锅炉清洁能源改造1052蒸吨。

2011年加快推进四大燃气热电中心及配套项目建设，实现“一竣、一建、一核准、一落地”目标。东南热电中心竣工投产；西南热电中心工程开工建设；东北热电中心获得核准；西北热电中心实现规划落地。2011年供热资源整合基本完成。建成房山城关西里、平谷夏各庄等新城集中供热中心，“十一五”规划确定的新城供热资源整合工作基本完成。累计建成30座现代化、清洁高效的供热中心，总供热能力达到1.2亿平方米，促进了新城发展品质显著提升。2011年域外引热首次实现。三河热电厂输热管线工程全线贯通，成为全国首个大型跨省热力管线项目，未来供热能力可达到4000万平方米，开创了京冀两地能源合作新局面。

2012年四大燃气热电中心建设任务完成过半。完成西南热电中心主体工程安装，开工建设东北、西北热电中心。

3. 能源安居工程

能源安居惠及更多居民，核心城区19万户平房居民全面执行“煤改电”低谷时段延长1小时的电价优惠政策。2012年积极应对极端天气、完善机制，统筹调节，确保了全市能源与经济运行安全稳定。资源供应得到有效保障。积极争取国家部委、铁路部门和中央能源企业支持，保障了本市92亿立方米天然气、935万吨电煤的年度资源需求。进一步完善小煤矿关闭地区居民冬季型煤供应、生产和配送服务体系。

2011 年发展目标是合理控制能源消费，能源结构进一步优化，煤炭能源消费总量控制在 2600 万吨，比上年下降约 7%。

加快清洁低碳城市供热体系建设，全面推进四大热电中心建设；加大协调力度，确保在采暖季前建成东南热电中心华能二期工程，为国华一热拆迁创造条件。加快建设西南热电中心草桥二期工程，缓解东部地区和南城地区的供热紧张局面；加快东北和西北热电中心前期工作，力争尽快开工建设。完善中心热网主干管线。配合四大热电中心和新兴功能区建设，加快实施高碑店路至青年路、姚家园路等东南热电中心配套热力管线建设；加快西南热电中心配套热力管线建设；推进新兴功能区配套热力管线建设。

加快城区无煤化清洁能源改造。建成北小营、西八里庄大型燃煤锅炉房清洁能源改造工程。实施松榆里、花家地、西马等大型燃煤锅炉房清洁能源改造工程，全年完成燃煤锅炉清洁能源改造 800 蒸吨。研究城市核心区非文保区平房居民清洁能源采暖改造方案。提高新城供热保障水平。基本建成房山、怀柔等 7 个新城集中供热中心，全部新城基本实现集中供热。建成三河热电厂主干线一期工程，力争实现域外热源引入通州。稳步推进重点镇供热发展。研究制定重点镇集中供热建设标准，试点推进重点镇集中供热点工程。①

2012 年发展目标是将城市能源结构优化、减煤压煤作为最关键和首要的治理措施，在全市范围内加大治理力度、加快改造速度、扩展清洁区域，打一场削减燃煤的攻坚战。

加快推进四大热电中心建设。加快城区供热布局调整，力争实现“一投一竣、两开工”的目标：在东南热电中心实现安全平稳运行的基础上，全力推进西南热电中心及配套市政设施同步建设，确保采暖季前竣工投产；加快前期工作，上半年力争开工建设东北、西北两个热电中心，为全市燃煤替代和能源清洁转型奠定坚实基础。

继续完成燃煤锅炉清洁改造。按照“超前谋划、协同联动”的原则，全面启动

---

① 北京市发展改革委 .2011 年能源工作要点［EB/OL］. http：//zhengwu. beijing. gov. cn/gzdt/gggs/t1167815. htm. 2016 - 08 - 01.

西马、松榆里、花家地等锅炉房清洁利用改造；加快推进南小营、六里屯、韩庄子、青塔等市（区）属锅炉房改造前期工作；协调推动北京大学、清华大学等央属锅炉房清洁改造。全年完成20蒸吨以上及部分分散燃煤锅炉清洁能源改造1200蒸吨，削减燃煤30万吨以上。

治理散煤减少低矮面源污染。突出重点、统筹推进，全面启动东西两城平房居民“煤改电”工作，力争明年完成核心区煤改电工作，随城乡结合部50个重点村综合整治和206栋简易住宅楼拆除减少小煤炉；启动全市范围剩余小煤炉用户型煤替代工作。

扎实推进安居工程，提高能源惠民实效。改善供热质量。完成150个小区约500公里老旧供热管网改造，提高老旧小区居民供热质量；因地制宜、有序推进“建筑节能＋太阳能”农村新民居节能住宅建设，新建节能农宅10万户。以治理劣质原煤散烧为重点，完善区县型煤生产配送体系，落实补贴政策，积极推进城乡结合部、平原地区低硫低灰优质型煤替代置换工作。

实施好政府与企业相结合的煤炭、成品油等多级储备，确保实现全年及各重要时段能源运行平稳安全。

超前规划严控标准。积极适应全市压减燃煤和实现能源清洁化发展的需要，加快研究制订天然气、电力等清洁能源设施布局规划和建设标准，确保到2020年煤炭压减至1000万吨所需要的300亿立方米天然气和4000万千瓦电力的供应保障要求。抓紧制定并执行更加严格的产业用能准入标准，制定更加严格的煤炭、天然气、油品等资源和能源设备的准入标准。研究制定新城和重点镇供热设施建设标准，在严控新建燃煤供热设施的同时鼓励支持燃煤锅炉房实施燃气改造，实现达标排放。①

2013年发展的总体目标是将全市燃煤总量控制在2150万吨以内，具体措施包括：

全面完成“煤改电”工作。继续实施东西两城非文保区4.4万户平房居民“煤改电”工程，全面完成6.5万户“煤改电”工作，核心区基本实现无燃煤。

四环路内取消燃煤锅炉。完成城六区燃煤锅炉清洁改造2100蒸吨，累计完成改造任务量的近60%，远郊区县工业燃煤锅炉改造500蒸吨，四环路内完成燃煤锅炉

---

① 北京市发展改革委.2012年能源工作要点［EB/OL］. http：//zhengwu. beijing. gov. cn/gzdt/gggs/t1227614. htm. 2016－08－01.

清洁能源替代。

加快治理原煤散烧。制订“控制进京煤源、规范销售渠道、建立引导机制”的散煤治理方案；朝、海、丰、石四区采用优质无烟型煤、远郊区县采用低硫型煤替代供暖用煤；推广液化石油气替代农村炊事用煤；结合郊区农宅抗震节能改造，在延庆、顺义、昌平等部分村镇试点推进太阳能、天然气等清洁能源采暖工程建设。

热电中心机组投产过半。加快推进四大燃气热电中心及配套管线建设，西南热电中心正式投入运营，西北热电中心投运4台机组，东北热电中心完成主体工程设备安装；热电中心配套电力、燃气、中水管线全部接通，东南、西南热电中心实现热力全部送出。

统分结合发展清洁供热。中心城区结合四大燃气热电中心建设加快完善主干热网和燃气调峰锅炉房，增强供热保障能力；远郊区县推进以燃气锅炉房为主、可再生能源为辅的清洁供热；继续推进域外引热，力争实现涿州项目年内开工，积极推进固安、三河三期等项目前期工作。①

（四）集中治理用煤设施加快压减燃煤总量（2013—2015年）

为了进一步清洁空气，大力治理雾霾，按照北京市发布的《北京市2013—2017年清洁空气行动计划》和《北京市2013—2017年加快压减燃煤和清洁能源建设工作方案》的相关规定和部署，北京市加快推进了燃煤压减相关工作。

据北京市发展改革委提供的数据，北京作为全国第二大能源消耗城市，2012年燃煤总量占全市能源消耗的25.4%，当年通过燃煤排出的二氧化硫、二氧化氮和粉尘，分别约占全市总排放的95%、25%、15%。在北京市的PM2.5构成中，燃煤造成的排放也占据了16.7%，是造成空气污染的原因之一。

2012年5月，北京市提出压减燃煤计划，明确到2020年要把全市每年燃煤量从2300万吨降至1000万吨，相当于压减近六成，随着全新的北京空气清洁计划出台，这一目标被提前到2017年。北京市正按照计划一步步实现压减燃煤的任务。但是，在煤改气、煤改电的过程中，仍然困难重重：资金成本的增加、远郊区民用煤

① 北京市发展改革委. 2013年能源工作要点［EB/OL］. http://dtfz.ccchina.gov.cn/Detail.aspx?newsId=45621&TId=171. 2016-08-01.

炉状况散乱、天然气可能面临的短缺、地区间的治污合作等都是需要进一步协调和解决的问题。

1. 全面关停燃煤机组

在北京市的能源消费结构中，煤炭不仅是电力、钢铁、玻璃、化工等工业生产的主要动力来源，也是取暖、做饭的主要能源。煤炭燃烧后排放出来的粉尘、二氧化硫、氮氧化物、二氧化碳、重金属等，都会对空气质量产生巨大影响，成为对北京雾霾“贡献”较大的来源之一。按照《北京市2013——2017年清洁空气行动计划》的相关规定，2014年北京能源消费总量将控制在7680万吨标准煤左右，同比增长4.5%，全年压减燃煤260万吨，将在关停燃煤电厂、燃煤锅炉改造、供应锅炉“煤改气”、散烧煤治理等方面重点发力。年内北京关停高井、石景山和国华三大燃煤热电厂，西北、东北热电中心正式投运。这是北京市推行燃煤替代的重点工程，也是压减煤炭消费的重要渠道。

北京市每天消耗6.3万吨煤。2012年北京消耗的燃煤总量为2300万吨，其中电厂、采暖锅炉、工业和民用散煤分别占40%、24%、19%和17%。从煤炭消耗总量主体上来看，燃煤电厂是耗煤大户。北京市采取分步有序推进的方式，关停了四大燃煤电厂，如在2014年3月关停了位于长安街延长线的国华北京热电厂全部燃煤机组，原承担的供电、供热由东北燃气热电中心代替，关停后将削减燃煤130万吨，占到全市燃煤电厂压减燃煤总数920万吨的14%，同时每年相应减少二氧化硫排放约1410吨、氮氧化物排放约2690吨、粉尘排放约420吨。国华北京热电厂总装机容量40万千瓦，供热能力约2100万平方米，是北京市重要的集中供热热源和电力支撑点。

关停燃煤机组的过程，也面临种种困难。燃煤供热机组改燃气机组发电成本大增，但环境效益并不明显，对经济主体的激励不足。一方面，北京高井、石景山、国华、高碑店四大电厂燃气替代燃煤静态投资超过170亿元，投资规模大、燃气成本高，燃气发电成本高于燃煤0.2元/千瓦时，而且燃煤机组已经过了折旧期，开始赢利，经济损失和“改燃”后大幅减少的人员安置都让电厂为难；另一方面，四大电厂燃煤总量占北京煤炭消费41%，但烟尘、二氧化硫、氮氧化物占排放总量2.4%，因此热电联产电厂煤改气的主体经济效益和社会环境效益似乎并不明显。在压减燃煤的大环境下，不仅电厂“改燃”，而且工厂、社区和家庭冬天的取暖锅炉，也都在全面煤改气。替代的过程必然是困难的，但环境效益和社会效益应当是城市能源高效、安全和可持续发展更为重要的目标。

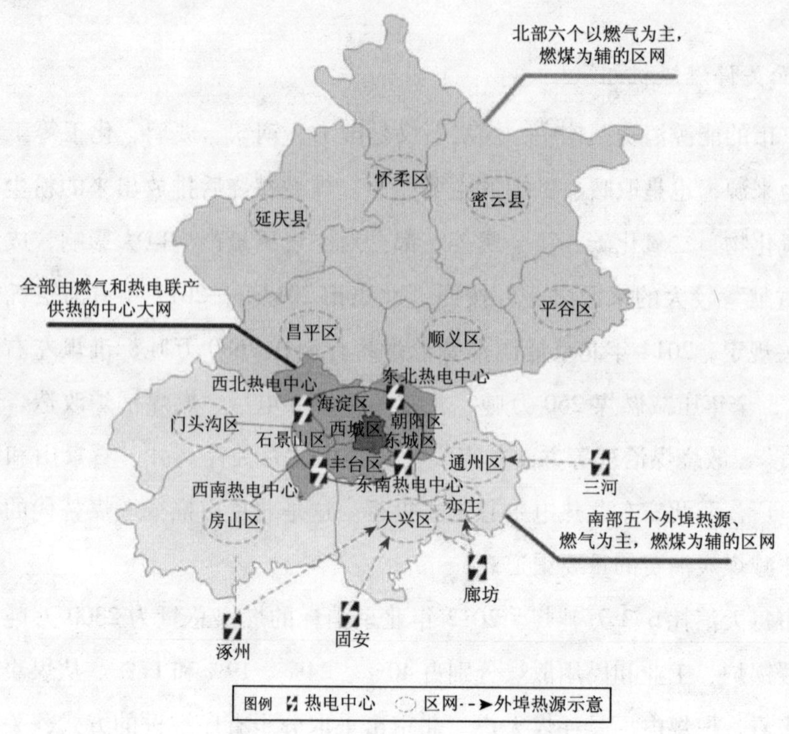

资料来源：北京市“十二五”期间能源发展建设规划。

图 2－1 “十二五”期间北京市供热布局图

2. 集中改造采暖锅炉

（1）城六区

北京“煤改电”工程是通过“先核心区、再往外扩展”的方式开展的，自 2000 年北京城市核心区开始试点“煤改电”，东城、西城两区平房居民尝试采用蓄能式电暖器替代小煤炉起，“煤改电”工程在北京城市核心区实施已历时 16 年。16 年来东西城累计完成 30.8 万户居民的取暖清洁化改造。

自 2013 年到 2017 年，城六区完成了 430 万吨取暖用散煤的“减煤换煤”工作，每年减少污染物排放量为 3080 吨、二氧化硫 2618 吨、氮氧化物 616 吨，核心区燃煤污染物得到了有效控制。2015 年通过治理采暖季散煤、棚户区改造等多种形式，东西城又有 2.99 万户居民实施了“煤改电”工程，撤销了辖区内剩余的最后 9 个煤炭销售点。到 2016 年，将消除北京五环内的燃煤锅炉，同时将削减燃煤 50 万吨；到 2017 年，四环路内有望基本无煤化；到 2020 年，有望实现全市无燃煤锅炉、城六区无煤化。

（2）远郊新城和重点镇

在城区基本实现“无煤化”之后，北京市将重点转向了远郊区县的“煤改电”。主要目标是到2016年城乡接合部将消灭劣质燃煤，到2020年有望实现全市无燃煤锅炉、城六区无煤化。

顺义区是北京市工业大区，工业产量占到全市的1/6，成为远郊区县减煤压煤的“领头羊”。按照顺义区《2013—2017年清洁空气行动计划》，2014年底有望完成1500蒸吨煤改气任务，占北京市2014年5400蒸吨总任务的27.7%。顺义区将仁和镇地区的无煤化作为试点，将供热中心的“煤改气”作为主要途径：大龙城东、城西，仁和镇城南三大供热中心“煤改气”工程的实施，将为顺义压减燃煤锅炉850蒸吨，每年将减少二氧化硫排放121.5吨、氮氧化物排放970吨、烟尘排放91吨、煤炭23.2万吨。

位于顺义城区西侧城西热源厂，供暖面积达到420万平米，为了降噪、环保，改造后把锅炉专用的鼓风机安装在地下室，将噪音降到50分贝以下，符合北京市政府关于居民小区的噪音标准；此外热源厂加装了3台6MW的烟气余热回收设备，在保证了排烟温度从90℃降到30℃的同时，进行烟气余热能源的二次利用，实现企业效益和社会效益共同增长。

在2013年换煤8530.44吨、实施煤改电467户、换装液化石油罐8919罐的基础上，2014年，顺义区农村在全区19个镇、216个村推进优质燃煤替代工程，积极推进“减煤换煤、清洁空气”。在6个镇、7个村，对2616户集中实施取暖煤改电。例如，区内高丽营镇西马各庄村共有村民466户，人口1230余人，符合改造条件的438户已全部实施改造完成。过去取暖全部依靠燃煤，每个取暖季每户居民平均使用5吨标砖煤，全村大概消耗2330吨标准煤，“煤改电”后减少燃煤使用量2330吨、氮氧化物排放量17242公斤、二氧化硫排放19805公斤、二氧化碳排放6104吨，每户每年的取暖费用由6000元降为3816元左右，还减轻了运输清理燃煤炉渣过程中带来的二次污染。

3. 大幅压减工业用煤

（1）工业园区内的规模锅炉“煤改气”

按照《计划》和相关规定，2014年燃煤锅炉改造目标为5400蒸吨。2014年，北京市完成燃煤锅炉"煤改气"改造293家、659台共计6595蒸吨，包括北京贵园热力有限公司、北京西三旗热力厂、天岳恒西罗园供热厂燃气锅炉项目，累计超出该年任务量的22%，通过燃煤锅炉的清洁能源改造可以减少年用煤量约165万吨，减少二氧化硫排放4204吨、氮氧化物3224吨、烟粉尘3483吨，

自1998年实施第一阶段防治大气污染措施开始，经过多年的努力，北京市已累计淘汰4.4万个烧煤茶炉大灶，完成了超过1.7万台燃煤锅炉的清洁能源改造，2013年用煤量与1998年以来用煤量最大年份相比减少了900多万吨。二氧化硫及烟尘大气污染物的排放量大幅削减。以二氧化硫为例，全市二氧化硫年均浓度从1998年的120微克/立方米持续下降至2013年的26.5微克/立方米，降低了78%，自2004年至今一直符合国家标准（60微克/立方米）。

为实现改造，北京市继续加大财政补贴力度，将郊区县燃煤锅炉补助标准统一增加到每蒸吨13万元，扩大燃煤锅炉清洁能源改造固定资产支持范围，对20蒸吨以上燃煤锅炉按照原规模改造工程建设投资30%比例安排补助资金。同时，对重点改造单位进行重点协调，解决难点问题，针对在用燃煤锅炉单位集中开展专项监督执法，共查处了环境违法行为207起，促进改造项目落地。

企业锅炉改造的主要困难：首先没有气源，部分可以协调市燃气集团解决，还有一部分由于位于山区等原因难以接通气源；其次企业需要投入大量资金改造锅炉，技术改造成本、员工新培训成本、燃煤锅炉改造成本、管道铺设成本等造成的资金缺口可能影响企业改造进度，加之前期投入了大量环保设施成本，"煤改气"的电厂最为担心的是未来燃气机组的盈利能力，在未来政策推进的过程中，政府对相应的产业应该加强政策和经济上的支持。

（2）全市规模以下的锅炉"煤改气"

自2008年后，以首钢为代表的重工燃煤企业陆续搬离北京城区，发电供热企业便成为北京市燃煤的大户。全市大大小小超过1500余座供暖锅炉、加上4家大型燃煤电厂和超200万户的城乡民用小煤炉，已经占据全市用煤量70%左右。

2013年9月，北京出台空气清洁压减燃煤的5年行动计划，将压减燃煤进程"提速"。计划提出到2017年，要将全市燃煤总量从2012年的2300万吨压缩至1000万吨，比原先提前3年。首当其冲的是对城区采暖锅炉的集中改造。

根据北京压减燃煤行动计划，计划2012年全年压减燃煤70万吨，2013年压减燃煤140万吨，全年燃煤总量控制在2150万吨之内。2013年3月7日，北京市发展

改革委回复表示，2012 年全市用煤量减少 95 万吨，完成既定目标。“2013 年全市用煤量数据，市统计局还在统计过程中，但从去年全市实施的一系列煤改清洁能源工程完成情况看，预计可以实现目标。”

为鼓励和保障规模以下的锅炉“煤改气”改造任务进一步落实，一方面北京市进一步加大了财政补贴力度，根据 2002 年《北京市锅炉改造补助资金管理办法》的规定，20 蒸吨以下燃煤锅炉每蒸吨补助 5.5 万元、20 蒸吨以上的补助 10 万元，将郊区县燃煤锅炉补助标准统一增加到每蒸吨 13 万元；另一方面扩大了燃煤锅炉清洁能源改造固定资产投资的支持范围，出台了《关于调整燃煤锅炉房清洁能源改造市政府固定资产投资政策的通知》，对 20 蒸吨以上燃煤锅炉按照原规模改造工程建设投资 30% 比例安排补助资金。

自 2014 年随着北京贵园热力有限公司点火成功，北京西三旗热力厂、天岳恒西罗园供热厂燃气锅炉投入运行，《北京市 2013—2017 年清洁空气行动计划重点任务分解 2014 年工作措施》确定的今年完成燃煤锅炉改造 5400 蒸吨的任务于 2014 年 10 月底提前超额完成，目前实际完成 6595 蒸吨，超过了任务量的 22%。燃煤锅炉“煤改气”将使北京市从这个采暖季起减少二氧化硫排放量 4204 吨。

北京的锅炉“煤改气”工作由北京燃气集团负责具体实施，如 2014 年11 月，由燃气集团承建的西罗园供热厂煤改气工程已竣工，可为周边 2.3 万户居民供暖，预计每年可减少约 3 万多吨的燃煤消耗，锅炉房的供热效率也将显著提高，同时还避免了煤炭运输、燃烧过程中产生的粉尘、废气等环境污染问题。西罗园供热厂是北京市第一批服务于集中供暖的大型燃煤锅炉，此次成为煤改气的最后一批大型燃煤锅炉。自 2014 年供暖季起，五环内仅剩的几座 20 蒸吨以上大型燃煤锅炉都将采用清洁环保的天然气作为能源。

自 2013 年起海淀区所有区属 3800 多台供暖锅炉改烧天然气，与此同时，海淀五环外最大的煤改气项目——科利源电热厂也将正式运行供暖，能减少 280 吨二氧化硫的排放，同时没有了每年 4600 余吨的废渣。作为北京热力集团下属重点供热单位，科利源热力厂投建于 20 世纪 80 年代，为清河周边居民、学校、部队供热供电，供热范围达 160 万平方米，供热用户约 1.5 万户，年耗煤量约 4 万吨。随着北京市启动压减燃煤计划，以燃煤为主，提供热电联产的科利源热力厂便成为改造的重点。2015 年 5 月，厂区内的旧有燃煤机组和设备被集中拆除，成功转型为以天然气为主的全新燃气供热厂。科利源热源厂拥有 11 台这样的 20 吨新型燃气锅炉，能够为1万多户居民供热。为鼓励企业采用清洁能源实现锅炉“煤改气”，海淀区以每蒸吨5万元的标准给每家企业补助，2015年底彻底了告别燃煤锅炉，全部实现无尘供暖。

北京市每年煤炭燃烧量占据全市能源消耗的25%。燃煤在PM2.5贡献率占比中达到16.7%，仅次于机动车的22.2%。虽然近几年来，清洁能源的比例一直在上升，电力、燃气等已经占到70%多，但是能源消耗中，煤炭仍然占到25%左右。目前的标准并没有将燃煤电厂和以煤炭作为工业原料的企业纳入规定范围。原因是电厂是燃煤污染大户，各大电厂占北京市燃煤总量的40%，而用做原料的煤炭产品在使用过程中同样产生严重污染。因此，不管是电厂用煤还是用做原料的煤炭，都应该受到严格监管与控制。据北京市环保局提供的数据显示，2407蒸吨燃煤锅炉“煤改气”，可实现削减燃煤60万吨，每年减少二氧化硫1680吨，烟粉尘1392吨，有利于城区空气质量的改善。

北京煤炭制品管理方面存在多部门交叉管理的状况。发展改革委负责“煤改气”、市农委负责优质煤品替代、质检管质量检测、工商对煤厂发营业牌照。这种多龙治水的状态，在一定程度上造成了对民用煤监管的真空和疏漏。应该建立一个协调统一的机制，成立第三方检测机构，遴选产品质量符合要求的煤炭供应企业，并对产品流入北京市场后的运行进行动态管理，从源头遏制劣质煤品进京。

在空气污染重压下，相关文件规定2013—2015年北京城六区完成137座约4900蒸吨采暖锅炉“煤改气”，削减燃煤120万吨；2016年，基本完成全市规模以上工业企业锅炉“煤改气”。根据相关方案，2012年北京市燃煤总量2300万吨，占能源消费总量的25%，到2017年，优质能源消费比重应当提高到90%以上。

2016年全市有近300台4100蒸吨燃煤锅炉完成清洁能源改造，预计可减少燃煤消费100万吨，约40万户居民供热将用上清洁能源。根据工作规划，今年是全市燃煤锅炉清洁改造全面推进的一年，基本完成19个市级以上工业园区锅炉“煤改气”，加快推进市级以下工业园区、产业基地和规模以上工业企业燃煤设施清洁改造。

此外还要全面加快远郊区县燃煤锅炉改造。在远郊区县对已接通管道天然气的区域，按计划集中力量实施一批锅炉“煤改气”工程。在燃气管网条件不具备的地区，通过电力、热泵等多种方式推进锅炉清洁改造。

为了加快进度，北京市财政支持范围不断扩大，从原城六区扩大到全市采暖锅炉和工业锅炉，无论中央单位还是市属企业，都可获得市财政支持。按锅炉吨位大小给予补贴。区县结合实际陆续出台配套政策。朝阳、海淀、丰台区按照锅炉单台容量大小给予区级配套资金支持，其他部分区县也正在研究相关支持政策。燃煤锅炉改造后，不仅可以降低污染物排放，改善周边居民生活环境，还可以提高供热效率，燃气锅炉热效率能达到80%以上，高于燃煤锅炉。

（3）水泥、石化行业产能总量控制

根据《北京市2013—2017年清洁空气行动计划重点任务分解》的规定，要制订重点行业工业企业燃煤压减方案，对市级以上工业开发区以外的水泥、石化、酿酒、机械制造等重点行业实施燃煤压减。对水泥、石化、建材等高耗能产业实施淘汰退出和总量控制，到2017年本市水泥产能将降至400万吨，炼油规模控制在1000万吨。对水泥、石化等高耗能、高排放行业实施产能总量控制，鼓励通过兼并重组压缩产能，全市水泥产能削减至400万吨、炼油规模控制在1000万吨；整治镇村产业聚集区，淘汰退出1200家布局散、装备低、环保差的建材、化工、铸造、家具制造等企业；削减燃煤95万吨；2015年，水泥产能减至600万吨，完成800家高污染企业淘汰退出。

相关研究表明，北京市的大气污染构成中，工业的贡献率为15%至16%。北京市通过严控新增工业污染源，应对空气污染。对于新增排放量的工业建设项目实施“减二增一”的削减量替代审批制度，全方位禁批未通过节能评估和环评审查的项目。对未完成大气污染物减排任务的行业实施行业限批。

按照《北京市2013—2017年清洁空气行动计划》的相关要求，到2016年，工业领域要累计调整退出污染企业1200家，累计削减工业燃煤200万吨。

根据《不符合首都功能定位的工业行业调整、生产工艺和设备退出指导目录（2013年本）》，目录中涉及的石化化工、钢铁、建材、机械等9个行业将逐步退出本市，另有19家页岩砖生产企业于当年11月底全部关停。

在压缩水泥产能方面，北京金隅顺发水泥有限公司和北京金隅平谷水泥有限公司已经关停燃煤窑炉，全部停产，压减水泥产能150万吨，每年减少煤炭消耗11万吨，减少二氧化硫排放约140吨，减少氮氧化物排放约1600吨，减少烟粉尘排放约390吨。全市8家水泥企业，除2家水泥厂年内停产和1家水泥厂已于去年完成脱销外，其余5家水泥厂2016年全部实施脱销工程，目前已有2家水泥厂完成，3家水泥厂争取年内完工。京丰燃气热电公司、燕化公司、北汽集团等企业目前正在实施烟气脱销、挥发性有机物治理等减排措施。在控制炼油规模方面，本市目前已取消了800万吨炼油产能扩建计划。

4. 多措并举治理散煤

（1）东西城无煤化

世界各大城市治理大气污染，都将“去煤化”作为一条重要路径。自2000年起，为了解决采暖季大气污染问题北京首次提出“无煤化”，并率先在东城区和西城核心区进行试点。东、西城平房区居民开始尝试采用蓄能式电暖器替代过去的小煤炉，晚上9点到第二天早6点的低谷电，居民的采暖电费由1度4.8角变成3角，还能得到每度电2角的补贴。随着棚户区的“煤改电”，2015年底北京核心区正式结束了烧煤取暖的历史。

比起“煤改气”，北京更早推行的是“煤改电”。近年来，城区的工作基本完成，开始向其他区域和郊区、农村推广。长期以来，北京冬季一般采用小煤炉或小型烧煤锅炉取暖。煤炭一般都含有硫和重金属，有的含硫量达到7%，造成较为严重的空气污染。根据监测数据表明，民用散煤二氧化硫排放浓度几乎是电厂燃煤排量的10倍，粉尘排放浓度是电厂的100倍，抓好民用散煤应当成为“源头减硫”的重要举措。但是，旧城区内平房大多分布在比较狭窄的街道和胡同里，热力和燃气管道难以施工，对平房采暖进行改造的困难比较大，居民烧煤采暖还会在一定时期内存在，迫切需要在一定时期内对城区煤炭使用标准作出规定。因此，北京市出台相关规定，自2014年8月1日起必须使用含硫量低于0.4%的洁净煤。为了加大洁净煤的推广使用，在煤源供应上，国家能源局与北京、天津、河北签订了散煤清洁化治理协议，由其供应优质的民用散煤：2014年供应1080万吨，2017年及以后，每年至少供应2335万吨；在财政补贴上，北京市给予了每吨200元的最低“换煤”奖励，各个区县均出台了每吨400元到600元优质燃煤替代奖励补贴标准；在购买渠道上，通过京煤集团开发的“优质燃煤电商服务平台”可以送货上门再享受每吨30元到60元的优惠。

二氧化硫是与燃煤直接相关的大气污染物。研究显示，1吨散煤燃烧排放的污染物强度是正常的电厂排放的5倍至10倍。据统计，自2000年以来的16年间，东、西城累计完成30.8万户居民的“煤改电”，每年可减少烟尘排放3080吨、二氧化硫排放2618吨、氮氧化物排放616吨，核心区的低空排放污染得到有效控制。

2000年本市二氧化硫年均浓度约为70微克/立方米，之后整体呈下降趋势。尤其是自2007年起下降趋势更为明显，2008年的年均浓度首次小于40微克/立方米。2014年，主要污染物二氧化硫、氮氧化物、化学需氧量和氨氮排放总量比上年分别下降9.35%、9.24%、5.40%和3.82%，提前超额完成"十二五"时期污染减排任务。[①] 2015年，北京市的二氧化硫年均浓度再创新低，为13.5微克/立方米，较2014年又下降了38.1%，二氧化硫浓度水平与南方沿海无采暖城市相当。

在华北地区大部，煤炭在能源消费结构占到近90%，对比之下，2014年底煤炭在北京的一次能源结构中占比仅为20%。根据《北京市2013—2017年清洁空气行动计划》，2017年北京的燃煤总量将告别千万吨量级，降至1000万吨以内。

（2）加快城乡结合部城市化建设进程

城乡结合部是"散烧煤"污染的一大重灾区，存在大量出租户和住宿餐饮、小市场、小超市等小企业，而且并未被纳入农户减煤的范围之内，成为了监管的灰色地带，因此2014年减煤换煤工作的新增内容就是约有130万吨用煤量的城乡结合部用煤。

城乡结合部地区使用散煤主要有两个群体：一是居民出租户取暖用煤，据统计，本市六环外延1公里以内仍有600多个村庄约19万户冬季取暖用煤，且一些农户自建的出租房屋达几十间，冬季取暖用小锅炉，散烧燃煤量大幅度增加，年用煤量100多万吨。二是工商小企业取暖用煤。据调查，城乡结合部地区存在约2万家的住宿餐饮、小市场、小超市等小企业，基本使用"小茶炉、小锅炉、土暖气"等供暖用能设备，年消耗燃煤约30万吨以上。针对城乡结合部地区的小茶炉、小锅炉、土暖气，在京津冀协同发展的背景下，各区县也在加快疏解力度，除了关停、清理、改造，对于暂时还没有腾退小企业，也要纳入燃煤炉补贴范围。对散煤更换形煤、无烟煤，也享受市财政200元每吨的补贴标准，各区县结合实际，加大补贴力度，使散煤使用户实现"应换尽换"。

（3）逐步减少农村用煤

2016年，北京的"无煤化"进程由核心区向远郊区推进。根据计划，2016年，北京要完成全市400个村庄煤改清洁能源任务；至2017年，朝阳、海淀、丰台、石景山四区实现"无煤化"；到2020年，全市平原地区所有村庄冬季采暖实现"无煤化"。

---

① 北京市环保局编制的《2014年北京市环境状况公报》。

“减煤换煤”工程

2013年北京农村地区的“减煤换煤”工程已开始实施，当时计划用4年时间，通过改用电采暖和天然气、使用优质煤替代等方式，消灭农村地区430万吨劣质散煤。2013年，北京发布《2013—2017年加快压减燃煤和清洁能源建设工作方案》提出，在核心区2015年全面实现无煤化的基础上，北京城乡接合部将分批治理民用散煤，农村地区2016年前将取消炊事用煤。根据该方案，到2015年和2017年，全市燃煤总量分别将比2012年削减800万吨和1300万吨。

根据此前统计，北京市农村地区每年散烧燃煤约430万吨，计划从2013年开始，用4年时间按20%、30%、30%、20%的比例全部完成优质燃煤替换和清洁能源替代（“减煤换煤”）任务。2013年的任务量是80万吨，最终实现减煤换煤共96.1万吨，其中更换优质燃煤近30万吨，主要通过农民上楼、拆违、炊事气化、城市管网辐射、农宅保温改造等方式实现减煤66.4万吨，更换炉具2.7万台，安装电取暖设备6945台。市、区县两级政府投入奖补资金合计4.4亿元。经环保部门初步测算，2013年北京因此减少二氧化硫排放2900吨、氮氧化物3500吨、烟尘7300吨。

2014年北京农村地区“减煤换煤”达到150万吨。各区县分解任务后，预计最终能够实现160万吨“减煤换煤”总量，更换燃煤炉具10万台，安装电取暖设备2万台。其中，六环路以内城乡结合部地区、新城周边地区、重点乡镇规划中心镇区、以及亚太经合组织领导人非正式会议核心区周边地区（包括道路沿线）4类重点区域的村庄，将全面实现“减煤换煤”。京煤集团还开发建设了“优质燃煤电商服务平台”，购煤居民可以通过网络（或电话）订购优质燃煤，并享有每吨30元至60元的优惠，公司直接送货上门。

2015年，北京市农村地区减煤换煤任务从120万吨提高到140万吨，年底农村户籍农户减煤换煤任务将完成90%，实现减煤换煤工作基本覆盖。为此，各区县加大了换煤补贴力度。在市级奖励的基础上，各区县修订了2015年煤炭补贴政策，有7个区县提高了补贴标准，在市财政奖励每吨煤200元的基础上，各区县分别补贴200元至500元。一些区县采取多级补贴的方式，降低优质形煤价格，扩大补贴范围。怀柔在无烟煤补贴价格每吨600元基础上，各个镇乡又补贴30元到50元，百姓自付的价格在每吨530元。大兴区西红门镇针对部分农户反映“每人一吨煤不够烧”的问题，镇政府将通过农户申请，村镇审核，区政府审批等程序，加大供应数量，解决农户好煤烟煤混烧的问题。

治理散煤

北京郊区农村每年冬季取暖用煤总量约为430万吨，涉及农村各类居民146万户，占全市全部用煤约20%。通过上述多种措施的施行，农村散煤治理取得了一定成效，但是冬季取暖有80%以上的农户仍然使用劣质散烧烟煤，要进一步推行优质型煤炭替代计划，一方面政府要落实相关补贴政策补贴；另一方面需要建立起相应的质量标准和监管体系。

劣质煤通常含硫量极高，也没有通过相应的除尘除烟装置就直接排出，短时间内会造成大面积的低空污染。虽然各区县加强了联合执法，但是农村地区、特别是城乡结合部地区的“黑煤场”和流动商贩仍然活跃。这些商贩由白天出入，改为夜间行动，甚至采取大幅度压低价格、先使用后付款、电话联络、上门服务等方式，推销劣质煤，直接冲击“减煤换煤”工作。

为了打击劣质散煤流入农户，严控居民和小企业购买使用劣质燃煤，市政府办公厅印发了《北京市农村地区劣质民用燃煤治理工作方案》，提出了“杜绝4类行为”的要求，包括：杜绝固定场所无照经营劣质煤行为；杜绝公共场所流动商贩无照售煤行为；杜绝各进京路口和全市道路无照运输煤炭行为；杜绝城乡结合部等重点地区生产销售劣质煤行为。一些村镇在进村道路上设岗排查，严防劣质煤、散煤流入村庄。昌平区白庙村通过建围墙、安街门、设岗亭，实行封闭管理。在村子的6个进出口张贴劣质煤禁止入内的通知，严查每辆进村车辆。同时，完善供应、配送、质量监督体系，供煤企业在六环路以外建立了25个储煤中转场站，各区县也设立了优质煤中转站，监测燃煤质量，组建配送队，保证及时将优质煤配送到户。

更换炉具

在炉具补贴方面，北京市制定了燃煤炉具市、区、农户各承担1/3标准后，一些区县为了提高炉具更换率，进一步加大了炉具补贴力度。例如，通州区、昌平区和海淀区，将补贴提高到90%；怀柔区对农村住户再补贴80%，在最高不超过2200元的基础上，各镇乡又每台补助400元。

“煤改电”电价补贴

2015年，北京市印发了《关于完善北京农村地区“煤改电”、“煤改气”相关政策的意见》（以下简称《意见》），指出今年全市峰谷电价补贴政策将统一，农村地区“煤改电”居民也可享受到与城区一样的补贴。此外，北京市还允许农村部分住户采用电采暖，农村地区谷电价优惠时段也将作出调整，这些调整为空气源热泵供暖带来利好消息。

《意见》指出，今年北京全市峰谷电价补贴政策将统一，农村地区“煤改电”居民也可享受到与城区一样的补贴，由市、区县两级财政各补贴0.1元/千瓦时，这样居民在供暖季低谷电价时段，每度电只需花1毛钱。在此之前，只有北京城区居民享受用电补贴，北京农村地区居民并不享受这一用电补贴。而现在，农村“煤改电”居民也可以享受这一用电补贴，用电成本将大大降低。

根据《意见》内容，北京市还将允许农村地区部分散户居民享受峰谷电价政策，在郊区村庄电力负荷有富余，暂不需要实施电力提升改造工程的村庄，允许部分住户采用电采暖。居民使用电采暖需要向所在村进行申请，由所在村进行审核，乡镇（街道）将各村的申报集中组织起来，报各区县政府主管部门和电力公司联合审批，电力公司负责村庄电力负荷评估和设计安装。申请获批后，国网北京市电力公司将给予安装峰谷电价表，并享受峰谷电价优惠政策。以同一个房间的采暖为例，经过计算，与燃煤取暖相比，在满足相同的采暖需求的条件下，北京农村实施用电补贴后，电采暖每个冬季所需要的采暖费用将大大降低，节省近半。

二、北京市天然气清洁发展之路

（一）国家天然气储量和分布特点

1. 我国天然气发展现状

在当前和今后一段时期内，我国能源供给将一直维持相对紧张的状态，这意味着我国在应对能源安全和气候变化问题方面承受的压力将越来越大，必将更加重视清洁能源尤其是清洁化石能源——天然气产业的持续、快速和健康的发展。进入21世纪，我国的天然气在经历勘探开发技术和相关市场的逐步培育和发展之后，探明储量快速增长、长距离输气干线相继建成投产，为快速上产提供了资源和管网基础，天然气产业现已进入快速发展阶段。

产量快速增长，资源探明程度低，发展潜力大。我国天然气产量连续十年保持快速增长，2000年产量为272亿立方米，2010年达到948亿立方米，年均增长

13.3%。截至2010年底，累计探明地质储量9.13万亿立方米，剩余技术可采储量3.78万亿立方米，探明程度为17.5%，储采比约为40，因此我国天然气发展潜力较大，处于勘查开发快速发展阶段。鄂尔多斯盆地、四川盆地、塔里木盆地和南海海域是我国四大天然气产区，合计探明剩余技术可采储量和产量分别约占全国的78%、73%，是今后增储上产的重要地区。此外，我国的浅煤层气和页岩气资源也比较丰富。截至2010年底，煤层气探明地质储量2734亿立方米，页岩气可采资源量为25万亿立方米，与常规天然气资源相当。

基础设施快速发展。全国天然气基干管网架构逐步形成。截至2010年底，天然气主干管道长度达4万公里，地下储气库工作气量达到18亿立方米，建成3座液化天然气（LNG）接收站，总接收能力达到1230万吨/年，基本形成“西气东输、北气南下、海气登陆”的供气格局。西北、西南天然气陆路进口战略通道建设取得重大进展，中亚天然气管道A、B线已顺利投产。基础设施建设逐步呈现以国有企业为主、民营和外资企业为辅多种市场主体共存的局面，促进了多种所有制经济共同发展。

2. *存在的主要问题*

勘查领域缺乏竞争，开发关键技术尚待突破。勘查主体少，竞争不足，造成部分区域内存在一定程度的“占而不勘”现象，影响了天然气增储上产。大规模开发非常规天然气尤其是页岩气的关键技术体系尚未形成，缺乏核心技术和相关标准规范等；大型燃气轮机和大功率天然气压缩机、大型LNG低温泵等关键设备主要依靠进口；天然气高效利用关键技术，如微型燃气轮机等与国际水平差距较大。

设施滞后形成“瓶颈”。天然气主干管网系统尚不完善，部分地区尚未覆盖，区域性输配管网不发达，天然气调配和应急机制不健全。特别是储气能力建设严重滞后，目前储气库工作气量仅占消费量的1.7%，远低于世界12%的平均水平。用气负荷集中的大中城市缺乏储气和应急调峰设施，已建成的液化天然气储罐罐容约40万立方米、高压储罐罐容约30万立方米，主要分布在北京、上海、合肥、郑州等大城市。随着进口天然气规模扩大，储气能力愈显不足，供气安全压力日益加大。

天然气价格亟待理顺。目前，国内天然气价格水平偏低，没有完全反映市场供求变化和资源稀缺程度，不利于天然气合理使用。特别是进口中亚天然气按国产气价格亏损销售，不利于调动企业实施“走出去”战略、从国外引进天然气资源的积极性。由于国内天然气用户价格承受能力有限，完全理顺天然气价格还需要一个过程。

3. 发展目标

扩大国内天然气供给，加快设施建设进度。2010 年，天然气占我国一次能源消费比重为4.6%，与国际平均水平（23.8%）差距较大。加快发展天然气，提高天然气在我国一次能源消费结构中的比重，既是我国城镇化发展的客观需求，也是实现节能减排、改善环境，显著减少二氧化碳等温室气体和细颗粒物（PM2.5）等污染物排放，也是强化节能减排的迫切需要。“十二五”期间，预计年均新增天然气消费量将超过 200 亿立方米，到 2015 年达到 2300 亿立方米。2010 年，我国天然气对外依存度已超过 15%，预计 2015 年超过 35%，这将给我国能源安全带来新的挑战，应当在加大勘探领域的竞争程度、加快发展非常规天然气开发技术，提高天然气国内产量的前提下，优化天然气消费结构，努力提高国内天然气的有效供给，优化国内天然气价格形成机制。另外，“十二五”期间，我国将加快天然气管网建设，预计建设管道总长度将超过 4 万公里，建设储气库工作气量超过 200 亿立方米左右。工程建设任务艰巨，建设周期长，需要统筹合理安排，解决资源输送“瓶颈”，满足市场用气需求，提高保供能力。①

（二）“十二五”时期国家天然气管网建设

“十二五”时期我国天然气管网建设重点有建设主干管网和完善区域管网两个方面。

在主干管网建设方面，进一步完善了西北主干管网通道。重点建设了西气东输二线东段、中亚天然气管道 C 线、西气东输三线和中卫—贵阳天然气管道，将进口中亚天然气和塔里木、青海、新疆等气区增产天然气输送到西南、长三角和东南沿海地区；建设鄂尔多斯—安平管道，增加鄂尔多斯气区外输能力；建设新疆煤制气外输管道。优化和完善海上通道。加快沿海天然气管道及其配套管网、跨省联络线建设，逐步形成沿海主干管道。

在区域管网完善方面，进一步完善了长三角、环渤海、川渝地区管网，基本建

① 国家能源局编制的《天然气发展“十二五”规划》。

成东北、珠三角、中南地区等区域管网。加快联络线、支线及地下储气库配套管道建设。建设陕京四线，连接长庆储气库群和北京，满足环渤海地区调峰应急需要。积极实施西气东输、川气东送、榆济线、兰银线、冀宁线等已建管道增输和新建支线工程。适时建设冀宁复线、宁鲁管道等联络线。建设东北管网和南疆气化管道，改造西南管网。积极推进省内管网互联互通。

2013 年，我国新增天然气长输管道里程超过 8000 千米，全国干线、支干线天然气管道总长度超过 6.3 万千米，全年投产的国家级天然气管道主要有西气东输三线霍尔果斯—连木沁段、中缅天然气管道、中卫—贵阳天然气管道铜梁—贵州段、陕京三线良乡—西沙屯段管道、克什克腾旗—古北口煤制气外输管道、阜新—沈阳煤制气外输管道、南疆天然气利民工程、唐山 LNG 外输管道。

2013 年 2 月 1 日，陕京三线良乡—西沙屯段建成，陕京三线全线贯通投产；同年8 月5 日，南疆天然气利民工程主干线投产，环塔里木盆地的天然气主干管网形成；同年 10 月 8 日，阜新—沈阳煤制气外输管道建成，为阜新煤制气项目投产奠定了基础；同年 10 月 20 日，中缅天然气管道干线建成投产，与西气东输二线实现末端相连，不仅打通了西南进口通道，也将云贵高原纳入了全国供气管网；10 月 25 日，中贵线全线建成投产，与中缅天然气管道实现对接，我国天然气的调度灵活性和输送保障力大幅提升；同年 12 月 10 日，唐山 LNG 外输管道正式对外输气，环渤海天然气供应保障能力加强；同年 12 月 18 日，克什克腾旗—古北口、古北口—高丽营煤制气管道正式投产，煤制天然气首次接入全国管网。①

（三）“十一五”时期北京天然气发展成就和“十二五”发展规划

经过 46 年的发展，北京市已经形成了比较完整的燃气供应系统，在中心城五环路（含）以内已形成高压 B、次高压 A、中压 A 和低压四级压力燃气输配管网。同时，天然气供气管线已延伸至大兴区、昌平区、顺义区、通州区、房山区、门头沟区等远郊区。北京市天然气气源主要来自华北油田和陕甘宁长庆气田，其中陕甘宁长庆气田供气量占到 90% 以上。在燃气管道未能到达的地区，主要依靠液化石油气、压缩天然气和液化天然气解决燃气问题。

---

① 中国能源中长期发展战略研究项目组．中国能源长期（2030、2050）发展战略研究［M］．北京：科学出版社，2011.

1. “十一五”期间北京市天然气发展成就

“十一五”期间，北京市天然气产业发展迅速。主要体现在：

第一，用气量和天然气用户数均位居全国之首。2010 年，北京市天然气用气量达 75 亿立方米（含燕化用气），在全市能源消费结构中所占比例约 13.1%，“十一五”时期规划目标基本实现。截至 2010 年底，北京市天然气居民用户约 454 万户，比 2005 年增加 57.1%；全市居民天然气气化率达 68%，比 2005 年增长 18.4%。“十一五”期间，天然气累计用量约 273 亿立方米，相当于替代 5400 万吨煤炭，减少了二氧化碳排放量约 12190 万吨、氮氧化物约 31 万吨、二氧化硫约 22 万吨，烟尘约 817 万吨，为首都节能减排，提高环境质量做出了巨大贡献。

第二，在天然气设施建设方面，共建设天然气管线约 2450 公里，场站设施 90 余座，投资约 124.8 亿元。其中，参与上游投资约 74 亿元，建设管线约 1200 公里。

第三，在改善民生方面，城区开展了入住多年未通天然气楼房接气工程，工程由市区两级政府和市燃气集团共同投资。截至 2010 年底，共投资约 11 亿元，对 400 余个社区的 2000 余栋楼房实施通气工程，使 16 万户家庭使用上了天然气。

第四，作为城市燃气的重要组成部分的液化石油气发展平稳。截至 2010 年底，全市液化石油气用户约 184 万户，年购入量约 41 万吨，本地年销售量达 35.9 万吨，其中家庭用量达 14.5 万吨，接近总销售量的 40%。随着液化石油气市场化进程的推进和“送气下乡”工程的实施，液化石油气市场日益活跃。2010 年，本市液化石油气供应企业达 300 余家，其中液化石油气储配站约 146 座，储气能力达 7.1 万立方米，灌装能力达 300 多万吨。

同时也应该看到，北京市天然气发展中存在的几个突出问题：首先，由于征地拆迁难度和成本加大、项目建设周期延长等原因，“十一五”期间，天然气设施建设相对滞后：北京市天然气高压 A 调压站建设仅完成了规划中的 6 座，占规划的 60%；已启动的燃气管线项目占规划管线建设长度的 67%，其中约 30% 已完工，5% 在建，32% 仅完成了前期规划选址等工作；其次，“十一五”时期，天然气日峰谷差达 4905 万立方米，高峰日比低谷日达 12.2:1；月峰谷差达 12.2 亿立方米，高峰月比低谷月达 7.2:1，运行调度难度加大，加上燃气需求侧管理手段薄弱，北京市应对天然气高峰、事故的能力有限，主要依靠上游进行调峰，如遇极端天气等不利工况，将严重威胁北京市天然气的供应安全；最后，由于城市发展、地理区位等历史原因，中心城、新城天然气发展不均衡，影响行业服务民生水平的整体提高。2010年，中心城天然气管网覆盖率约为70%，天然气气化率约93%，而新城管网覆盖率仅为20%，远郊区县平均气化率仅为30%左右，远低于中心城的天然气服务水平。

2.“十二五”时期北京市燃气发展规划目标

天然气属优质、高效、清洁能源，与煤炭相比具有热值高、燃烧效率高、低硫无灰等优点，具有较大的环保优势，燃烧时无废渣、废水产生，排放废气污染物很少，对提高空气质量、改善环境具有积极的促进作用，是改善城市环境的首选能源，也是低碳经济范畴中比较理想的能源。

（1）总体规模

规划到2015年，北京市天然气年用气量达到180亿立方米，在北京市能源结构中的比例从目前的13.1%提升至20%以上。全市人均天然气消费水平由目前的380立方米/人·年,提高到700立方米/人·年以上。从实现情况来看，根据北京市燃气集团的数据，2015年天然气在本市能源消费结构中占比达22%，全市近八成采暖面积已使用天然气。2015年，全市天然气用量达到138.54亿立方米，其中冬季燃气使用量占到全年用量的一半以上。①

（2）服务水平

规划到2015年，全市常住人口的天然气气化率达到80%以上。其中，中心城达到95%以上，远郊区县达到60%以上（新城部分达到80%）。中心城天然气管网覆盖率由目前的70%提高到80%以上，新城天然气管网覆盖率由目前的20%提高到50%以上。天然气基础设施建设向新城倾斜，加快郊区新城天然气配气管网建设，提升新城和镇天然气利用水平，全面实现新城和重点镇的天然气供应。利用压缩天然气、液化石油气等形成多元互补的农村燃气保障体系。

（3）设施建设

加快外部气源供应体系的建设。以陕京一线、二线、三线为基本气源保障，完成陕京四线和大唐煤制气项目的市内接收工程及外部配套地下储气库建设，积极推进唐山曹妃甸液化天然气项目及进京管线的建设，确保北京市形成多气源、多方向

① 刘可．供气通道陕京四线明年完工［N］．北京日报，2016－04－14（10）．

的供气体系。

高标准、适度超前地完善市内天然气输气体系。以四大热电中心供气管线建设为契机，进一步优化市内输气系统。“十二五”期间，完成市区北部、东北部、东部等3~4座门站的建设，实现六环路高压A管网成环，配套建设门头沟调压站等10余座高压A调压站；进一步优化高压B及以下管网。

（4）市场管理

推行信息化和物联网技术应用，完善政策法规和技术标准体系，实现燃气行业的精细化管理，促进市场资源的优化配置和行业服务升级。对有条件的区域和项目推行燃气特许经营招投标制度，吸引多元化社会资本参与，维持市场适度竞争，促进燃气供应企业服务质量和运营效率的提高。

推进远郊区县及燃气热电厂等大型用户的趸售机制或代输机制，落实居民用气同网同价，让全市天然气用户享受公平的供气服务。①

（四）主要成就和发展目标（2010—2012年）

1. 主要成就

在城市天然气设施建设方面，北京形成了“五环五级七放射”的配气体系。启动了安全高效的城市供热体系建设：“‘1+4+N’ +X”城市供热体系和城区无煤化建设全面启动，东南、西南热电中心于2011年8月和2011年11月相继开工建设；东北和西北热电中心建设前期工作有序推进，2011年建成东南热电中心天然气供气管线一期工程；2012年北京市围绕“压减燃煤促进空气质量改善”的主题主线，深入推进能源结构调整，全面提速天然气设施建设，四大燃气热电中心建设任务完成过半，完成西南热电中心主体工程安装，开工建设东北、西北热电中心。2011年怀密天然气干线工程实现全线通气，怀柔和密云两区县居民用上与城区同网同价的管道天然气。

在外部气源在管道建设方面，大力推进陕京四线、大唐煤制气，开工建设唐山LNG、陕京三线良乡—西沙屯段等重点工程，2012年建成西沙屯输气门站，陕京三线实现全线贯通；外部气源工程加快推进；开工建设大唐煤制气（古北口—高丽营

---

① 北京市发展和改革委员会编制的《北京市“十二五”时期燃气发展建设规划》。

段）、西六环燃气管线南北段等重点工程。2011 年 11 月，天然气怀密线全线贯通，怀柔和密云的 7.5 万户居民将告别价压缩天然气，用上与城区同网同价的管道天然气，燃气费降近三成；怀密线不高仅保证居民及工业用户用气，同时还可利用燃气采暖、制冷、发展车用气，至此，北京市除延庆县外，其余区县均已接入管道天然气。

在能源安居惠民方面，关注城市薄弱地区居民用能安全，推进实施老旧小区燃气管网消隐改造；改造完成 160 个老旧小区 300 公里供热管网，居民供热质量显著提高；开展老旧燃气管网安全隐患专项治理行动，消除治理 500 个小区燃气安全隐患。农村居民生活品质不断提升改善。在延庆张山营镇实施多村联供为特点的万户绿色燃气工程，推进全镇居民炊事燃气管道化。扩大送气下乡覆盖范围，密云县 2.5 万户山区百姓用上优质廉价安全的液化石油气。新建农村新民居节能住宅 2.4 万户。

2. 发展目标

加快外部源点建设。协调中石油，全面推进陕京天然气三线良乡—西沙屯段工程建设，力争 2011 年底实现由北京北部向整个城市供气；加快推进陕京四线及大唐煤制气管线在市区内的路由规划，为尽早开工创造条件；2012 年全面建成陕京三线良乡—西沙屯工程、大唐煤制气北京段一期工程和西沙屯门站，实现城市北部供气的突破；积极推进唐山 LNG 工程和西集门站建设；2013 年力争开工建设陕京四线，增加新的气源通道，实现输气干线“两通两开工”，即建成陕京三线永久线、大唐煤制气（古北口—高丽营段）和西集、大灰厂、高丽营门站等工程，完善全市供气格局，开工建设陕京四线、大唐煤制气（密云—李桥段）工程，增加北部供气通道。

完善城区管网配气体系，提高城市天然气输配气系统安全可靠性。建设六环路天然气良乡—西沙屯段管线工程；建成西沙屯门站，全市门站达到 6 座，日接收能力达到 1 亿立方米以上；建设西六环南北段 4.0 兆帕主干天然气管网及东坝、金盏、望京、未来城、亦庄路南区等调压站；试点建设本市首座 LNG 应急储备工程，重点推进大用户供气工程；西六环燃气管线力争在 2013 年底前闭合成环。建设四大热电中心的配套供气管线工程，确保按时用气；同步开展东北、西北热电中心配套管线前期工作；建成东南热电中心（华能二期）供气管线工程，为其开工投产提供保障。

完善新城供气骨干网架。全面建成怀密天然气主干线工程，实现除延庆外所有远郊区县接通天然气管线，继续推进新城和重点镇燃气骨干网架建设，重点推进门头沟城子地区、顺义牛栏山镇燃气供热项目，启动密云县溪翁庄镇斋堂镇集中供热、华润希望小镇供热项目建设，加快推进延庆通气工程，完善密云、怀柔等远郊新城燃气主干管网。超前谋划重点乡镇和特色小城镇供热建设，逐步形成燃气、可再生能源和清洁煤多元支撑的供热结构，结合重点小城镇建设，穆家峪、金海湖等乡镇实现燃气覆盖。

（五）增强综合保障能力（2013—2015 年）

“十二五”时期，随着北京经济的快速发展和居民生活水平的不断提高，北京天然气年需求量迅猛增长达到 20% 以上，在每年冬季用气高峰到来之际“气荒”频现，供需矛盾更加突出。结合城市规模、发展速度和资源禀赋等综合因素分析，北京市将在较长时期内饱受天然气资源供给的较大压力。北京是典型的资源输入型城市，本地能源自给率仅占能源消费总量的 2%，在治理空气污染和压减燃煤的重压之下，城市的能源供给主要依靠天然气供应，需求迅速增长。为缓解北京天然气供应紧张的局面，北京未来将形成“三种气源、七大通道、两大环线”的多源多向燃气供应输配体系保障用气。其中三种气源是指：陆上气田气、煤制气、进口液化天然气，七大通道是指：陕京一、二、三、四、五，以及大唐、唐山液化天然气，两大环线是指外输内配的两个燃气高压大环，包括利用中石油长输管网系统沿本市周边形成 100 公斤天然气供气外环，同时建成六环 40 公斤高压燃气管网配气内环。天然气气源和设施建设任务艰巨。

1. 推进天然气设施能力建设

（1）外部供气通道（陕京各线）

陕西长庆油田是北京天然气供应的主要来源，陕京管道承担着北京和华北地区天然气供应重任。北京天然气的主要输送管道。陕京管道系统由陕京一线、二线、三线、永唐秦管道、港清线（复线）、大港和华北储气库群，以及配套管线等组成，其中，陕京一线于 1997 年 10 月建成投产，陕京二线于 2005 年 7 月正式进气，陕京三线于 2011 年 1 月正式投产通气。目前，日输气量稳定在 6700 万立米至 7500 万立方米。

陕京一线输气管道工程

陕京一线工程于 1997 年 10 月完工，管道始于陕西省靖边市，止于北京市石景山区衙门口，总长1098公里，途经陕西省、山西省、河北省和北京市、天津市，设计年供气能力为33亿立方米。陕京一线是当时我国陆上距离最长、管径最大、所经地区地质条件最为复杂、自动化程度最高的输气管道，达到20世纪90年代国际技术先进水平，在我国油气长输管道建设史上具有里程碑意义。

陕京二线输气管道工程

陕京二线工程于2004年3月动工，于2005年7月正式通气。陕京二线工程全线总长935公里，管道工程由陕京干线、永清支线、大港—永清—北京管线、地下储气库和加气站等组成，途经陕西省、内蒙古自治区、山西省、河北省，东达北京市大兴区采育镇，全线设置了站场11座，路线阀室43座，其中，阳曲分输站和石家庄分输站分别负责太原地区和河北地区的天然气供应，北京采育末站负责北京地区的天然气供应，成为当时国内配齐能力最大的分输站。陕京二线输气管道工程设计年输气量120亿立方米。在此情况下，每年可以置换3000万吨煤炭消费，减少40万吨二氧化硫排放，30万吨烟尘排放，废渣900万吨。

陕京二线和配套储气库的建成投产，与连接陕京二线和西气东输管道的冀宁联络线工程的完工，使西气东输工程和陕京输气管道这两个天然气大动脉连接起来形成环网，实现了陕京输气管道“双管线”“多气源”供气，逐步发展成为我国第一个含有管道、增压站和地下储气库在内的长距离、自动化的高压输配气系统，有效保障了管道供气总量，增强了输供气的安全，进一步解决了北京市以冬季采暖为主所形成的冬夏两季日供气峰谷差较大的矛盾。

陕京三线输气管道工程

陕京三线于2009年5月15日开工，于2011年1月正式投产通气，是向北京及环渤海地区供应天然气的又一重要通道，对于进一步满足该区域迅速增长的用气需求和提高供气可靠性具有十分重要的意义。工程西起自陕西省榆林首站，穿越太行山、吕梁山、黄河和汾河等山川河流，途经陕西、山西、河北省与北京市，东至北京西南良乡分输站，穿越高速公路11次、铁路13次。

2014年12月9日，陕京三线良乡至西沙屯段（以下简称“良西段”）工程正式投产，标志着陕京三线全线投入运行。2015年1月陕京三线“良西段”完成天然气置换，并向城市管网供气，每日可以为北京增加供气2000万立方米，使北京冬季的供气紧张局面得到全面缓解。至此，陕京二线天然气管道工程全线建成投产，工程管道全长896公里，设计年输量150亿立方米。按照设计年输送量计算，陕京三线工程运送的天然气可以替代2100万吨煤，降低二氧化碳排放约630万吨。陕京三线“良西段”工程建设管线共92公里、隧道3座、末站1座、阀室8座，投产后，与现有的陕京一线、二线、大唐煤制气工程、唐山液化天然气工程，以及在建的陕京四线，在北京外围形成天然气输气大环，形成多气源、多渠道的供气格局。未来北京的城市门站建设在外围输气大环之上，可以接收多个气源、多个方向的来气，可提高气源之间调度的便利性和城市门站运行的安全可靠性。

陕京三线联络着西气东输一线、二线管道，陕京一线、二线管道，冀宁线和永唐秦管道，是实现国家骨干管网之间天然气调配的重要通道。管道主要气源是长庆油田和土库曼斯坦、哈萨克斯坦等中亚地区的油气田，目标市场是北京和山东省，并兼顾津、冀、晋、辽等省市的用气市场。整个陕京天然气管道系统已向京津环渤海地区输送天然气约1690亿立方米，相当于减少使用煤炭4.3亿吨，减少二氧化碳排放8.3亿立方米、二氧化硫8.9亿立方米，减少灰渣1.1亿吨。陕京三线投入运营后，每天将新增2000万立方米的天然气输送能力，成为北京冬季用气高峰的有效补充，形成陕京一线、二线、三线三条天然气干线向北京输气的格局，大幅提高环渤海地区的天然气保障能力。陕京三线输气管道工程是我国天然气西气东送整体规划的组成部分。建成投产后，我国天然气管网的互补性更强，运行更加平稳安全，拓展市场的优势将更加明显。陕京三线的建成投产，将为环渤海经济带提供优质清洁能源，有效缓解首都供气压力，优化能源结构，改善大气环境，提高人民的生活质量。

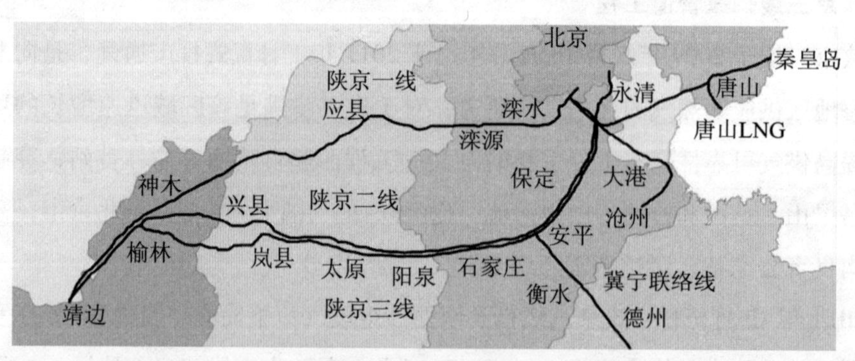

图2-2 陕京天然气管线示意

陕京四线输气管道工程

陕京四线输气管道工程包括1条干线和高丽营—西沙屯、马坊—香河—宝坻、香河—西集3条支线。陕京四线干线西起陕西省榆林市靖边县靖边首站，途经内蒙古省和河北省，东至北京市境内高丽营末站，本期建设包括1条干线1条支干线，线路总长1114公里，设计输气量250亿立方米/年，管道沿线设置红墩界、鄂尔多斯、托克托、乌兰察布和张家口5座压气站。全线隧道穿越4处、河流大型穿越6处、河流中型穿越35处、铁路穿越28处、高速公路穿越26处。陕京四线于2016年8月在内蒙古乌兰察布市打火开焊，计划于2017年10月建成投产。陕京四线是继陕京一线、二线、三线之后的又一条经由长庆地区向环渤海地区及途经地区输送天然气的能源通道，是进口中亚气和国产气输送的重要通道，是“西气东输”战略通道的延伸。管道的建设，对于扩大华北地区天然气供应量、提高冬季调峰供气能力、治理大气污染将发挥重要作用，在全国天然气管网布局中具有战略意义。同时，该管道工程将打通中俄东线天然气管道及唐山液化天然气供应北京市场的通道，改善北京市供气格局，增强供气可靠性和灵活性，[①] 并将保障在2019年北京世界园艺博览会、2022年北京—张家口冬季奥运会对清洁能源的需求。

陕京四线工程于2014年8月获得国家发展改革委员会的批复，2014年10月27日，陕京四线输气管道工程杨树沟隧道顺利贯通。这是陕京四线工程贯通的首个控制性隧道。陕京四线输气工程是继陕京一、二、三线之后的又一条经由长庆气区向环渤海及途经地区输送天然气的能源通道，在全国天然气管网布局中具有战略意义，是我国天然气管网布局及“十二五”发展规划中的重点工程。杨树沟隧道是陕京四线输气管线三个控制性工程之一，另外两个分别为军都山隧道和大杨山隧道。杨树沟隧道位于北京市延庆县，全长451米，于2014年3月26日开工建设。杨树沟隧道主体为Ⅳ级和Ⅴ级围岩，存在岩石发育破碎带5处，穿越北京S212省道，地质条件复杂，施工难度较大。2015年2月，军都山隧道全线贯通。施工中，该工程稳定性较差，易发生崩塌等不良地质现象，风险较大。从进场开始，隧道项目部就高起点、高标准、高要求，在施工上采用信息化、遵循“弱爆破、短开挖、强支护、早闭合、勤测量”的施工原则，为隧道贯通打下了坚实的基础。[②] 之后受制于国内市场因素的影响，工程停止了一段时间，至2016年8月正式开工建设。

---

① 安蓓．陕京四线输气管道工程开工［N］．人民日报（海外版），2016－08－09（2）．

② 李松．陕京四线北京段军都山隧道贯通［N］．石油商报，2015－02－27（11）．

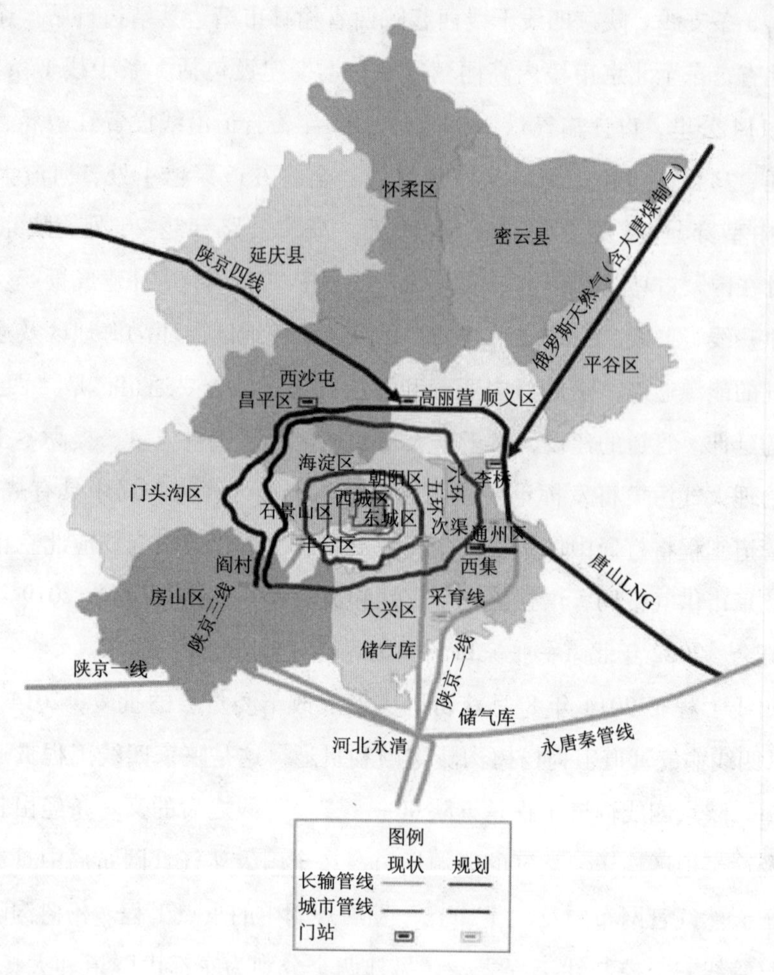

资料来源：北京市“十二五”期间能源发展建设规划。

图 2-3　北京天然气源和接受门站

（2）外环供气和内环配气建设

根据《北京市 2013—2017 年加快压减燃煤和清洁能源建设工作方案》的相关规定，北京将建成外输内配的两个燃气高压大环，包括利用中石油长输管网系统沿本市周边形成 100 公斤天然气供气外环，和六环路 40 公斤高压燃气管网配气内环。

北京市天然气供气内环沿六环路天然气管线沿着六环路敷设，从大兴区念坛至昌平区西沙屯，管线全长约 110 公里。该工程从 2005 年开始随路建设，2005 年完成了马驹桥至李桥段长度约为 40 公里的管线，主要接收来自采育门站陕京二线天然气气源，使城市天然气的日供气量增加了 700 万立方米。2006 年 9 月开始了罗奇营至马驹桥、通州李桥至昌平西沙屯南北两段、共 70 公里管线的建设。2007 年11 月，北京天然气供气内环六环路管线一期工程全线贯通，部分管线开始通气使用，既提高了城市管网的供气安全，也具备了向远郊区县及通州、顺义、大兴等新城供气的条件。一期工程全线贯通后，可使北京城市燃气主干管网的年供气量增长30亿立方米。

2011年，北京市燃气管网联通怀柔密云，建成东南热电中心天然气供气管线一期工程。怀密天然气干线工程实现全线通气，怀柔和密云两区县居民用上与城区同网同价的管道天然气。截至2013年底，北京市天然气管网共有管道42条，里程3.51万公里，站场463座，阀室1337座，压气站72座，用户491个，累计建成国内外5大资源走向，7座储气库群、3座LNG接收站的天然气设施。

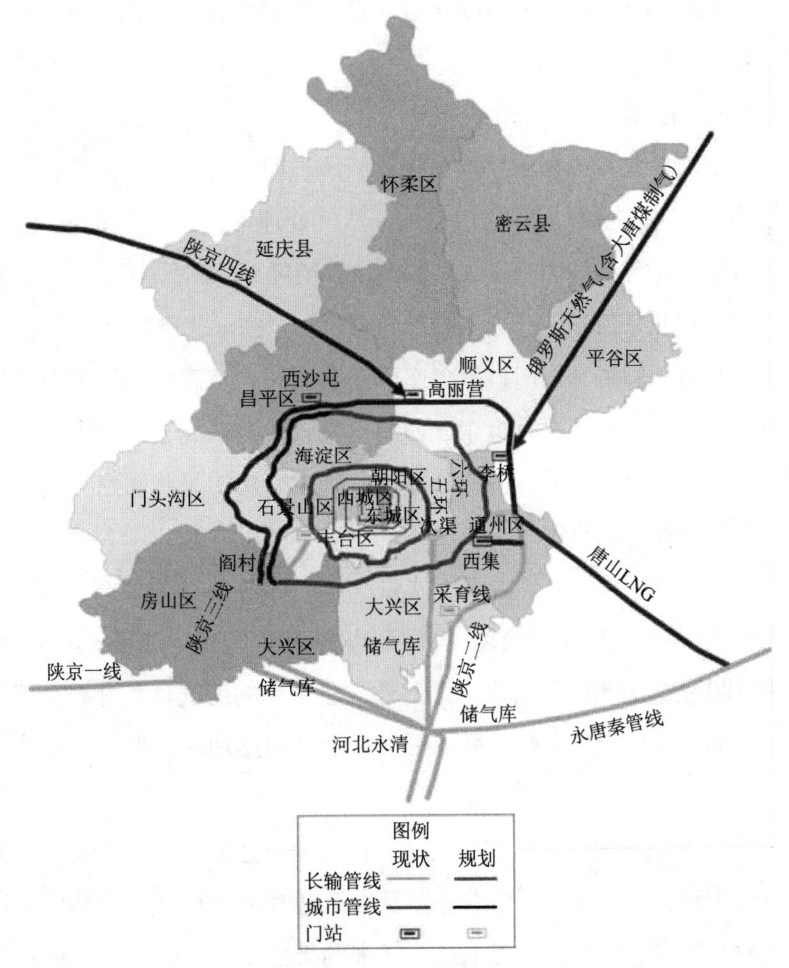

资料来源：北京市“十二五”期间能源发展建设规划。

图2-4　“十二五”期间北京市天然气设施分布

“十二五”期间，北京建成了西六环路高压 A 管线良乡至西沙屯段，约 76 公里，实现六环路高压 A 管网成环；结合六环路工程建设，配套建设高压 A 调压站 10 座。规划沿京包高速路等道路新建高压 B（2.5 兆帕）联络线约 112 公里；采用从门站专线接气、点对点供气的方式来解决四大热电中心的供气问题，新建天然气高压 A 管线约 102 公里；新建燃气管线约 450 公里，其中高压 B 管线 70 余公里，次高压 A 管线约 140 公里，中压管线约 120 公里；重点完成旧城保护区、首钢改造区、CBD 地区、丽泽商务区等重点功能区的燃气管网建设工程；新建燃气场站（箱）35 座,其中高压 B 调压站 11 座，次高压 A 调压站（箱）约 24 座；所有新城接入天然气输配管网系统。结合陕京四线的建设，在延庆新城建设天然气分输站一座，解决延庆新城供气问题。

（3）天然气门站建设

北京使用的天然气大部分依靠陕京管线系统长距离管线运输进京，天然气从一口井（采气树）汇集到集气站，之后进入天然气处理厂，经过一道道工序处理后的天然气，通过榆林压气站等四个压气站的增压，历经 30 小时，通过近千公里的陕京管线，从榆林到达北京门站，再进入城市的工厂和家庭。北京共有西沙屯、高丽营、李桥、次渠、采育、阎村和衙门口等多座天然气门站，负责将不同方向的管线运输的天然气分输进京，形成了北京市东、西南、南、北和西北全方位多元化气源接收格局。例如，北京市昌平区的西沙屯分输站，其主要功能是将陕京三线天然气通过良乡至昌平管段分输给北京市燃气集团。

“十二五”期间，国家重点建成了陕京三线、四线（含煤制气）和唐山 LNG，年输气总能力达到 600 亿立方米，从北京市的天然气供应来看，可以满足城市 2015 年当年 180 亿立方米的用气需求。另外，北京市的用气日高峰将接近 1.3 亿立方米，在采暖高峰时段矛盾和隐患显得更加突出，因此加快天然气门站建设显得尤为重要。

2010 年底，北京最大的天然气接收站、供气规模达到每小时 150 万立方米的阎村门站及管线工程完工，具备了向六环路及市区通气的条件。该门站位于房山区阎村镇，在接收从陕京三线长输管道末站输送来的天然气后，通过南六环新建高压天然气管线，连通至城市燃气管网。

2013 年，北京市在城市北部新建设了北石槽和西沙屯门站，在东南部建设了西集门站，三座天然气接收门站与原有位于城市南部的衙门口、采育、阎村、通州、次渠五座接收门站形成全方位气源接收的格局。门站全部运行后，天然气日均接收能力将突破2.4亿立方米，在原1.2亿立方米基础上增加一倍。其中，北石槽门站负责接收内蒙古大唐煤制天然气，西集和西沙屯接收门站分别接收陕京二线和陕京三线气源。多门站格局将为北京城市接收的多气源天然气，平稳迎峰度冬提供设施保障。

（4）多气源供应

大唐煤制气项目

2012年，北京市外部气源工程加快推进，陕京三线实现全线贯通并开工建设大唐煤制气（古北口—高丽营段）。2013年底，大唐发电的克旗煤制天然气项目进京，北京开始进入“双气源”时代。此前，北京用的天然气多是来源于油田、气田，而大唐发电的克旗煤制天然气项目的天然气是由煤制成的，成分、热值与油田气、气田气一样，工程全部完工后每小时可向北京输送煤制气40万立方米，一天可达960万立方米，将大大缓解北京冬供的紧张局面。

大唐发电的克旗煤制天然气项目作为国内首例大型煤制天然气示范项目，是探索“煤炭资源清洁高效转化”过程中取得的重要成果。其位于内蒙古自治区克什克腾旗西北部的达日罕乌拉苏木锡腾海。该工程以内蒙古锡林浩特蕴藏丰富的褐煤为资源，采用碎煤加压汽化、低温甲醇洗净化、甲烷合成技术，采用长输管道，途经内蒙古赤峰、锡盟、河北承德到北京，主干线全长300余公里。这一工程由大唐能源化工有限责任公司、北京燃气集团公司共同出资，一期已于去年8月完工，二期、三期分别计划于2013年和2014年建成投产，预计达产后年产天然气40亿立方米，接近2012年北京市全年天然气使用量的一半。

2014年1月13日，大唐克旗煤制气公司的工厂内发生了一起中毒事故，并有人员伤亡。因气化炉出现故障不仅发生安全事故，而且刚正式运行一个月不到的煤制气设备遭到停产检修。作为2009年第一个获得国家发展改革委核准的煤制气项目，2013年12月18日成为第一个商业化运营的煤制气示范工程，克旗煤制气投产不久后就意外停产引发了业内的广泛关注，经过一番检查探究，初步查明，造成停产的主要原因是，选用了鲁奇（Lurgi）碎煤加压气化技术的大唐克旗项目气化炉对项目所用的蒙东褐煤煤质不适应，导致气化炉内壁腐蚀以及内夹套件等出现问题，此后，针对大唐克旗煤制气项目造成的废水、废气等环保纠纷，当地民众已经多次向地方政府相关部门、大唐克旗煤制气项目公司提出交涉。2014年7月，国家能源局发布《关于规范煤制油、煤制天然气产业科学有序发展的通知》，通知要求，煤制油（气）处于产业化示范阶段，要坚持统筹规划、科学布局、严格准入，在生态环境和水资源条件允许的前提下有序推进示范项目建设，适度发展产业规模。大唐国家也将所属的内蒙古大唐国际克什克腾煤制天然气项目进行重组。大唐克旗投产之前，一般都煤制气评价为为清洁能源、新型产业，环境污染等负面消息陆续曝光后，煤制气给外界留下技术不成熟、污染严重等负面印象。经历了一系列的挫折，煤制气已处在十字路口，应当重新审视业界应用最广的碎煤加压气化技术。

除了大唐煤制气一期工程外，2014 年陕京三线良乡—西沙屯段工程也完成调试，标志陕京三线工程实现全面投产，新增供气能力约 150 亿立方米，陕京三线的建成进一步实现了北京多气源供气的局面，将中亚天然气和国内的塔里木气区、长庆气区的天然气输送到急需天然气的环渤海地区，其目标市场是首都北京和山东，以及天津、河北、山西、辽宁 6 省市的用气市场。

唐山 LNG 项目

位于河北唐山曹妃甸工业区的中石油唐山 LNG 项目一期工程于 2013 年 12 月 10 日向北京供气，这标志着唐山 LNG 项目一期工程正式投产，也意味着今冬明春北京市乃至整个华北地区又有了一个新气源——液化天然气（Liquefied Natural Gas, LNG）。LNG 是通过冷冻将气态天然气制备成液态的一种能源产品，其体积只有气态的六百分之一，更容易储存和运输。LNG 加温气化后，能迅速补充管网内的天然气，从而弥补冬季用气高峰时产生的巨大缺口。

唐山 LNG 项目是我国建成投产的第九个 LNG 项目，于 2010 年 10 月通过国家发展改革委员会的核准，并于 2011 年 3 月正式开工建设。项目由中国石油天然气股份有限公司、北京控股集团有限公司、河北省天然气有限责任公司三方共同投资建设。唐山 LNG 项目由接收站工程、码头工程和站外配套工程组成，占地面积约 48 公顷，项目规划规模为 1000 万吨/年，分期建设。一期工程建设 4 座 16 万立方米 LNG 储罐和 1 座可靠泊船容量 8 万到 27 万立方米 LNG 船的专用卸船码头及站外配套工程。远期预留 4 座 16 万立方米储罐用地和 1 个泊位。项目开创国内先河一次性通过了卡塔尔燃气按国际行业规范组织的尽职调查和挪威船级社组织的投产前安全检查。

虽然在北京市的天然气来源中长庆油田仍然占比近 80%，但是近年来北京气源结构进一步多样化，从“双气源”发展到“多气源”结构，不仅有来自西部的长庆油田、塔里木油田以及大唐的煤制气，还有来自中亚管道的进口管道气和唐山来的海外LNG。2013年12月9日满载21万立方米卡塔尔LNG的海姆拉号（LA HAMLLA）LNG运输船，在6艘拖船的帮助下，稳稳靠泊曹妃甸LNG码头。5支卸料臂缓缓伸向船体，抽出冷冻至-162℃的液态天然气，通过1899米的栈桥管廊区注入容积达16万立方米的储罐中。这就是北京使用的天然气另一气源——海上LNG。液化天然气从澳洲、卡塔尔横跨半球，通过海路到达唐山LNG接卸码头，成为保供京津冀的重要气源之一。唐山LNG接收站将运抵的海上LNG气化后，通过永唐秦输气管道，向京津冀地区输送天然气，有效缓解了京津冀地区特别是北京市冬季天然气供应不足的问题。唐山LNG项目是北京冬季保供的重要工程，大大提高了北京高峰期供气的安全性和整个管网系统的安全性。

（5）储气设施建设

天然气储气设施是保障天然气安全稳定供应的重要手段，是天然气输送体系的重要组成部分。目前储气能力建设已严重滞后，要根据全国天然气管网布局，加快建设储气设施，力争到“十二五”末，能保障北京天然气调峰应急需求。在长输管道沿线必须按照因地制宜、合理布局、明确重点、分步实施的原则配套建设储气调峰设施。北京是国际化特大型城市，天然气气源利供气系统必须安全可靠万无一失。为此，需按照多方向、多气源原则统筹安排气源，充分考虑特殊情况下的事故备用。

北京、天津、河北、山东等省（市）储气设施建设起步较早、基础较好，今后以逐步完善现有储气库和新建地下储气库为主，辅以LNG中小液化装置和LNG接收站储罐。结合已有储气设施，建设完善辽河、大港、华北、大庆、胜利等枯竭油气藏储气库群，包括辽河双6、齐13、胜利永21、大港板南、华北苏1、功20、苏4、苏49、顾辛庄、文23、大庆和吉林油田枯竭油气藏。要进一步强化陕甘宁长庆气田、华北油田供气的可靠性，筹划未来从俄罗斯尔西伯利亚进口天然气或进口液化天然气。到2020年，除需要尽可能地引进气源、满足负荷需求以外，还要积极在北京的周边地区规划建设大型地下储气库或其他类型的天然气储存设施，满足“调峰”和事故备用的需要。

由于北京日高峰将接近1.3亿立方米，就采暖高峰时段矛盾和隐患突出，必须加快天然气储气库等调峰设施建设，它们承担着京津冀地区天然气“错峰填谷”的任务。储气库就像一个装气的“储存器”，夏季市场用气量低于管道输气能力时，就将富余的气存入“地窖”里。等到冬季用户用气量大时，再从“地窖”里采出向用户供气，以实现“调峰”的功能。在储备设施方面，“十二五”时期，在已建成的位于大港的大张坨储气库的基础上，北京新建设了华北油田地下储气库和唐山曹妃甸液化天然气码头调峰储备库。

大港大张坨储气库

地处天津市大港区以南独流减河内的大张坨储气库是我国第一个天然气储气库，构造位于大港油田板桥凝析油气田板中段块西部。2000 年投产的大张坨储气库作为陕京管道配套储气库，主要承担京津冀地区季节性天然气“错峰填谷”任务。长庆油田的天然气，在夏季还有一部分进入了位于天津市大港区以南的首座枯竭油气藏大张坨储气库——中国第一座地下储气库，这是陕京输气管道的配套工程。每年3 月至 11 月是大张坨储气库的注气期，截至 2014 年 9 月，累计注气 65 亿立方米；每年 11 月至 3 月是采气期，截至 2015 年 1 月，累计采气 61 亿立方米。地下储气库有以下优点：储气量大，安全系数高，不易引发火灾及爆炸，经济效益好，与金属气罐相比储气成本低，并且具有战略意义，其隐蔽性和安全性适于战略储备。

华北油田地下储气库

2013 年 7 月，华北油田首个储气库群苏桥储气库实现注气投运。苏桥储气库群位于河北省霸州市和永清县境内的苏桥储气库群，储层埋深最高达 5500 米，为世界最深的储气库群。由此带来的是地层温度高、压力系数低、易垮塌、大井眼、长封固段等一系列挑战，加之储气库建设本身耐压、耐高温、耐腐蚀的严格要求，其钻井完井、地面工艺、设备管理等被业内专家称为世界级难题。苏桥储气库群由苏 1、苏 20、苏 4、苏 49、顾辛庄五个储气库构成，总有效库容 67 亿立方米，设计工作气量 23 亿立方米/年，总注气规模 1300 万立方米/天，采气规模 2100 万立方米/天。作为第一个运行周期，苏桥储气库群计划注气 6 亿立方米，采气 4 亿立方米。苏桥储气库群是华北油田公司储气库建设的一期工程。目前，二期工程已经启动，三期正在评价。“十二五”末，华北油田储气库总库容达到 240 亿立方米，工作气量达到 73 亿立方米，最大调峰能力为每天 4000 万立方米。投入生产后，每年可增产 10 万吨左右的凝析油，相当于新建一个年产 1.3 亿立方米的天然气田，对拉动地方经济具有重大作用。苏桥储气库群的建设，不但可满足京津冀地区城市用气和季节调峰需求，还将最大限度地盘活现有地下和地上资源。对于优化京津冀地区能源结构，满足冬季用气调峰需求，推进区域低碳、清洁发展具有重大意义。

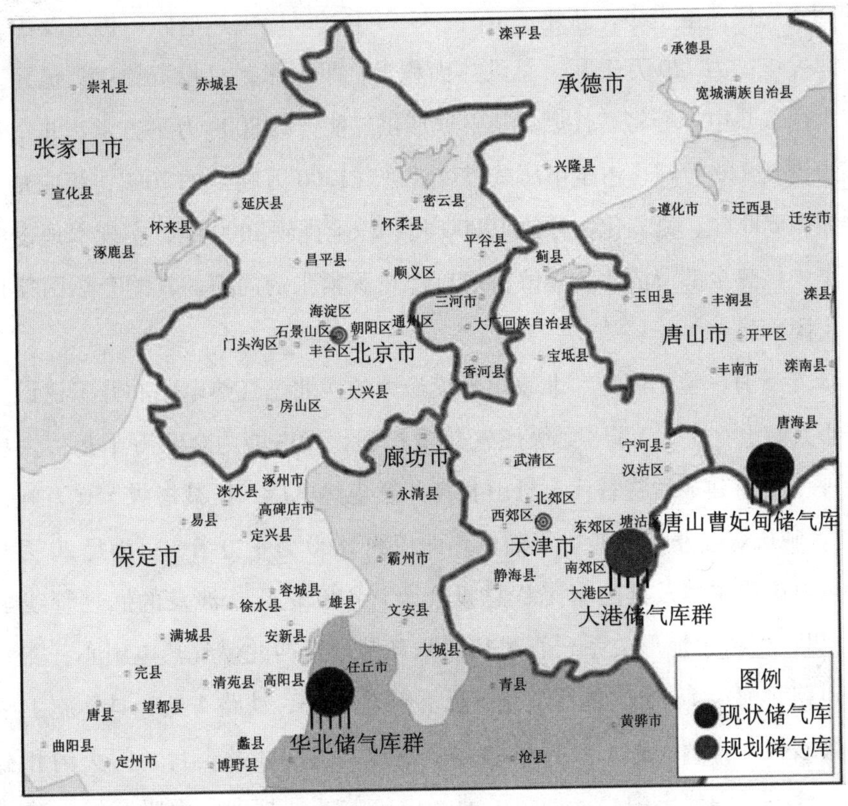

资料来源：北京市“十二五”期间能源发展建设规划。

图 2-5 “十二五”期间北京市天然气储气设施分布

为了满足北京地区的调峰和事故备用，目前在大港油田已经建成大张砣、板876和板中北高点（一期）3座配套地下储气库，储气能力为11.4亿立方米。根据地下储气库的工作特点，其储气能力的配置随不同的负荷构成会有所不同，根据北京市用气负荷预测，规划到2020年所需的地下储气库储气能力约为总用气量的25%，即到年用气量120亿立方米时，需要的储气能力为30亿立方米。根据中国石油天然气股份有限公司目前对华北地区的勘探情况，目前已基本探明的构造可建地下储气库约为34亿立方米，可基本满足要求。

2. 加快“煤改气”配套燃气管线建设

（1）热电中心配套燃气管线

为实现《北京市2013—2017年清洁空气行动计划》规定的目标，即2017年净削减燃煤1300万吨、煤炭占能源消费比重下降到10%以下，北京分阶段关停了现有的四座燃煤热电厂，建设了分别位于西北高井、东北高安屯、东南高碑店和西南草桥的四大燃气热电中心，新建了16台35万千瓦级燃气热电联产机组及配套市政工程，总发电能力720万千瓦，总供热面积1亿平方米，总投资约477亿元。建成后的四大燃气热电中心将替代燃煤热电联产供热能力约8000万平方米，北京每年将减少煤炭消耗920万吨，占全市压减燃煤任务（1300万吨）的70%，相应减少二氧化硫排放10000吨、氮氧化物排放19000吨、粉尘排放3000吨，实现本地发电和中心城区集中供热全部清洁化，缓解目前首都热源紧张的局面。其配套热网项目由北京热力集团承建。

2012年6月，位于高井、北京市规模最大的西北燃气热电中心开工建设。整个热电中心共建设6台35万千瓦级燃气热电机组，发电能力270万千瓦，供热能力3600万平方米，建成后将替代石景山和高井燃煤热电厂，压减燃煤550万吨，占全市1300万吨压煤任务的42%。当前供热面积约1800万平方米，可满足20万户居民供热。热电中心主体及其配套工程总投资合计180亿元，涉及的燃气管线虽然只有16公里，但由于地形关系，管线从西六环铺设至西北燃气热电中心，需要穿越铁路、道路、河流18处，包括道路5处、河流9处、铁路4处，具体施工中还通过定向爆破技术打出一条1.8公里的穿山隧道，工程涉及丰台、门头沟和石景山三个区。建成后的热电中心，加装了消音设施的新型烟囱，由吸音板、挡音墙做成的建筑立面装饰和使用智能自动化系统的中控室，取代了燃煤电厂冒着白烟的高烟囱，燃气机组的烟尘排放基本为零，二氧化硫和氮氧化物排放比燃煤机组排放少。

截至2015年5月，四大热电中心配套热力管线建设任务中，东北热电中心南线工程和北线工程均已按时完工，并已全线贯通；西北热电中心配套管线预计年底能够全线贯通；西南热电中心配套管线京开东路至右安门大街段正在施工，预计6月底前能够完工并实现全线贯通。已基本确定煤改气工程改造任务共78座锅炉房，226台锅炉，2849蒸吨，涉及居民供热面积约1637.5万平方米。其中东北热电中心位于朝阳区金盏乡马各庄，由国华电力和京能集团分别建设2台F级燃气热电联产机组，发电能力约180万千瓦，供热能力约2400万平方米，能供热大约30万户。东北热电中心于2012年9月开工建设，其中京能2台燃气机组已经于2014年12月建成投运；国华2台燃气机组设备安装已经完成，正在进行机组调试工作。东北热电中心建成后将替代国华北京热电厂燃煤机组，压减燃煤130万吨，占全市1300万吨压煤任务的10%。

（2）远郊区县燃气供气干线建设

延庆

延庆是首都西北部重要的生态屏障和水源保护地，也是首都生态涵养发展区之一。由于修建燃气管道需要穿越长城，可能造成文物损失，延庆一直没有建设燃气管网并联通城区燃气管网，成为北京市内远郊区县中唯一尚未接通管道天然气的区县：县域内燃气仍以液化石油气为主，少量采用压缩天然气，供气规模受限；压缩天然气依靠大型槽罐车从城区运出，成本较高而且供应极易受天气和路况影响。延庆县内有25000余户的压缩天然气用户，每天用气量约12000立方米。在管道天然气通气后，天然气价格降低、安全和稳定性提高，将拥有广阔的发展空间，同时实现了全市城乡远郊区县管道天然气的全面覆盖。

正在建设的陕京四线从河北进京后，途经延庆、昌平、顺义，将避开重要文物所在地段，为延庆燃气管道施工和接入北京城市天然气管网提供了可能。2012年北京燃气延庆有限公司成立，大大加快了延庆天然气发展的进程：投资10亿元在延庆建设200多公里高压、中压天然气管线，形成延庆区域管网；建设一座天然气接收门站，用于接收陕京四线天然气气源；建设一座压缩天然气加气母站和一座液化天然气应急储备站，为首都安全供气提供新的保障。

2012年至2013年，北京燃气延庆公司建设了陕京四线张山营门站下游的，通往延庆城区的干线和张山营、沈家营、八达岭三条支线，建成后，延庆县城、具备条件的乡镇将同时接通管道天然气。除干线、支线外，2014年还建成了联通区内社区的160公里中压管线。通气后，干线运行压力有16公斤，每小时输气能力将达60万立方米，设计年输气量70亿立方米。根据规划，到2020年延庆县天然气年用量将达到5亿立方米。

密云

按照规划，密云新城城区的天然气管线网依照主要道路铺设，建设25公里的次高压天然气环线来保障新城供气。其中2015年建设的城西北、城东北锅炉煤改气天然气管线工程气源至锅炉房段，从101国道绕城线现状管线开始，向东北方向，沿101国道绕城线、白云街等道路新建次高压天然气管线大约9.5公里，最终到达这两座锅炉房。该工程既解决了城西北、城东北锅炉煤改气用气，又完善了新城管网。另外，密云新城规划采用双路气源。所谓“双路气源”，是指密云新城未来的天然气将有两个源头，分别来自北京城区和大唐煤制气密云分输站，两路气源相互补充。

（3）全市采暖、工业锅炉“煤改气”配套燃气管线建设

燃煤锅炉改燃气是煤改清洁能源工作的重要组成部分，《北京市2013—2017年加快压减燃煤和清洁能源建设工作方案》和《北京市2013—2017年清洁空气行动计划》对于本市燃煤锅炉清洁能源改造均有明确的计划和安排。

2013年全市的“煤改气”任务量为2100蒸吨，较2012年增加了30%。城六区已完成燃煤锅炉清洁能源改造2407蒸吨，共计115台锅炉，超出计划任务量15%。约有20万户以上居民的供暖方式将由过去的燃煤锅炉改为天然气或热力等清洁能源，供暖建筑面积达到2000万平方米以上。燃煤锅炉改造工程预计建设总投资13亿元，为鼓励项目单位实施改造，市财政已安排2.5亿元补助资金用于支持改造项目。

2014年北京市有近300台锅炉进行了“煤改气”，力度为历年最大，工程完工后可以减少燃煤100万吨，约有40万户居民的供热将用上清洁能源；五环路内基本取消燃煤锅炉；基本完成19个市级以上工业园区锅炉“煤改气”，同时推进市级以下工业园区、产业基地和规模以上工业企业燃煤设施的清洁改造，燃煤锅炉的改造重心从城六区逐步向远郊区县转移，全面加快远郊区县的燃煤锅炉改造，在已接通管道天然气的区域，实施一批锅炉“煤改气”工程；在燃气管网条件不具备的地区，通过电力、热泵等多方式推进。

为调动各类社会主体积极参与“煤改气”，北京市财政支持范围不断扩大，将补贴对象从城六区扩大到全市范围内的采暖锅炉和工业锅炉，对于单台容量小于20蒸吨的燃煤锅炉，给予每蒸吨5.5万元补助；对于20蒸吨以上的燃煤锅炉，给予每蒸吨10万元的补助，改造工程投资最高可获得50%的资金支持。在丰台区青塔小区供热厂，原有2台40蒸吨燃煤锅炉，供热面积约70万平方米，改造后，在原沉渣池位置新建地下锅炉房，安装3台40蒸吨燃气热水锅炉，地上部分用作绿化，总供热面积可达120万平方米。

2014年11月，由燃气集团承建的西罗园供热厂煤改气工程已竣工，预计高供暖时用气量约为13000立方米。为了保障锅炉房的正常通气，燃气集团克服机动车道行人、车辆多，跨河交叉施工、连续夜间施工等困难，最终为该锅炉房建设完成全长约1100米的燃气管线，并及时完成相应的通气工作。

2015年，本市力争完成城六区、远郊区县及工业用户三类合计约4479蒸吨煤改清洁能源工作，其中不少都是“煤改气”。在2015年实施“煤改气”工程的锅炉

房中，为了给52座锅炉房所实施的“煤改气”工程提供气源，需要新建配套燃气外管线47处，工程完工后，每年可减少燃煤约31.6万吨，减少二氧化硫排放量约3839吨。目前，这47处管线工程已全部确定规划方案，分布在朝阳、海淀、丰台、通州、房山、大兴、昌平、顺义、怀柔等区县，共需实施天然气管线约37.2千米。

密云新城的“煤改气”工程进展顺利。城区西南、西北、东南、东北的四座供热锅炉厂共约1060蒸吨，承担着密云十余万居民及公建用户的用热负荷，2014年，北京燃气集团宣布密云县四大供热厂“煤改气”工程启动，全部改造完成后每年可减少燃煤28万吨。其中2015年建设的城西北、城东北锅炉煤改气天然气管线工程气源至锅炉房段，改造的管线从101国道绕城线现状管线开始，向东北方向，沿101国道绕城线、白云街等道路新建次高压天然气管线大约9.5公里，最终到达这两座锅炉房。该工程既解决了城西北、城东北锅炉煤改气用气，又完善了新城管网。

大兴区大力推进燃煤锅炉房“煤改清洁能源”。区内锅炉房142座，供热总面积3773万平方米，清洁能源供热面积约1984平方米，占全区总供热面积的52%；燃煤锅炉房供热面积约1789万平方米，占全区总供热面积的48%。大兴区规划在区内大力推广燃煤锅炉房清洁能源改造，在已接通管道天然气的区域重点推进“煤改气”，其他区域积极推进电、热泵等清洁能源改造，优化用能结构，降低供热系统能耗。按照大气治理工作总体部署，完成康庄供热厂和观音寺供热厂“煤改气”工程，到2016年，基本实现全区所有燃煤锅炉房的清洁能源改造。

怀柔区2014年花费1.2亿元建设燃气配套管线，顺利完成了1220蒸吨燃煤锅炉房的改造任务，此举可实现减煤33万吨，每年减少排放二氧化硫837吨，烟粉尘693吨，大大降低了污染物的排放，为“APEC蓝”保驾护航。2015年燃煤锅炉房煤改气计划大部分工程在怀柔主城区，其他区域主要涉及怀柔镇、庙城镇、北房镇、杨宋镇、桥梓镇等平原地区。为顺利完成这项利民惠民的政府折子工程，计划建设涉及23条总长约24.8公里的配套市政燃气管线，全部完成后可保证今年计划内1164蒸吨锅炉的煤改气需求，可实现减煤31万吨，每年减少排放二氧化硫812吨，烟粉尘673吨，对怀柔区空气质量的改善和经济可持续发展起到积极的推动作用。

三、北京市电力清洁发展之路

（一）国家电力资源和电网分布

1. 电力设备和装机规模

我国是一个一次能源和电力负荷分布相当不均衡的国家，三分之二以上的可开发水能资源分布在四川、西藏和云南，三分之二以上的煤炭资源分布在山西、陕西和内蒙古西部，三分之二以上的电力负荷集中在东部地区。

近年来，我国发电设备装机容量继续保持快速增长，电力供应能力继续增强。从2012年的装机容量结构来看，水电占21.8%，火电占71.5%，核电占1.1%，风电占5.4%。1990—2012年，水电、火电装机容量所占比重下降较为明显，核电、风电从无到有，发展较快。2012年从火电装机结构来看，燃煤发电设备容量占92.6%，从发电量构成来看，火电占78.7%，水电占17.2%。我国的煤炭资源主要集中在华北和西北地区，火电机组主要集中在华北、华东和南方地区，煤炭资源与火电机组呈现逆向分布格局；水电装机分布与水资源分布总体一致，风电机组与风力资源分布也基本一致。自20世纪90年代以来，分布式发电开始发展，包括高效利用能源的热电联产和替代化石能源的各种小型可再生能源发电，其中，热电联产技术成熟、效率较高，是主要的分布式能源类型。

2. 电网建设

我国电网建设起步较晚，但是发展较快。自2000年以来，在东北电网、华北电网、华中电网、华东电网、西北电网和南方电网六各跨省的大型局域电网的基础上展开了全国电网的建设，形成东北—华北—华中、华东、西北和南方4个主要的同步电网，全国电网格局基本形成。2010年，云南至广东、四川向家坝至上海等两个800千伏特高压输电工程投产，晋东南至荆门1000千伏特高压交流试验示范工程也通过国家验收，标志着中国电网已经成为世界交直流运行电压等级最高的电网。跨区输电量有较快增长，但是比例仍然偏低。

华北电网供电北京、天津、河北、山西、山东和内蒙古自治区，电网内部包括京津唐电网、河北南网等均已建设了较强的500千伏主干电网，形成了以京津冀地区为受端负荷中心，以内蒙古西部电网、山西电网为送端七个西电东送、南北三个通道“七横三纵”的主网架格局。

我国电网建设规模偏高，主要受三个因素的影响，首先，西部电力资源中心和负荷中心逆向分布，距离500～2000千米，需要进行远距离、大容量的电能输送和交换，决定了我国电网承担着大范围优化配置资源的任务，电网规模相对较高；其次，我国一向高度重视电网安全，电网输送效率受到稳定水平的限制；最后，我国电网处于发展中阶段，应当保证适度超前。

3. 影响电量需求的因素

我国正处在从重工业化阶段向集约化阶段转化的时期，以工业为主的第二产业仍然占据国民经济的较大比重，第二产业是用能大户和用电大户。参照其他发达国家的发展轨迹，当一个国家的工业化进入后期，伴随一国技术装备水平的提高，高附加值、低消耗产品的增加、电子信息产业的迅速发展，必将引发工业内部结构的变化和调整，进而导致工业用电的逐步下降；另外，随着城市化进程的加快、居民消费水平和消费方式的变化，居民用电占比将不断提高。

（二）“十一五”时期北京电力发展成就和“十二五”发展规划

“十一五”时期，北京电力设施供应能力大幅提升，供应安全可靠，网架结构日趋完善。新建500千伏变电站5座、220千伏变电站23座、110千伏变电站92座；各级高压电网总长度接近10000公里；形成5个方向、8条通道、18条回路的多方向外受电格局；在5大供电分区中，形成以220千伏环网为主干的城市高压配电网；本地电源结构不断优化，清洁能源装机313万千瓦，比重达到51%。2010年，全市电力高峰负荷达到1666万千瓦，全社会用电量达到810亿千瓦时，户均停电时间为4.6小时，比2005年减少13小时，较好地满足了城市生产和人民生活的用电需求。

运行保障能力大幅提升，建立与国家电网等中央企业的定期协调机制，保障电力资源的总量供应，加强与陕西、内蒙古、河北等省市能源战略合作，支持本市大型企业集团域外发展，建成一批现代化的电力生产基地，针对极端天气增多、电力供应不确定性增加的状况，坚持提前制定迎峰度夏等电力能源保证运行调控机制和预案，加强预控与预判，保障高峰时段的电力供应和电网运行安全。圆满完成了奥运会、残奥会、建国六十周年等重大活动的电力运行安全保障任务。

能源结构调整成效显著，2010 年全市清洁能源占能源消费总量的比重达到 70%，其中天然气、外调电力、新能源和可再生能源比重分别达到 13%、23% 和 3%。能源惠民成效显著，着力解决了城市薄弱地区、低收入群体基本生活用能的发展“盲区”，到 2010 年底近 8 万户老旧小区居民用电条件显著改善；20 万户城乡居民用上太阳能热水。

“十一五”时期，北京电力发展存在的不足主要是设施供给约束仍然突出：电力配网建设相对滞后，本地电源支撑能力不足；城乡能源发展差距较大，城南地区、新兴的产业功能区、城乡结合部的用能水平和保障能力与中心城区相比仍存在较大差距，农村地区用能仍以散煤、秸秆、薪柴为主，“煤改电”任务艰巨，农村能源服务体系亟待建立和完善；信息监控和应急水平有待提升。现有能源监控系统仍处在起步阶段，监测站点少，监控能力不足；现有老旧管网安全隐患突出，城市能源应急保障能力相对不足，难以满足国际化特大型城市运行的精细化管理要求和日益增长的多样化服务需求。

“十二五”时期，北京经济社会进入更高层次更高水平的发展阶段，对能源特别是清洁能源的需求保持较快增长，调入电力需求继续稳步增长，需求侧管理措施仍需加强：接收外部电力通道增至 10 条，受电能力达到 2000 万千瓦以上，本地电源装机容量达到 1000 万千瓦左右，基本可以满足本市“十二五”期间 2300～2700 万千瓦的电力需求；在冬夏双高峰期间内仍需采取需求侧管理措施，努力降低最大电力负荷需求；全面完成老旧小区配电网改造和农村电网升级改造的能源惠民目标。

“十二五”末期北京建成主网更加稳定、配网更加可靠、农网满足需要、系统逐步智能的国际先进水平电网，实现“主网、配网、农网”协调发展，提高保障能力。加强外受电力通道、变电设施建设，完善高压环网，新建房山—南蔡双回、蔚县—门头沟双回输电线路，新建北京东 1000 千伏特高压变电站并接入北京电网，到 2015 年实现从山西、内蒙、河北等 5 个方向、10 大通道接受外部电力，外受电通道能力超过 2500 万千瓦。建成以四大热电中心为主、区域能源中心为辅、新能源和可再生能源电站为补充的多元化电源支撑体系。2015 年本地电源装机规模达到 1000 万千瓦，本地发电比例达到 35% 左右。

第一，建设安全主网。海淀 500 千伏变电站建成投产，新建菜市口、商务园等

30项220千伏输变电工程，新建交道口、高辛庄等133项110千伏输变电工程；城近郊逐步取消35千伏电压等级。到2015年，500千伏、220千伏、110千伏变电站分别达到10座、89座、398座。形成以相邻2~3座500千伏变电站为支撑、以220千伏为环网的九大分区供电格局，五环路以内110千伏变电站双方向电源完善率达到80%以上。

第二，建设可靠配网。加强10千伏配网建设，对于重要用户实现多路供电，普通用户达到双路供电，重要城市功能区全部实现中压双环网供电，城市供电可靠性达到99.995%，城市核心区和重要功能区供电可靠性达到99.999%，户均停电时间由“十一五”末的4.6小时下降为1小时。消除老旧居民小区配电网安全隐患，提高居民用电质量。升级改造老旧小区配电设施。对停电事故多发、社会影响较大、安全隐患严重、弱势群体聚集小区的配电室、变压器、线路等配电设施及楼内线路进行升级改造，彻底解决老旧小区电网设备老化严重、用电容量不足、安全隐患突出等问题，大幅提升百姓用电可靠性，更好满足居民用电负荷增长需要。“十二五”期间，完成202个老旧居民小区17万户居民的配电设施改造工作。

第三，协调发展农网。按照“保安全，消隐患、增能力”原则发展农村电网，对农村地区高、中压电网进行网络完善和增容改造，对村内低压电网实施消隐增容改造，对10千伏及以下老旧输电线路、变压器和50万户农户电表等设备进行改造，消除安全隐患，提高供电能力，满足用电需求。

第四，推进智能电网。鼓励新能源发电并网与智能调度、大容量储能调峰、电动汽车智能充电等技术的开发应用：以坚强网架为基础，以通信信息平台为支撑，以智能控制为手段，包含电力系统的发电、输电、变电、配电、用电和调度六大环节，覆盖所有电压等级，实现“电力流、信息流、业务流”的高度一体化融合的电网。建设智能电网有利于全面优化电力系统，实现全社会用电效率最高、消耗最少、成本最低。建成未来科技城、延庆智能电网示范项目，全面提升电网信息化、自动化、互动化水平。2015年基本实现新能源、分布式电源就地消纳接入和并网运行。为进一步推进首都空间环境与建设世界城市要求相适应，“十二五”期间重点建设实施五环路内主次干路、重点地区和远郊区县中心地区10千伏及以下电力架空线入地。

“十二五”时期北京城市功能不断完善、空间布局不断优化、设施水平不断提升，电力能源系统更加趋向多元化、复杂化，电力运行管理更加趋向智能化、精细化，能源需求更加趋向个性化、多样化，实现能源安全稳定运行和提高应急保障能力面临更大的考验。

（三）主要成就和发展目标（2010—2012年）

1. 主要成就

“十二五”前期，北京市电网设施建设稳步推进。新建、改扩建4座220千伏和15座110千伏输变电工程，新开工110千伏及以上输变电工程变电容量298万千伏安，线路长97公里，投产110千伏及以上变电容量223万千伏安，线路长118公里；形成5个方向、8条通道、18条回路的多方向外受电格局，本地电源支撑达到600万千瓦，电力网架结构日趋完善；加强主配网建设，加快海淀500千伏变电站建设，重点建设桃园、商务园、广渠门等220千伏变电站，加快东北、西北热电中心配套变电站及送出工程建设，聂各庄、东坝东工程力争年内并网投产；提升重点镇农网供电能力和供电质量，建设农网改造示范县和示范村；结合智能电网和高可靠性配网建设，加强分布式电源及微电网的技术研究，全力支持分布式电源接入。

“十二五”前期，北京市电力保障设施稳步建设。制订首钢搬迁调整等供电保障方案，保障了重点行业、重点地区、重点项目的建设发展；积极推进轨道交通、重点高端功能区配套电力设施建设，金融街高可靠性配电网工程、未来科技城智能化变电站投产送电，完成260公里架空线入地改造。采取多项措施应对夏季电力负荷和电煤需求急剧攀升、供应偏紧的形势，2011年迎峰度夏期间，建立总量20万吨的电煤应急储备，确保紧急情况下的煤炭供应；实施分区县负荷调控、调整尖峰电价时段等措施提高电网调峰能力；提前落实迎峰度冬措施方案，完成30万吨煤炭、3000吨供暖燃油、10000吨液化石油气的市级应急储备，保障冬季用能。

“十二五”前期，北京市能源安居工程建设全面推进，2010年实施了52个老旧小区配电设施改造，核心城区19万户平房居民全面享受到了“煤改电”低谷时段延长1小时的电价优惠政策；2011年升级改造了12个区县95个小区用电设施，居民用电可靠性进一步提升，关注城市薄弱地区居民用能安全，推进实施老旧小区电力、燃气、热力管网消隐改造；2012年完成了91个小区约13万户居民配电网消隐升级改造，提升了老旧小区居民的生活品质。

2. 发展目标

“十二五”中后期，北京市电网设施建设的主要目标是促进电网全面均衡发展。加强主网建设，实施53项输变电工程建设改造。优先保障通州、顺义等重点新城及昌平未来科技城、怀柔雁栖湖生态发展区、新首钢高端产业服务区等新兴发展区域的配套电力基础设施建设，推进海淀500千伏变电站投运。优化区域电网结构，全力保障城南地区、重点功能区电力设施建设，重点建设岳各庄、丽泽等220千伏和一批110千伏变电站，为轨道交通、重点高端功能区建设和产业发展提供支持；加快推进未来科技城、延庆新能源产业基地智能电网项目建设，推动电网关键环节智能化。在农网建设方面，全面启动北京地区农网3年升级改造工程，提升农业农村生产生活设施供电安全可靠性。

“十二五”中后期，北京市电力保障设施建设的主要目标是继续推动如三环内主次干路10千伏架空线等重点区域电力架空线的入地改造，支持新西城和通州新城地下、半地下变电站建设，支持未来科技城、门头沟新城等地区架空线整合、入地工作，促进电网与城市景观环境协调发展。

“十二五”中后期，北京市能源安居工程建设的主要目标是推进建设能源安居工程，让更多城区百姓用电更加安全。对停电事故多发、安全隐患严重的12个区县95个小区居民用电设施升级改造，提升居民用电可靠性。2012年扎实推进安居工程，提高能源惠民实效，改善用电环境，继续对停电事故多发、安全隐患严重的52个老旧小区约4万户居民的配电设施升级改造。推进通州、大兴、密云、延庆等地区农村电网升级改造，进一步提升农村居民用电可靠性。启动实施农村电网升级改造，提高农户用电水平。

“十二五”中后期，北京市新能源并网建设的主要目标是加快智能电网试点项目建设。积极推进延庆智能电网“2+2”试点项目建设，解决产业基地光伏发电储能和消纳问题。积极支持未来科技城建设输、变、配、用一体化的智能电网示范园区。启动丽泽金融商务区智能配电网建设前期工作。

“十二五”中后期，北京市电力系统节能减排的主要目标是大力推进电力系统节能减排，降低电力系统能耗。提高发电企业生产运行管理水平，加大设备技术改造，进一步降低发电煤耗；提高电网调度运营水平，加大电网输、配线路和变电设备技术改造，不断降低供电线损耗。

（四）优化供电保障布局（2013—2015年）

1. 增强外受电通道能力

（1）外受电通道和回路建设

北京电网是典型的城市受端电网，70%左右的电力来自外送。治理空气污染的主要途径包括压减燃煤实施“煤改气”、建设燃气热电中心和发展新能源车，都直接受制于电力供应，受制于电能替代工程的进展。根据相关规划，北京将不再新建大型电厂，本地燃气电厂也将逐年减少发电。到2020年，北京全市最大电力负荷将达到2750万千瓦，“十三五”时期北京电力需求年均增长率为8%，电力供应缺口进一步加大。

历时八个月的建设，首条入京特高压输电通道锡盟—北京东—山东1000千伏特高压工程的配套工程北京东至顺义工程全面完工，北京将首次使用来自远方特高压的清洁能源，这也标志着历时8个月的首条入京特高压输电通道锡盟—北京东—山东1000千伏特高压工程的配套北京东—顺义工程全面完工，工程建成后，仅北京本地每年将减少煤炭消费450万吨，减少排放二氧化碳875万吨、二氧化硫2.2万吨、氮氧化物2.3万吨。此外，未来北京还将建设6个外受电通道，2018年建成北京东至通州500千伏配套工程。本地燃气发电厂将逐年减少发电。预计到2020年，全市人民每用10度电就有1度电来自特高压。特高压是目前世界上先进的输电技术，有着远距离输送大容量电力能源的能力。突破北京电力供应“瓶颈”，根本在于推进特高压建设，让北京用上更多、更远输送的清洁能源。

北京东—顺义工程是7个外受电通道中最先竣工的。这个工程完工后，北京电网将首次融入全国特高压骨干网架中。预计到2020年，该工程将新增本市外受电能力250万~300万千瓦，每年新增外受电量100亿千瓦时，即全市人民每用10度电，就有1度电是来自特高压。

“十三五”期间，北京将依托国家电网公司特高压规划，新建“东、南、西、北”四个方向7个外受电通道。全部建成后北京电网外受电能力将在原有的基础上增加一倍，供电能力大幅提升。

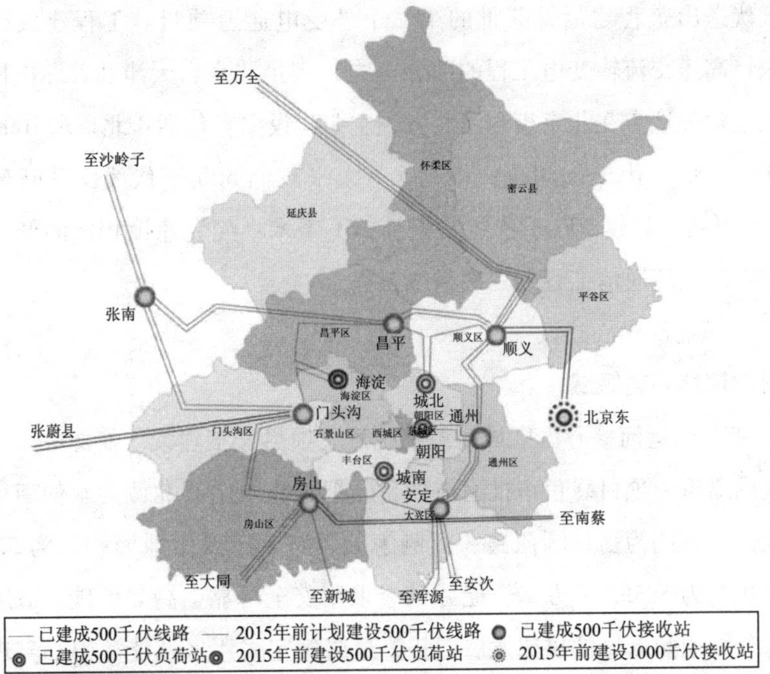

资料来源：北京市“十二五”期间能源发展建设规划。

图2-6 “十二五”期间北京市电网建设布局图

（2）新建和扩建500千伏变电站

2014年6月25日，国家电网北京市电力公司500千伏海淀变电站竣工投运。地处五环内的500千伏海淀变电站由两座贴建的独立建筑物组成，是现有变电站中最靠近北京市区和占地最小的变电站。站内本期安装2组120万千伏安变压器，500千伏进线2回，220千伏远期出线12回，本期出线6回，站内组合电器高空立体对接法兰口共225个，全封闭组合电器六氟化硫气体泄漏率控制在国标50%以下。该站500千伏全封闭组合电器设备的每个间隔都安装了局放在线监测装置，可以有效监测运行，及时发现设备缺陷。500千伏海淀变电站是国家电网公司开展项目部标准化管理和基建管理信息系统现场部分的试点工程。该站将优化北京电网结构，为中心城区提供有效电源支撑，解决北京西北地区高峰负荷期间部分设备重载问题，对提高北京电网安全可靠水平具有重大意义。该站投运后，北京电网共有500千伏变电站10座，110千伏至500千伏变电容量达10260.94万千伏安。

2015年10月北京东特高压站配套500千伏输变电工程获批，此工程为国家电网北京市电力公司获批的首个特高压配套工程，也是继张家口蔚县电厂至北京门头沟500千伏送出工程之后，获批的第二个外受电通道项目。工程建成后将消纳锡盟—山东特高压交流输变电工程的部分电力，满足北京、天津及冀北电网负荷发展需要。工程建设地点在北京市和河北省，主要建设内容包括：北京东1000千伏变电站扩建4个500千伏出线间隔；将顺义—太平双回500千伏线路开断环入北京东100千伏变电站，新建500千伏线路累计261千米；配套建设相应的低压无功补偿装置、OPGW光纤通信工程和二次系统工程。

（3）区域能源中心建设

通州运河核心区区域

2013年通州运河核心区区域能源系统建设项目开工建设。能源中心工程属于市政府扩大内需重大项目绿色审批通道项目。拟建能源中心北侧为水仙南街、南侧为玉带河大街、东侧为荔景园西路、西侧为芙蓉路，建设用地面积约为5.052公顷，总建筑面积约为58353平方米。能源供应采用安全可靠、高效低碳、适度超前的方式，同时兼顾通州新城的供热发展形势，最终确定采用区域能源中心实现热电冷能源综合供应的方式。按照北京市发展改革委批复，电厂建设规模按3台6B级燃气—蒸汽联合循环机组考虑，燃气装机总容量控制在200兆瓦，建成后可满足约1000万平方米的建筑采暖需求。

未来科技城

未来科技城位于北京市北部的昌平区，是北京市正在全力打造的科技创新和研发基地，总投资19亿元人民币。未来科技城区域能源中心由燃气热电冷联供项目、调峰蓄能项目、土壤源和再生水源热泵项目、分布式太阳能项目及配套供热、供冷管网构成，项目建成后可满足未来科技城约760万平方米的建筑采暖，以及170万平方米的建筑制冷需求，同时可提供24.4万千瓦的本地电力支撑。项目工程总投资约19亿元。

未来科技城能源中心利用天然气、地热能、太阳能等多种清洁能源和可再用能源，采用吸收式换热、气候补偿等能源新技术，实现能源的清洁、梯级、高效、综合利用，系统清洁能源使用率达到100%，新能源和可再生能源利用率超过10%，能源综合利用效率超过70%。与传统燃煤项目相比，该中心每年可减少煤炭消耗约50万吨标煤，减少二氧化碳排放约60万吨。其中，在排放清洁化方面，可实现灰渣、污水零排放，比传统燃煤项目年减排二氧化硫、氮氧化物、PM10和PM2.5分别为4940吨、1235吨、170吨和85吨。未来科技城区域能源中心将于2012年采暖季前具备供热能力，2013 年全部投入运营。

2. 加快燃煤替代配套电力工程建设

（1）四大燃气热电中心配套电力工程和燃煤机组关停配套电力设施工程

为配合北京市东北、西北燃气热电中心的建设工作，国家电网北京市电力公司正式启动配套电力工程建设，北京计划建成永定、温泉、远大、酒仙桥 220 千伏输变电工程，为热电中心的并网提供输电通道。

《北京“十二五”期间能源发展建设规划》指出，本市在“十二五”期间将关停国华、京能、高井电厂的燃煤机组，扩建华能、草桥热电厂，新建高安屯、高井热电中心，形成东北、西北、东南和西南四大燃气热电中心，构建安全高效低碳的城市供热体系，提升空气质量。预计 5 年间，北京将新建 14 台燃气热电机组，新增燃气发电装机容量 600 万千瓦。自 2011 年起，北京市将利用四年时间建成四大热电中心，全面关停电厂燃煤机组。国网北京电力为配合四大热电中心建设，共规划建设 6 项 220 千伏输变电工程、9 项并网工程。2012 年，东南和西南热电中心已投入使用。四大热电中心全面建成后，北京将压减燃煤 920 万吨，新增燃机供热能力 8400 万平方米，替代煤机供热能力 6000 万平方米，中心热网清洁供热占比达到 90% 以上，对改善北京市空气质量，降低 PM2. 5 值具有重要意义。

东南、西南燃气热电中心建设于 2010 年 8 月 6 日启动，国家电网北京市公司积极研究热电并网方案，提升电网接纳能力。其中位于朝阳高碑店地区的东南热电中心已率先完成建设，并于 2011 年底并网发电，核定年发电量 41 亿千瓦时。位于丰台草桥地区的西南热电中心的并网工程正在实施，2016 年上半年接入 220 千伏玉泉营和南苑站，完成并网。

针对 2016 年开始建设的东北、西北燃气热电中心，北京公司在保障热电中心建设和运行用电的同时，优化电网架构，保证并网工作的有序推进。据悉，东北热电中心位于朝阳金盏地区，燃气装机 167 万千瓦，计划接入现有的 220 千伏东坝东变电站和规划建设的 220 千伏酒仙桥变电站，预计年发电量 76 亿千瓦时。西北热电中心位于石景山高井地区，燃气装机 278 万千瓦，计划接入规划建设的 220 千伏永定、远大、温泉变电站及现有的 220 千伏聂各庄变电站，预计年发电量 119 亿千瓦时。

2014 年北京西北热电中心配套电力工程全部完工。自 2012 年 6 月开工建设以来，电力部门在 1 年半的时间内完成了 3 座 220 千伏变电站、4 条 220 千伏并网线路工程建设，穿越铁路、公路、河湖等公用设施312次，工程前期协调涉及4个行政区、9个乡镇、6个街道、22个行政村以及水务、铁路、公路、军区等10余个重点单位，相当于原来2年至3年的工程建设量。

随着北京西北热电中心220千伏远大并网工程顺利投产，国网北京市电力公司承建的北京市重点工程——西北热电中心7项配套电力工程，历时近600天的艰苦建设，全部如期竣工投产，有效保障了西北热电中心燃气供热机组顺利并入北京电网。该工程的实施将为北京西部地区新增约3600万平方米清洁供热能力和144万千瓦的并网机组发电能力，还可以实现压减燃煤550万吨，对于增加地区电源支撑，优化电网结构，改善北京市空气质量有重要意义。

为有效保障西北热电中心燃气供热机组顺利并入北京电网，国网北京市电力公司自2013年4月起正式启动西北热电中心并网工程，包括新建温泉、远大、永定三项220千伏输变电工程和220千伏西北热电中心并网聂各庄、并网温泉、并网远大、并网永定四项并网工程。工程新建线路架空线路158公里，敷设电力电缆60公里，电力隧道23公里。共穿（跨）越铁路、公路、河湖等公用设施312次，工程前期协调涉及4个行政区、9个乡镇、6个社区街道、22个行政村以及水务、铁路、公路、军区等10余个重点单位。

西北热电中心是四大热电工程中电力建设最难的工程，不仅位于山区，而且几条线路还要穿插施工。在工程高峰期，平均投入近1500人在各个组塔点进行施工，确保工程按时推进。据统计，西北热电中心配套电力工程70%的施工路段位于高山、丘陵等地区，道路运输极其不便，在往山上运输塔料的过程中，电力施工人员也采用了履带车的新装备，取代了以往肩扛、人背塔料的运输方式，加快了工程整体进度，确保了施工的安全高效。

西北热电中心工程是北京市“十二五”期间节能减排，优化地区能源结构，增强北京市集中供热供暖能力的重要民生工程之一。西北热电中心工程由大唐集团高井燃气电厂和京能集团燃气电厂两座大型热电厂组成，按照北京市清洁空气行动计划部署，西北热电中心工程投产后每年将替代燃煤550万吨，有效改善首都大气环境质量。同时，该工程的实施将为北京西部地区新增约3600万平方米清洁供热能力和144万千瓦的并网机组发电能力，不仅可以更好的满足北京西北部40万户居民的供热及电力需求，也对提升地区整体电源支撑和抵御故障能力发挥积极作用。

2015年12月9日，东北燃气热电中心最后一项配套电网工程团结湖220千伏输变电工程，已安全投产运行将近两周时间。按北京市政府要求，国网北京市电力公司承建的西南、西北、东北、东南四大燃气热电中心配套工程已全面建设完成。为配合四大燃气热电中心建设，保障燃气机组顺利并入北京电网，国网北京电力将四大热电中心配套并网工程建设列入公司《清洁首都空气电力行动计划》，积极研究热电并网方案，提升电网接纳能力。

（2）东城和西城区“煤改电”外电网配套工程

自2001年北京市开始实施“煤改电”工程以来，国家电网北京市电力公司已经累计完成二环内历史文化保护区18万余户居民的电采暖改造。为进一步保障“煤改电”工程新增的电力负荷接入需求，2012年国家电网北京市电力公司在东城和西城建设4座110千伏变电站；2014年计划建设东城区龙潭湖220千伏变电站、西城区广内大街110千伏变电站及西交民巷110千伏三座配套变电站，将对左安门、宣南地区电网的安全稳定运行起到重要作用，法华寺110千伏变电站站址等4座变电站项目前期也在逐步推进。

2015年，国家电网北京市电力公司全面开展“煤改电”配套外电源工程：东城区实施范围包括体育馆、前门、天坛、东华门、龙潭等16个街道地区约1.7万户居民；西城区实施范围包括西长安街、天桥、广内、广外、展览路等14个地区约7000户居民，实施的外电源工程主要涉及安装开闭器、箱式变压器及柱上变压器373台，新立电杆76基，敷设电缆及架空线270.5千米，安装墙箱、地箱4407台，对胡同内的老旧线路进行了增容改造，并将居民家中电表统一更换为智能电表。

2015年12月“煤改电”配套工程龙潭湖220千伏输变电工程顺利投产，新一代全地下智能变电站——龙潭湖220千伏输变电站位于东城区龙潭湖北路南侧，既满足了北京城区核心区用电负荷增长需要，也是北京“清洁空气行动计划”中“煤改电”项目的重点配套输变电工程。

（3）配合农村采暖清洁能源改造的电网设施提升

2016年国家电网北京市电力公司配合北京市政府完成410个村14.5万户农村家庭的电采暖改造。按照国家大气污染防治工作部署，北京市委、市政府提出大气污染防治工作任务和措施，拟订了《推进北京农村地区减煤换煤2016—2020年工作实施方案（初稿）》，到2017年，朝阳、海淀、丰台、石景山4个区城乡接合部所有村庄完成清洁能源代替燃煤，到2020年，全市平原地区所有村庄采暖全部改用清洁能源。其中，“煤改电”被列为大气污染防治的重点措施之一。

2015 年国家电网北京市电力公司分别在朝阳、海淀、石景山、昌平、密云、怀柔等 14 个区县农村实施“煤改电”外电源工程，共涉及 168 个村，惠及居民约 5 万户。工程包括安装 1337 台变压器，新建、改造线路约 3820 千米，在供暖季之前已全部具备发电条件。

截至 2015 年底，北京地区“煤改电”客户达到 38.45 万户，预计冬季采暖季期间可压减燃煤约 60.8 万吨。北京农村地区自 2013 年启动“煤改电”以来，已经完成 7.45 万户居民的电采暖改造，户均供电能力由 3.5 千瓦提升至 9 千瓦。如果全部实施电采暖，一个采暖季北京农村地区可减少原煤消耗约 400 万吨，可减排二氧化碳约 700 万吨、二氧化硫约 21 万吨，减排效果相当于全市 6.6 万辆燃油出租车停驶 3 年。

据了解，按照北京《关于完善北京农村地区“煤改电”相关政策的意见》的相关规定，自 2015 年起，纳入农村地区“煤改电”范围的居民将享受与城区一样的补贴标准，统一全市峰谷电价补贴政策，农村煤改电用户享受谷段电价的优惠时间与城区煤改电客户相一致：谷段由 22：00 至次日 6：00 调整为 21：00 至次日 6：00;同时，增加市区两级财政补贴，农村地区居民在享受低谷电价优惠期间 0.3 元/度的基础上，再由市、区县两级财政各补贴 0.1 元/度（补贴用电限额每个取暖季用户不超过 1 万度）。

3. 提升电网整体供电能力

（1）主网提升工程

在充分满足电力平衡和地区负荷发展的基础上，北京合理规划了区域电网和外受电通道，加强变电站设施建设，利用特高压配套工程、跨省跨区以及电厂并网等规划项目，提升了北京电网主网的受电性能和稳定性能。

2013 年 3 月位于北京市丰台区东河沿村大灰厂路南侧的园博园 110 千伏变电站正式投运发电。2013 年 9 月位于海淀区西郊机场附近的远大 220 千伏变电站开工，该项目所处地块的规划用途将围绕航天技术、信息安全等重点领域，建立国防科技成果转化和军民两用科技示范基地。作为该基地的重要配套设施，远大 220 千伏输变电工程安装变压器 4 台，终期安装变压器 4 台。工程投运后，不但可以接入西北热电中心“一拖一”机组一套，还将大大缓解昆玉河 220 千伏变电站的负荷压力，从根本上解决该地区迎峰度夏期间负荷过重的不利局面，提升北京西北部电网的稳定性，为该地区提供更加有力的电力支撑。

2013 年 12 月 26 日，昌平区未来城 220 千伏新一代智能变电站投运，这是国家电网公司新一代智能变电站示范工程中，唯一一座 220 千伏户内变电站。未来城 220 千伏变电站位于北京市昌平区未来科技城东北角，是国家人才创新创业基地和研发机构集群的重要建筑支撑，未来城变电站建成投运后将缓解未来科技城地区电源点紧张的问题。未来城站为地上三层、地下一层结构，终期安装 220 千伏、180 兆伏安主变压器 3 台，本期安装 2 台，220 千伏采用双母线 7 回进出线，110 千伏采用双母线 12 回出线，10 千伏 24 回出线。

未来城变电站以“集成化智能设备、一体化业务系统”应用为特征。站内应用分层分布式一体化业务平台、智能终端及合并单元一体化设备、多功能测控装置，站域控制保护装置等具有网络通信功能的智能设备，使各功能型设备实现了在同一集成平台上发挥作用，业务流和信息流得到了充分融合。

未来城站以“占地少、造价省、可靠性高”为目标，采用平面紧凑布置方式将半地下布置方案优化为全户内方案，建筑面积减少到 5580 平米，优化核减 25. 3%。同时，整合二次设备，二次屏位由 87 面减少到 45 面，优化核减 48. 3%。应用小型化设备、智能设备间隔二次装置就地布置、使厂房级设计减少了不必要的辅助空间。此外，该站应用了智能告警、一键式顺控操作、二次设备在线监测等高级应用功能，使站控层调控一体化实现了设备状态监控、信息流转状态监测、数据综合应用等多项功能和优化。

（2）配网提升工程

北京电网的配电网规划以目标网架为指引，统筹考虑了配电自动化和配电通信网的建设需求，突出“网格化”并结合城市发展规划的特点。按照相关规定，北京应当于 2013 年至 2017 年开展网格化配网规划建设，预计每年完成 60 项配网改造项目，五年共计完成 300 项改造项目。随着配电网建设改造专项工程的推进和营配调数据贯通工作的深入开展，国家电网北京市电力公司充分应用数据贯通成果，全面加强配网管理，着力提升配网运行管理水平：开展 220 千伏及以下站、线全停互倒互带能力分析，提出配网的基建工程建议；从 5 个维度开展安全风险分析，提前制定管控措施，保障各维度风险可控、在控。

基于营配调数据贯通，加强分布式电源管理，组织专业人员，依托设备精益管理系统，逐步推进对分布式电源的在线运行监视，在线路图上标注分布式电源和网点，以实现对分布式电源的可视化展示，以及发电量、电流量等相关数据的统计分析，研究探讨分布式电源并网可能给电网稳定运行带来的影响，并且提前做好预控措施。

明确设备异动管理流程，严把设备接入质量关：明确10千伏及以下配网设备调度编号规范，以名称不重复、形音不近似等为原则，对北京地区的小区配电室、箱变、电缆分界室、电缆分支箱及其线路等进行重新编号，确保各地区设备调度命名唯一、格式统一，有效防范误调度、误操作事故的发生。基于“营配调一张图”，完成信息交换总线建设，以提升图形、模型与实时数据的交互质量和效率，实现配网信息实时共享。例如，在亦庄配网建设改造试点项目中，将配网相关数据经信息交换总线传输至该公司数据中心及其他业务系统后管理效率得到大幅提升。

开展主动抢修，利用“站—线—变—箱—户”电源追溯关系，集成营销、运检、调度各专业系统的数据信息，经综合研判主动获取10千伏配变故障、10千伏支线故障、0.4千伏低压设备故障、通信设备故障等信息，实现故障区段、停电客户自动研判和快速准确定位，做到了在客户报修前发现并处理设备故障，提升了主动抢修水平。试点开展光纤纵联电流差动保护建设，选取双环网结构的22条电缆线路装设纵差保护，避免了以往判定配网故障区段的延时性问题，能实现故障区段的准确定位和立即隔离，可将故障影响控制在最小范围，并快速恢复非故障区段供电，电网的故障“自愈”能力得到显著提升。

（3）新能源并网工程

新能源并网工程是指新能源电厂升压站外第一杆（架）到系统变电站的第一落点之间的输变电工程。电网是新能源输送和优化配置的平台，新能源并网工程的建设水平关系到新能源发电项目能否安全、可靠、及时接入电网，意义重大。自“十二五”时期以来，国家加快了新能源并网工程的建设，根据《国家电网公司促进新能源发展白皮书（2016）》，我国已经成为风电装机容量、光伏装机容量世界第一的国家。截至2015年，我国风电、太阳能发电累计装机容量1.7亿千瓦，超过全球总量的四分之一。国家电网已经成为了全球范围内接入新能源规模最大的电网，调度范围风电、太阳能发电累计装机容量分别达到11664万千瓦、3973万千瓦，相当于一个中等发达省份的全年用电量。

在光伏发电并网方面，2015年3月北京华电密云20兆瓦光伏发电并网工程完成了太子务、统军庄两座110千伏变电站的接入工作并成功并网运行，预计并网后每年可输送2300万千瓦时电量，可以满足密云地区2万居民的日常生活用电，同时减少了大量二氧化碳的排放。华电密云20兆瓦光伏发电并网工程是北京市首个并网发电的大型地面光伏电站示范项目，也是总装机容量最大的项目之一，工程新架设钢管杆和混凝土杆共计220基，架设线路长度12公里。

在风电并网方面，2008年并网的官厅风电场一期工程是北京对风能资源的首次规模利用。2016年1月并网发电的官厅水库风电场三期49.5兆瓦工程安装了33台1.5兆瓦风力发电机组，自此北京风电装机容量达到200兆瓦，年发电量约4亿度，相当于20万个家庭一年的用电量。"十三五"时期，北京市还将重点推进官厅风电场四至八期工程和昌平青灰岭风电工程建设，力争到2020年风电装机规模达到500兆瓦。

在生物质能发电并网方面，2013年北京完成鲁家山电力并网工程，工程建成后将对石景山、丰台、门头沟和西城的一部分垃圾进行焚烧处理并设计发电4.2亿千瓦时，相当于每年节约14万吨标准煤。垃圾焚烧所发的电将优先满足厂内用电需求，剩余电量将并网销售，预计每年提供的上网电量将达到3.2亿千瓦时。

第三章 “十二五”时期北京市新能源发展

新能源和可再生能源绿色低碳、环境友好，是能源生产和消费革命的重要内容，代表能源未来发展方向。“十二五”时期，北京市新能源和可再生能源开发利用规模显著提升，科技创新及服务能力持续增强，政策环境及配套服务体系逐步完善，整体发展实现了由试点示范向规模化应用的重要转变。到2015年，北京市新能源和可再生能源开发利用总量达450万吨标准煤，占能源消费总量的比重提升至6.6%，较“十一五”末总量增加226.7万吨标准煤，年均增速约15.0%。总结和梳理“十二五”时期北京市新能源发展的大事件，在国家新能源发展方向和政策调整的背景下，结合北京的资源禀赋，明晰从“十一五”时期主要依托示范项目建设，到“十二五”时期实现新能源发展由点到面发展的动因，对北京市“十三五”时期继续提升新能源和可再生能源发展水平，实现能源结构持续优化具有重大意义。

一、 新能源发展概述

（一）世界新能源发展的主要特点

1. 加快开发利用可再生能源已成为国际社会共识

自20世纪70年代石油危机以来，为保障能源安全，应对气候变化，可再生能源日益受到国际社会的重视。2008年以来的全球金融危机，为可再生能源的发展带来了新的给予，进一步促进了可再生能源的发展。日本福岛核事故后，不少国家能源战略选择“弃核”或延缓核电建设，发展清洁能源和减少温室气体排放的任务更多地转向可再生能源。加快开发利用可再生能源已成为国际社会的共识和共同行动。

第一，可再生能源已成为能源发展的重要领域。2010 年全球可再生能源领域的投资超过 2000 亿美元，一些国家新增可再生能源发电装机占全部新增发电装机的三分之二以上。风电在欧盟新增发电装机中，已连续多年保持第一。德国实施 2022 年前不再使用核电的能源转型战略，通过大规模开发海上风电和加快建设分布式太阳能发电解决核电退出后的电力供应问题。2010 年德国光伏发电新增装机 740 万千瓦，成为该国新增发电装机规模最大的电源。可再生能源已成为这些国家能源投资的重点领域。

第二，可再生能源已在一些地区发挥重要作用。可再生能源在许多国家能源和电力消费中的比重不断扩大，2010 年丹麦风电占全部电力消费的 20%，西班牙和德国的风电也分别占到全部电力消费的 15% 和 7%，风电已满足欧盟 5.3% 的电力消费量；2010 年丹麦的可再生能源占到全部能源消费量的 19%，德国占到近 11%，西班牙出现过多次风电出力满足全部用电负荷 50% 的情况，可再生能源已在这些地区的能源体系中发挥重要作用。

第三，可再生能源已成为竞争激烈的战略性新兴产业。可再生能源开发利用产业链长，配套和支撑产业多，对经济发展的拉动作用显著，许多国家都投入大量资金支持可再生能源技术研发，抢占技术制高点。特别是在全球经济危机中，美欧日等发达国家和印度、巴西等发展中国家都把发展可再生能源作为刺激经济发展、走出经济危机的战略性新兴产业加以扶持，围绕可再生能源技术、产品的国际贸易纠纷不断加剧，市场竞争日益激烈。可再生能源发展水平将成为衡量国家未来发展竞争力的一个新的标志。

第四，可再生能源在未来能源中的地位日益明确。为实现能源转型，走低碳发展道路，许多国家制定了清晰的可再生能源发展战略。欧盟提出了到 2020 年可再生能源达到欧盟全部能源消费量 20% 的发展目标，其中德国、法国、英国的目标分别是 18%、23% 和 15%。日本在福岛核事故后，提出 2020 年前可再生能源发电要满足 20% 电力需求的目标。丹麦还提出了到 2050 年完全摆脱对化石能源依赖的宏伟战略，英国也提出到 2050 年在 1990 年基础上二氧化碳减排 80% 的战略目标，确立了可再生能源在未来能源体系中的地位和作用。

2. 开发利用可再生能源是实现我国能源可持续发展的必然选择

开发利用可再生能源既是我国当前调整能源结构、节能减排、合理控制能源消费总量的迫切需要，也是我国未来能源可持续利用和转变经济发展方式的必然选择。

第一，开发利用可再生能源是落实科学发展观、建设资源节约型和环境友好型社会的基本要求。建立充足、安全、清洁的能源供应体系是促进经济社会可持续发展的基本保障。当前，我国正处在工业化和城镇化发展阶段，能源需求快速增长，能源供应以煤为主，进一步发展受资源和环境约束的压力不断加大。为从根本上解决我国的能源供应问题，实现经济和社会的可持续发展，加快开发利用可再生能源是重要的战略选择，也是推进能源科学发展、建设资源节约型和环境友好型社会的基本要求。

第二，开发利用可再生能源是保护环境、应对气候变化的重要措施。当前，我国能源开发利用的环境污染问题突出，生态系统承载空间十分有限，依靠开采和使用化石能源难以持续。面对全球气候变化的严峻形势，我国已将大规模开发利用可再生能源作为应对气候变化的重大举措。我国已明确提出，到 2020 年单位国内生产总值二氧化碳排放比 2005 年降低 40% ~45%、非化石能源在能源消费中的比重达到 15%，大力发展可再生能源是实现这一战略目标的主要措施。

第三，开发利用可再生能源是促进农村地区经济发展的重要途径。农村是我国经济社会发展最薄弱的地区，大多数农村地区基础设施落后。目前全国还有约 400 万人没有电力供应，许多农村地区生活能源仍主要依靠秸秆、薪柴等直接燃烧的传统低效生物质能源。但是，农村地区可再生能源资源十分丰富，加快农村地区可再生能源资源的开发，一方面可利用当地资源，因地制宜解决偏远地区电力供应和农村居民生活用能问题；另一方面可将农村的生物质资源转换为商品能源，使可再生能源成为农村特色产业，增加农民收入，改善农村环境，促进农村地区经济和社会的可持续发展。

第四，开发利用可再生能源是发展战略性新兴产业、推动经济发展方式转变的重要选择。大规模开发利用可再生能源将显著降低经济发展对化石能源资源的消耗，减少对环境的损害，使我国严重依赖资源消耗的发展模式逐渐转变为资源消耗少、环境污染低的科学发展方式。同时，可再生能源是快速增长的战略性新兴产业，发展可再生能源对拉动高端装备制造相关产业发展的作用显著，对促进产业结构升级意义重大。此外，可再生能源已是国际产业竞争的新领域，培育和发展可再生能源产业是增强我国经济发展国际竞争力的重要内容。

随着经济的发展和社会的进步，世界各国将会更加重视环境保护和全球气候变化问题，通过制定新的能源发展战略、法规和政策，进一步加快可再生能源的发展。

从目前可再生能源的资源状况和技术发展水平看，今后发展较快的可再生能源除水能外，主要是生物质能、风能和太阳能。生物质能利用方式包括发电、制气、供热和生产液体燃料，将成为应用最广泛的可再生能源技术。风力发电技术已基本成熟，经济性已接近常规能源，在今后相当长时间内将会保持较快发展。太阳能发展的主要方向是光伏发电和热利用，近期光伏发电的主要市场是发达国家的并网发电和发展中国家偏远地区的独立供电。太阳能热利用的发展方向是太阳能一体化建筑，并以常规能源为补充手段，实现全天候供热，提高太阳能供热的可靠性，在此基础上进一步向太阳能供暖和制冷的方向发展。

从总体来看，最近20多年来，大多数可再生能源技术快速发展，产业规模、经济性和市场化程度逐年提高，预计在2010—2020年，大多数可再生能源技术可具有市场竞争力，在2020年以后将会有更快的发展，并逐步成为主导能源。

2010年，水电、风电、生物液体燃料等计入商品能源统计的可再生能源利用量为2.55亿吨标准煤，在能源消费总量中约占7.9%。计入沼气、太阳能热利用等尚没有纳入商品能源统计的品种，可再生能源利用量为2.86亿吨标准煤，约占当年能源消费总量的8.9%。

（二）“十二五”时期我国可再生能源发展的主要指标

可再生能源在能源消费中的比重显著提高。到2015年全部可再生能源的年利用量达到4.78亿吨标准煤，其中商品化可再生能源年利用量4亿吨标准煤，在能源消费中的比重达到9.5%以上。

可再生能源发电在电力体系中上升为重要电源。“十二五”时期，可再生能源新增发电装机1.6亿千瓦，其中常规水电6100万千瓦，风电7000万千瓦，太阳能发电2000万千瓦，生物质发电750万千瓦，到2015年可再生能源发电量争取达到总发电量的20%以上。

可再生能源供热和燃料利用显著替代化石能源。不断扩大太阳能热利用规模，推进中低温地热直接利用和热泵技术应用，推广生物质成型燃料和生物质热电联产，加快沼气等各类生物质燃气发展。到2015年，可再生能源供热和民用燃料总计年替代化石能源约1亿吨标准煤。

分布式可再生能源应用形成较大规模。建立适应太阳能等分布式发电的电网技术支撑体系和管理体制，建设 30 个新能源微电网示范工程，综合太阳能等各种分布式发电、可再生能源供热和燃料利用等多元化可再生能源技术，建设 100 个新能源示范城市和 200 个绿色能源示范县。发挥分布式能源的优势，解决电网不能覆盖区域的无电人口用电问题。沼气、太阳能、生物质能气化等可再生能源在农村的入户率达到 50% 以上。

（三）发展新能源对我国环境和社会的影响分析

水力发电、风力发电、太阳能发电、太阳能热利用在能源生产过程中不排放污染物和温室气体，而且可显著减少煤炭消耗，也相应减少煤炭开采的生态破坏和燃煤发电的水资北极星电力网源消耗。利用工业废水、城市污水和畜禽养殖场沼气生产清洁能源，有利于环境保护和可持续发展。农林生物质从生长到最终利用的全生命周期内不增加二氧化碳排放，生物质发电排放的二氧化硫、氮氧化物和烟尘等污染物也远远少于燃煤发电。

可再生能源开发利用可替代大量化石能源的消耗。到 2015 年，全国可再生能源开发利用量相当于 4. 78 亿吨标准煤，年发电量相当于替代原煤约 5 亿吨，沼气年利用量相当于 100 亿立方米天然气，燃料乙醇和生物柴油年用量相当于替代石油约 600 万吨，太阳能和地热能的热利用相当于降低化石能源年需求量约 6000 万吨标准煤。通过减少化石能源的消费，可减少大量污染物和温室气体排放，并避免化石能源开发和利用过程中对水资源的消耗及对土地、地下水等生态造成的破坏。达到 2015 年发展目标时，可再生能源年利用量相当于减少二氧化碳年排放量约 10 亿吨，减少二氧化硫年排放量约 700 万吨，减少氮氧化物年排放量约 300 万吨，减少烟尘年排放量约 400 万吨，每年节约用水约 25 亿立方米，环境效益显著。

如果开发布局和采取的措施不当，可再生能源开发对生态环境也可能产生不利影响。在可再生能源开发过程中，要尊重自然规律，落实相关措施，加强生态环境保护。水电开发要严格环评审查，充分考虑动植物保护和水体保护要求，落实环保方案，加强施工和环保技术，协调好水电开发与环境生态保护之间的关系。风电建设要加强开发布局，协调好与自然保护区、风景名胜和自然景观的关系，并采取措施防止噪音污染以及对鸟类、景观的影响。大型地面光伏电站要合理布局，防止占用农地、林地和生态用地。利用建筑屋顶的光伏、太阳能热水系统，要统一规划，合理设计，形成与建筑相协调的布局。光伏电池硅材料制备和生物液体燃料生产等生物质能利用包含复杂的化学工艺过程，要加强技术创新，提高生产过程的能源利用效率，实施严格环保措施，防止生产过程废渣、废气、废水的二次污染。生物质能开发还要合理利用森林、土地资源，防止资源的耗竭性使用。

可再生能源资源分布广泛，大型水电资源集中在地理位置较为偏僻的高山峡谷地区，大量的风能资源处于戈壁滩、大草原和沿海滩涂地区，太阳能资源在西部地区最为丰富，生物质能资源主要集中在农林主产区。这些地区的可再生能源开发利用可起到促进地区经济发展、加快脱贫致富、实现均衡和谐发展的作用。可再生能源开发利用，特别是生物质能开发利用可以促进农村经济发展、增加农民收入，对解决“三农”问题有重要作用。

可再生能源规模化和产业化发展可显著增加新的就业岗位，到2015年，预计可再生能源从业人数将达到200万人。可再生能源涉及领域广，产业链长，带动相关产业发展能力强，对经济发展既有影响面宽的效果，又能够在若干地区形成产业聚集和开发利用集中的区域，有效推动局部经济发展转型，成为众多地区实现经济发展方式转变的重要推动力。

从总体来看，可再生能源开发利用对环境和社会的影响“利”远大于“弊”，坚持趋利避害的开发利用方针，有利于实现可持续发展，符合建设资源节约型、环境友好型社会及构建和谐社会的要求。同时，可再生能源又是战略性新兴产业的重要内容，发展可再生能源具有良好的综合性经济和社会效益。

今后一段时期，可再生能源将处于快速发展阶段，特别是全球范围内可再生能源在能源利用中的比重将快速提高，从化石能源的开发利用逐步向可再生能源转变是世界能源发展的大趋势。

（四）北京市“十二五”时期新能源发展目标

1. 利用总量目标

到2015年，新能源和可再生能源开发利用总量为550万吨标准煤，占全市能源消费总量的比重力争达到6%左右。

2. 产业发展目标

产业规模成倍增长。到2015年，全市新能源和可再生能源产业实现销售收入1000亿元，比2010年再翻一番；培育一批龙头企业，在太阳能光伏、光热、风能领域形成一批系统集成商和技术服务商。

创新体系更加完善。到 2015 年，新建 6～8 个国家级新能源和可再生能源实验室和技术研发平台；新能源标准和规范体系进一步完善；系统设计、关键零部件制造水平显著提升。

3. 空间布局目标

按照“集中布局、集群发展”的理念，构建形成“一县两区多基地”的新能源空间发展格局。高水平建设延庆国家绿色能源示范县；加快建设北京经济技术开发区国家光伏集中应用示范区；积极支持本市有条件的区（县）争创国家新能源示范城市；做大做强延庆北京新能源产业基地、平谷绿色能源产业基地和大兴新能源汽车产业基地；培育形成一批专业化、特色化新能源产业园区。

4. 环境效益目标

到 2015 年，本市新能源和可再生能源利用量可替代 550 万吨标准煤，减少二氧化碳排放量约 1100 万吨、二氧化硫 10 万吨，同时大幅削减氮氧化物和粉尘等颗粒物排放。

二、北京市太阳能发展之路

（一）国家资源禀赋和太阳能发展规划

太阳能利用包括太阳能光伏发电、太阳能热发电，以及太阳能热水器和太阳房等热利用方式。光伏发电最初作为独立的分散电源使用，近年来并网光伏发电的发展速度加快，市场容量已超过独立使用的分散光伏电源。2005 年，全世界光伏电池产量为 120 万千瓦，累计已安装了 600 万千瓦。太阳能热发电已经历了较长时间的试验运行，基本上可达到商业运行要求，目前总装机容量约为 40 万千瓦。太阳能热利用技术成熟，经济性好，可大规模应用，2005 年全世界太阳能热水器的总集热面积已达到约 1.4 亿平方米。

全国三分之二的国土面积年日照小时数在 2200 小时以上，年太阳辐射总量大于每平方米 5000 兆焦，属于太阳能利用条件较好的地区。西藏、青海、新疆、甘肃、内蒙古、山西、陕西、河北、山东、辽宁、吉林、云南、广东、福建、海南等地区的太阳辐射能量较大，尤其是青藏高原地区太阳能资源最为丰富。

“十一五”时期，在《可再生能源法》的推动下，我国可再生能源政策体系不断完善，通过开展资源评价、组织特许权招标、完善价格政策、推进重大工程示范项目建设，培育形成了可再生能源市场和产业体系，可再生能源技术快速进步，产业实力明显提升，市场规模不断扩大，我国可再生能源已步入全面、快速、规模化发展的重要阶段。

太阳能发电技术进步加快，国内应用市场开始启动。在快速增长的国际市场的带动下，我国已形成了具有国际竞争力的太阳能光伏发电制造产业，2010 年光伏电池产量占到全球光伏电池市场的 50%。在光伏电池制造技术方面，我国已达到世界先进水平。光伏电池效率不断提高，晶硅组件效率达到 15% 以上。非晶硅组件效率超过 8%，多晶硅等上游材料的制约得到缓解，基本形成了完整的光伏发电制造产业链。在大型光伏电站特许权招标和“金太阳示范工程”推动下，国内太阳能发电市场开始启动，规模化应用的格局正在形成。

太阳能热利用日益普及，应用范围和领域不断扩大。太阳能热水器沿市场化道路快速发展，在广大城市和农村建筑应用广泛，“家电下乡”进一步扩大了太阳能热水器在农村地区的应用。我国真空集热管具有较强技术优势，中高温集热技术取得重大进展，初步具备产业化发展的条件。到 2010 年底，太阳能热水器安装使用总量达到 1.68 亿平方米，年替代化石能源约 2000 万吨标准煤。

（二）“十二五”时期太阳能利用的发展方向

按照集中开发与分布式利用相结合的原则，积极推进太阳能的多元化利用，鼓励在太阳能资源优良、无其他经济利用价值土地多的地区建设大型光伏电站，同时支持建设以“自发自用”为主要方式的分布式光伏发电，积极支持利用光伏发电解决偏远地区用电和缺电问题，开展太阳能热发电产业化示范。加快普及太阳能热水器，扩大太阳能热水器在城市和乡镇、民用和公共建筑上的应用，在农村地区推广太阳房和太阳灶。

到 2015 年，太阳能年利用量相当于替代化石燃料 810 万吨标准煤。太阳能发电装机达到 2100 万千瓦，其中光伏电站装机 1000 万千瓦，太阳能热发电装机 100 万千瓦，并网和离网的分布式光伏发电系统安装容量达到 1000 万千瓦。太阳能热利用累计集热面积达到 4 亿平方米。到 2020 年，太阳能发电装机达到 5000 万千瓦，太阳能热利用累计集热面积达到8亿平方米。

太阳能利用布局和建设重点

1. 太阳能发电

按照就近上网、当地消纳、积极稳妥、有序发展的原则，在太阳能资源丰富、具有荒漠化等闲置土地资源的地区，建设一批大型光伏电站；结合水电开发和电网接入运行条件，在青海、甘肃、新疆等地区建设太阳能发电基地，探索水光互补、风光互补的太阳能发电建设模式。

积极推广与建筑结合的分布式并网光伏发电系统，鼓励在有条件的城镇公共设施、商业建筑及产业园区的建筑、工业厂房屋顶等安装并网光伏发电系统，发挥分布式光伏发电可直接为终端用户供电的优势，推动光伏发电在经济性相对较好的领域优先得到发展。支持在太阳能资源较好的城镇地区，建设分布式太阳能光伏系统，并与生物质能等其他新能源和储能技术结合，建设多能互补的新能源微电网系统。

支持在偏远的无电或缺电地区，推广户用光伏发电系统或建设小型光伏电站，解决无电人口用电问题，提高缺电地区的供电能力。鼓励在通信、交通、照明等领域采用分散式光伏电源，扩大光伏发电应用规模。

在内蒙古鄂尔多斯高地沿黄河平坦荒漠、甘肃河西走廊平坦荒漠、新疆吐哈盆地和塔里木盆地地区、西藏拉萨、青海、宁夏等地选择适宜地点，开展太阳能热发电示范项目建设，提高高温集热管、聚光镜等关键技术的系统集成和装备制造能力。

2. 太阳能热利用

将太阳能热利用产品纳入国家有关惠民工程支持范围，支持农村和小城镇居民安装使用太阳能热水系统、太阳灶、太阳房等设施。积极推进太阳能示范村建设，加大农村可再生能源建筑应用的实施力度，推行农村太阳能浴室，扩大太阳能热水器在农村的应用规模，每年支持农村公益性太阳能热水器及供热系统建设200万平方米。到2015年，建成1000个太阳能示范村。

在大中城市推广普及太阳能热水器与建筑物的结合应用，建设太阳能集中供热水工程。在公共建筑、经济适用房、廉租房建设太阳能热水工程，每年支持建设1000万平方米。

进行太阳能海水淡化以及太阳能采暖、制冷试点示范，为利用可再生能源解决沿海城市缺水问题和大规模中高温工业应用摸索经验。

（三）“十一五”时期北京太阳能发展成就和“十二五”规划

北京市的太阳能资源储量丰富，属于全国太阳能资源区域二类地区，分布呈现南、北多，中部少的型态，东北部上甸子、汤河口一带及延庆盆地辐射条件较好。

“十一五”时期，太阳能推广利用实现了跨越发展。以“阳光双百”和“金色阳光”工程等一批太阳能综合利用项目为突破口，本市太阳能开发利用规模和技术水平显著提升。2010 年，太阳能利用总量约为 98 万吨标准煤，其中，太阳能热水器面积累计达到600 万平方米以上，与建筑结合的太阳能采暖面积累计约 30 万平方米；光伏发电装机容量累计约 2.3 兆瓦，太阳能灯累计 13 万盏以上。“十一五”期间太阳能利用年均增长 15.7%，利用总量翻番。

阳光浴室工程：截至 2010 年底，本市建成阳光浴室 840 余座。通过推广建设以村为单位的村级太阳能浴室，有效地解决了本市农村地区村民洗浴，特别是冬季洗浴难的问题，大幅度降低了农民洗澡费用，促进了农村家庭和谐和生态环境建设。

阳光校园工程：截至 2010 年底，本市建成阳光校园 100 余座。通过开展阳光校园工程，在本市有条件的中小学建设太阳能热水、太阳能灯、小型并网光伏发电、太阳能科普教室等，在少年儿童中树立了使用和推广新能源和可再生能源的意识。同时，通过学生、家长、企业等多方共同参与，实现了“小手拉大手”，提高了全社会对发展太阳能重要性的认识，培养绿色生活方式和消费理念，在全社会形成关注新能源、利用新能源的良好社会氛围。

国内首座兆瓦级太阳能热发电项目：2009 年 5 月，延庆八达岭太阳能热发电实验电站获核准，成为全国首座太阳能热发电示范工程，标志着本市在太阳能利用领域取得新突破。

研发服务优势明显，产业发展初具规模。科技创新全国领先。依托本市新能源和可再生能源领域雄厚的研发实力，建成了一批国家重点实验室、国家工程实验室、国家工程研究中心等研发机构；在全国率先成立了太阳能光伏、光热、风能、生物质能等 6 个新能源产业技术联盟，初步形成了企业、研发机构、产业联盟相互促进的创新格局。高端制造业初具规模。在太阳能领域，已具备晶硅、非晶硅薄膜太阳能电池生产线成套设备交钥匙工程的能力。

技术服务优势明显。在太阳能领域围绕系统集成、成套设备供应、整体解决方案、检测认证等高附加值环节，涌现出一批具有较强竞争优势的技术服务企业和中介机构。中国技术交易所和北京环境交易所的成立，为促进本市新能源的技术交易和科研成果转化提供了良好平台。

政策法规逐步健全，发展环境不断改善。在政策法规体系建设方面，北京市相继出台了《北京市振兴发展新能源产业实施方案》《北京市加快太阳能开发利用促进产业发展指导意见》等一系列重要政策规范；在标准体系建设方面，出台了《北京市太阳能热水系统施工技术规程》等共9项地方标准。通过组织开展阳光校园创意大赛等一系列活动，努力营造全社会重视发展新能源的良好氛围。

“十二五”时期，北京市进一步落实《北京市加快太阳能开发利用促进产业发展指导意见》，按照政策扶持和市场培育相结合的原则，以“国家太阳能光伏集中应用示范区”为依托，大力推广与建筑相结合的并网光伏发电系统，逐步扩大太阳能发电的应用规模。在工业园区厂房、大型园林、中小学校、公共应急场所、废弃矿山等有条件的地区推广太阳能光伏发电。实施北京经济技术开发区工业园区20兆瓦光伏屋顶项目；探索建设与建筑一体化的太阳能幕墙光伏发电系统；实施“阳光园林、阳光校园”项目；建成延庆31兆瓦、密云20兆瓦等大型光伏电站项目。到2015年，太阳能光伏发电装机容量超过25万千瓦。

按照“能用尽用”的原则，实施太阳能光热与建筑一体设计、一体审批、一体施工，全面推进北京市太阳能光热系统应用；推进太阳能在工业生产中的高效集中热利用，鼓励太阳能光热与其他新能源相结合的综合应用，重点实施太阳能光能热水、农村新民居太阳能采暖、阳光浴室等工程。到2015年，实现太阳能热水系统利用面积达到1050万平方米。在太阳能光热领域，重点在规模化太阳能低温热水集热、高效平板太阳能集热、中温光热利用及大规模太阳能储热等领域突破一批核心关键技术；增强兆瓦级大功率槽式、塔式太阳能热发电系统集成能力。

在以创新驱动促进产业发展方面，北京市重点巩固太阳能高端技术研发优势。在太阳能光热领域，重点在规模化太阳能低温热水集热、高效平板太阳能集热、中温光热利用及大规模太阳能储热等领域突破一批核心关键技术；增强兆瓦级大功率槽式、塔式太阳能热发电系统集成能力。

在太阳能光伏领域，重点开发建筑光伏系统、光伏微网系统、大型并网光伏电站等系统集成技术，突破高效低成本超薄晶体硅电池产业化成套关键技术“瓶颈”；积极推动低成本高效率、长寿命的晶体硅太阳电池和薄膜太阳电池研制；推进多线切片机等晶体硅电池生产关键设备的国产化；加快实现大功率并网逆变器、高效蓄能电池等光伏并网核心设备的技术研发及产业化。

按照北京市“十二五”发展规划，预计到2015年，北京市新能源和可再生能源开发利用总量为550万吨标准煤，占全市能源消费总量的比重力争达到6%左右。其中，太阳能：太阳能光伏发电装机容量达到25万千瓦；太阳能热水系统集热器利用面积1050万平方米，新增450万平方米。

（四）重要项目

1. 八达岭太阳能热发电实验电站发电实验成功

2009年5月，延庆八达岭太阳能热发电实验电站工程获得核准，计划建设全国首座太阳能热发电示范工程，这也将是亚洲首座兆瓦级太阳能塔式热发电项目，标志着北京市在太阳能利用领域取得新突破。该项目聚光镜面积为10000平方米，总装机容量1.5兆瓦，总投资近1亿元人民币。项目将建设100面自动随太阳转向的大型定日镜，通过定日镜将太阳光反射聚集到100米高的太阳能吸热塔的吸热器中，利用热能加热水产生的蒸汽来推动气轮机带动电动机发电，每年发电量可达到270万度以上，相当于减少1300吨煤炭或50万立方米天然气的使用量，实现减排2500吨二氧化碳、20吨二氧化硫。

2012年8月9日，北京延庆八达岭太阳能热发电实验电站经过六年的科研攻关和施工建设，首次太阳能热发电实验在系统贯通后获得成功。这是我国太阳能热发电领域的重大自主创新成果，使我国成为继美国、西班牙、以色列之后世界上第四个掌握太阳能热发电技术的国家。

相对于太阳能光伏发电，太阳能热发电由于其可储热、电力输出相对平稳可调、环境影响小等优势，在应用于大型电站方面具有独特优势。作为中国首座太阳能热发电站，延庆八达岭太阳能热发电实验电站自主完成了太阳能塔式电站的概念设计、初步设计、施工设计及设备安装和调试工作，建立起太阳能热发电技术的研发体系和标准规范体系，全面掌握了高精度聚光器、聚光场、直接过热型吸热器、储热和发电单元及系统设计技术，以及总体、光场、机务、仪控和电气设计技术，取得了以光热场耦合直接产生过热蒸汽工艺为代表的一批自主创新成果，编制了太阳能热发电首部国家标准，并实现了100%的设备国产化率。

通过“863计划”等项目的实施，牵头承担单位中国科学院电工研究所还在延庆基地建成了占地 300 亩的国际一流大型太阳能热发电技术研发基地和一批重要科学实验平台，为我国太阳能热发电技术的发展奠定了坚实的基础。

据新华社 2013 年 11 月报道，位于北京市延庆县的八达岭太阳能热发电站运行平稳 2014 年初并网发电。八达岭太阳能热发电站年发电量可达 195 万度，该电站采用"光—热—电"的发电方式，通过地面 100 多面自动跟踪日光的定日镜把太阳光反射到位于太阳聚热塔顶的集热器表面，形成高温蒸汽推动蒸汽轮机发电。相比较传统的火力电站，每年可以节约标准煤 663 吨，减少排放二氧化碳2336. 6 吨，粉尘颗粒 136. 3 吨，这种新型发电方式具有电力输出相对平稳、环境影响小等优势。

2. 北京经济技术开发区获国家示范区授牌

2010 年 12 月，北京经济技术开发区亦庄 20 兆瓦金太阳光伏屋顶项目获国家"太阳能光伏发电集中应用示范区"授牌，成为国家首批授予的 13 家示范区之一。该项目属于并网光伏一体化工程，总投资 4. 6 亿元，总装机容量 20 兆瓦，安装位置为建筑物屋顶。据统计，目前在亦庄汽车、装备制造、移动通信、电子信息、数字电视等专业产业园中，可利用建筑屋顶面积超过 70 万平方米。项目实施后，预计可年均发电 2272 万千瓦时，将在工业用电高峰期有效缓解电网压力。同时，每年可节约标准煤 8179. 2 吨，减少烟尘排放量 122. 7 吨，二氧化碳 21429. 6 吨，二氧化硫 179. 9 吨，氮氧化物 60. 5 吨。

3. 首个兆瓦级屋顶光伏电站并网发电

2011 年 10 月 10 日，北京经济技术开发区首个兆瓦级屋顶光伏电站——北京京运通科技股份有限公司硅晶材料产业园（一期）屋顶光伏电站实现并网发电，这标志着作为该区正式从能源合同管理示范阶段进入全面应用阶段。京运通一期屋顶光伏电站装机容量为 1 兆瓦，相当于 1150 个家庭一年的用电量。并网之后，项目日均发电量 3600 度，相当于每天为用户"节省"电费 2800 元，每年可达 102. 2 万元。包括京运通在内，开发区已经建成的光伏电站项目共有 3 个。在此之前，光伏发电应用领域，尚未出台明确的并网政策，部分已建成项目无法投入运营，最终导致不少企业对光伏发电项目持观望态度。北京市发展改革委于上月协调市电力公司批准同意首批光伏电站项目并网运行，京运通作为其中唯一的兆瓦级光伏电站项目，在开发区率先实现了光伏发电项目商业化运营。与此同时，由于"并网不上网"，光伏电站的产能将直供工业企业自身使用，保证了安全性和经济性。

截至2012年12月，北京经济技术开发区光伏发电项目已完成10兆瓦的装机容量，京运通和京东方是开发区太阳能光伏发电的使用大户。京东方8.5代线厂房光伏发电面积11.5万平方米，总装机容量达5兆瓦，年均发电量达600万度，占京东方8.5代线非生产用电量的20%。京运通的光伏发电量则可为企业提供近四分之一的生活用电。仅2011年一年为开发区节约用电超过千万度，节约用电量相当于全区所有企业正常生产用电一天多的量。

根据《北京经济技术开发区建设国家太阳能光伏发电集中应用示范区实施方案》的要求，到2012年末，开发区将实现太阳能光伏发电装机容量达到20兆瓦，具体指标包括，在2012年底前完成奔驰汽车、北汽集团、京东方视讯科技、康宁二期等企业20.3万平方米厂房屋顶，不少于10兆瓦的光伏发电项目建设。完成光伏与水资源、绿色照明的集成应用示范项目建设。每年太阳能光伏发电量将达到2000万度，节约标准煤7200吨，减少二氧化碳排放1.9万吨、二氧化硫排放超过60吨、氧化物排放超过50吨，同时带动光伏产业、LED产业、水资源产业新增产值百亿元。

4. “阳光双百”工程建设

“阳光双百”工程是指北京市在远郊区县示范建设百座村级阳光浴室和百所阳光校园。自北京市首批阳光工程——延庆八达岭镇小浮坨村阳光浴室和延庆香营中学、顺义二中、顺义十中、牛栏山二中等阳光校园工程投入使用，全市172个村级阳光浴室、102所阳光校园将在今年年底陆续建成并投入使用，约10万村民享受到了绿色洗浴；阳光校园安装太阳能集热器18200平方米及太阳能时钟、太阳能宣传栏、太阳能指示牌、太阳能展示系统等，约8万名学生了解、学习并使用上了太阳能及新能源。2008年“阳光双百”工程实施后，每年可节约煤炭约8000吨，减少CO_2排放14000吨，减少SO_2排放400吨，环境效益与宣传示范效益都十分显著。

阳光浴室采用太阳能热水系统以及生物质辅助热源，在条件适宜的地区辅以地源热泵、新型保温墙体等新技术，通过推广建设以村为单位的村级太阳能浴室，解决了京郊农民洗澡难的现实问题，平均每座浴室年节约标准煤约50吨，促进了农村家庭和谐和生态环境建设。截至2010年底，已建成阳光浴室840余座。有效地解决了农村地区村民洗浴，特别是冬季洗浴难的问题，大幅降低了农民洗澡费用；阳光校园则是因地制宜，在北京市有条件的中小学安装适度规模太阳能路灯、太阳能草坪景观灯，建设太阳能浴室、太阳能热水器、太阳能采暖示范工程、小型并网光伏发电，设置太阳能宣传栏、科普教室、可再生能源示范教育小屋以及太阳能热水系统展示工程等，在少年儿童中树立了使用和推广新能源和可再生能源的意识。同时，通过学生、家长、企业等多方共同参与，实现“小手拉大手”，提高全社会对发展太阳能重要性的认识，培养绿色生活方式和消费理念，在全社会形成关注新能源、利用新能源的良好社会氛围。截至2010年底，已建成阳光校园100余座。

5. “金色阳光”六大工程建设

为加快太阳能开发利用，推动《北京市加快太阳能开发利用促进产业发展指导意见》的进一步落实，北京市于2010年启动了“金色阳光”六大工程的建设：2万千瓦光伏屋顶工程、5万千瓦光能示范上网电站工程、阳光校园工程、光能热水工程、阳光惠农工程和园林阳光夜景工程，市政府每年至少为此安排固定资产投资2亿元，通过政策扶持，可在三年内拉动社会投资65亿元。

“金色阳光”六大工程涉及居民生产生活的多个方面。新建保障性住房、限价房、普通商品房、公共建筑以及文化、卫生、体育、社会福利等社会公益事业单位和政府机构等建筑，将全面推广太阳能热水系统。这种光能热水系统将采取集中采集、分户利用的形式。新建限价房、普通商品房、公共建筑以及工业企业安装使用太阳能热水系统的，按照“支持高端、先申先得”的原则，到2012年12月31日前，对前100万平方米集热器面积，由政府固定资产投资按照200元每平方米的标准予以补贴，申请项目单体项目规模集热器面积须超过100平方米，相当于能够得到至少2万元的补贴。

同时，在北京市有条件的中小学建设太阳能热水、太阳能灯、太阳能时钟、小型并网光伏发电、科普教室等工程，2012年，50%的中小学校全部建成可综合利用多种简单太阳能项目的阳光校园。为了给居民夜间游园创造便利条件，扮靓公园夜景，本市在有条件的公园安装太阳能夜景路灯，2012年，市属公园和30%的区属公园完成园林阳光夜景工程。

6. 雁栖湖坝体太阳能光伏电站并网

雁栖湖核心岛、日出东方酒店已经用上太阳能发电的清洁能源。据国网北京电力公司介绍，雁栖湖坝体太阳能光伏电站正式并入北京电网，成为目前国内最大的坝体太阳能光伏电站。并网发电后，按每天发电7小时计算，每年可减排二氧化碳

4745 吨、二氧化硫 43.8 吨。

这座电站的太阳能板分别安装在雁栖湖的 3 个大坝上，由 14100 块太阳能板组成，占地面积共 4 万平方米左右。电站发出的电能将通过 10 千伏配网系统，分别向雁栖湖核心岛、日出东方酒店、国际会展中心输送安全可靠的电力。这座电站由一家从事光伏发电的民营企业建造，现在每天平均发电量约 11000 度，预计并网后六七年可收回建造成本。

目前北京已有延庆国家绿色能源示范县，亦庄光伏发电集中应用示范区，顺义、海淀国家分布式光伏发电示范区，昌平国家新能源示范城市及“阳光校园金太阳工程”等多个分布式电源项目并入北京电网。

（五）“十三五”时期北京太阳能发展方向

第一，北京在太阳能高端制造业领域已经初具规模，具备晶硅、非晶硅薄膜太阳能电池生产线成套设备交钥匙工程的能力。在太阳能光伏领域，今后将重点开发建筑光伏系统、光伏微网系统、大型并网光伏电站等系统集成技术，突破高效低成本超薄晶体硅电池产业化成套关键技术“瓶颈”；积极推动低成本高效率、长寿命的晶体硅太阳电池和薄膜太阳电池研制；推进多线切片机等晶体硅电池生产关键设备的国产化；加快实现大功率并网逆变器、高效蓄能电池等光伏并网核心设备的技术研发及产业化。

第二，北京应大力发展太阳能中高温热水集热技术、光伏微网系统、逆变器、大型并网光伏电站、兆瓦级太阳能热发电系统集成应用技术、关键部件的产业化技术攻关，突破高效低成本超薄晶体硅电池产业化成套关键技术“瓶颈”；开展光热及光伏利用重大装备研究及产业化，力争在太阳能利用关键技术、核心装备、系统集成能力上取得突破性进展。全面推动太阳能光热系统建筑一体化应用，推进太阳能在工业生产中的高效集中热利用，鼓励太阳能光热与其他新能源相结合的综合应用，重点实施城市光能热水、农村新民居太阳能采暖、阳光浴室等工程。

第三，逐步培育太阳能热利用市场。太阳能不仅能发电，还可以供热、供暖。但与国内遍地开花的光伏发电行业相比，太阳能热利用产业的处境可谓是冰火两重天。《中国太阳能热利用产业运行状况报告》显示，自 2011 年起太阳能热利用产业整体增速已经连续 3 年多不断下滑。农村市场透支、房地产市场低迷，太阳能热利用市场从 2011 年增长 17.6%，到 2013 年仅增长的 3.3%，2014 年市场规模首次出现负增长。撑不下去的企业纷纷倒闭退出市场，甚至连部分领军企业的主营业务也出现下滑，纷纷转向光伏等行业。

太阳能跨季节蓄热是一个大的趋势，通过把夏季用不完的太阳能热量存起来，冬天再用来供热供暖。随着传统工业企业的转型升级及能源结构调整，未来太阳能在工业供热、小区集中供暖方面有着很大的商业化潜力。目前光伏发电、风电行业国家政策是强制上网，各省份还有各种财税补贴政策，但唯独太阳能热利用，没有任何财税补贴支持。中国的太阳能热利用市场还在起步阶段，企业面临着公众对太阳能供热理念接受程度不足、缺乏成熟的商业模式，产业政策不完善等各种挑战，企业尚需大量资金进行技术研发和市场推广，希望国家出台相关扶持政策，引导这个环保、节能的新兴产业实现可持续健康发展。

三、北京市地热能发展之路

（一）国家资源禀赋和地热能发展规划

地热供暖是世界上许多国家新能源利用的一种常规方式，清洁环保、节能低耗，符合国家发展循环经济、促进新能源利用的目标。北京既是全国最大的能源消费城市之一，又是中低温地热资源非常丰富的城市。在当前能源紧缺的情况下，在北京平原因地制宜开发地热资源用于供暖，既可发挥地热供暖清洁环保、节能低耗的优势，又可缓解冬季供暖高峰时期的能源紧张，具有明显的社会效益和经济效益。

据初步勘探，我国地热资源以中低温为主，适用于工业加热、建筑采暖、保健疗养和种植养殖等，资源遍布全国各地。适用于发电的高温地热资源较少，主要分布在藏南、川西、滇西地区，可装机潜力约为600万千瓦。初步估算，全国可采地热资源量约为33亿吨标准煤。

“十一五”时期，我国地热能利用技术不断发展，产业化应用潜力较大。浅层地温能在建筑领域的开发利用快速发展，到2010年底，地源热泵供暖制冷建筑面积达到1.4亿平方米。高温地热发电技—术趋于成熟，但高温地热资源有限。中低温地热发电新技术和新应用取得突破，今后发展潜力很大。

（二）“十一五”时期北京地热发展成就和“十二五”发展规划

北京地热、余热潜力较大。据初步勘测，地热资源年可利用量约350万吨标准煤；再生水和工业余热资源年可开发利用约60万吨标准煤。主要分布在延庆、海淀、大兴、昌平、顺义等区县。

北京作为我国地源热泵产业起步较早且市场比较成熟的市场之一，北京地区第一个投入商业运行的地源热泵工程项目于2000年建成，是空军丰台招待所水源热泵系统工程项目。该年北京共建成了8个项目，都是水源热泵，即地下水换热系统的地源热泵工程，总供暖面积178788平方米。自2001年开始，北京市开始有了2个地理管换热系统的地源热泵工程。同年水源热泵完成了23个项目，共518096.59平方米。地源热泵技术在北京的应用一直受到北京市政府的重视，先后出台了多项政策惠及地源热泵行业的发展，对相关项目进行公益性补助：其中，地下水源热泵每平方米补助30元，地源热泵项目每平方米补助50元。政策的出台无疑成为地源热泵在北京迅速发展的助推剂。2006年北京市地源热泵工程应用面积867.7万平方米，居全国之首。

2006年，北京市发布《关于发展热泵系统的指导意见》。热泵技术在北京市得到了较快应用，对缓解能源紧张起到积极作用，但有些地区出现了水源热泵利用地下水后，难以将地下水回灌、回灌水与地下水温差过大等问题。

2009年，北京市出台了《关于发布本市水源热泵适宜发展区、限制发展区和禁止发展区划分的通知》，规定北京市适宜发展水源热泵的地区有：顺义、平谷、朝阳、内城、房山、昌平水源地保护区及补给区以外的地区，含水层颗粒粗，渗透性好，地下水抽灌较容易。限制发展区主要分布于昌平、顺义、海淀交界区域及大兴、通州一带以及位于潮白河、永定河流域地下水水源保护区以外的补给区内；禁止发展区主要分布在海淀、丰台、密云、顺义、怀柔水源区，各区县集中水源地以及昌平、顺义、朝阳、大兴内的地面沉降区。

2009年北京市地勘局完成了《北京平原区浅层地温能资源地质勘察报告》，2010年3月北京市发展改革委发布了《绿色北京行动计划（2010—2012年）》，随后发布了《北京市振兴发展新能源产业实施方案》，2011年12月北京市发展改革委发布《北京市“十二五”时期新能源和可再生能源发展规划》，该规划提出，“十二五”时期，北京重点建设十百千万新能源利用工程、国家绿色能源建设工程、高端功能区新能源综合应用工程三大工程。十百千万新能源利用工程其中包括：百万平方米地热梯级利用工程；千万平方米地源热泵综合应用工程，到2015年实现热泵供暖面积达到5000万平方米，地源热泵无疑将迎来更广阔的发展空间。

“十一五”时期，地热及热泵利用规模成倍增长。在奥运村、北苑、用友软件园等一批热泵供暖重点示范工程的带动下，北京市地热及热泵利用规模迅速增加，利用方式和领域不断拓宽。2010年，北京市地热及热泵利用总量为78.5万吨标准煤，其中热泵供暖服务面积累计达到2590万平方米，位居全国第二。“十一五”期间地热及热泵利用年均增长63.1%。

“十二五”时期，按照“统筹规划、有序开发”的原则，北京市积极推进深层地热资源梯级利用。充分发挥凤河营热田地热资源优势，建设地热采暖梯级利用工程，实现地热资源“发电—工业利用—供热—农业利用”多形式、多层次开发利用；统筹延庆供热规划，重点实施城西地热供暖工程，在延庆妫水河以北新发展区域建设以地热供暖为主联合燃气调峰的复合供热系统。继顺义国际鲜花港热泵项目顺利实施之后，2012年在北京昌平举办的第七届世界草莓大会再次成功运用地源热泵系统。除了国家大剧院、北京南站等其他北京标志性建筑中的应用，北京的众多办公楼、住宅、学校、商场、宾馆、医院等都有不同程度的应用，这项技术在北京市得到了广泛而切实有效的应用。这些努力，最终让北京市在与国内其他90多个城市的激烈竞争中脱颖而出，顺利进入了我国首批可再生能源建筑应用示范城市名单。

按照“优先发展再生水和电厂余热热泵，鼓励发展地源热泵”的原则，以重点功能区和高科技园区的建设为依托，建设一批热泵建筑一体化系统工程以及与其他能源相结合的热泵供暖（制冷）工程；在有条件地区实施热泵系统对燃煤（油）锅炉清洁改造，促进能源系统的替代升级；以实现余热资源的能源化利用为目标，建设太阳宫电厂循环水等一批余热利用供暖示范工程，到2015年，实现热泵供暖面积达到5000万平方米。

在以创新驱动产业发展，提高地热能技术研发水平方面，北京市将依托现有产业联盟和优势企业，积极开发和推广地热能与其他能源互补的综合利用系统关键技术研发与系统集成；着力突破地质勘察、地下换热、系统集成、智能控制等关键技术；支持拥有自主知识产权的热泵技术与设备的研究开发，大力推进高效新型的污水源、再生水源、工业余热热泵供热制冷系统研制，拓宽热泵技术利用领域。

发展目标

到2015年，新能源和可再生能源开发利用总量为550万吨标准煤，占全市能源消费总量的比重达到6%左右。其中生物质发电装机容量达到20万千瓦，新增17万千瓦；年产沼气总量达3600万立方米，新增1800万立方米；生物质燃料50万吨标准煤。

（三）重要项目

1. 奥运村污水源热泵工程

奥运村污水源热泵工程将清河污水处理厂处理后的再生水在排入清河前引至换热站，在换热站内利用再生水作为热泵的冷热源，并在奥运村内通过热泵系统实现制冷供热，为奥运村内约41万平方米的建筑供热制冷，再生水经换热器换热后退回清河，实现循环利用。奥运村污水源热泵工程每年可减少用煤1500吨，减排二氧化碳约3600吨，二氧化硫和氮氧化物约60吨。虽然城市中（污）水大型热泵系统已经在国外运行了几十年，却是国内第一次运用。使用城市污水作为热泵冷热源，具有数量大、价格低和温度稳定等优势，据监测，清河污水处理厂的二级排水年最高水温是26.5℃，最低水温是12.5℃，水温变化曲线很平缓。但是从清河污水处理厂到奥运村的距离略远（管线单程总长度3.7km），水泵耗功会比较大，因此项目采用了造价低、换热效率高的设备，如板式换热器、离心式热泵机组、三级变频泵等节能措施，实现了奥运村再生水源热泵项目的一大技术突破。另外，项目还研究了污垢的规律以及对换热的影响，清洗板式换热器的办法，丰富和拓展了再生水源热泵领域的研究和实践。

再生水作为热泵的冷热源，进行能量交换，不用冷却塔或分体空调的室外机，没有噪声、烟气排放的污染，夏季改善了大型建筑群室外的热环境，能够完全消除热岛效应。同时，将水源热泵技术与城市污水处理相结合，在扩大城市污水利用范围，拓展城市污水治理效益方面具有重要的推广意义，并将使我国低品位可再生污水能源的利用技术，达到国际水平。

此外，北京奥运会主体育场“鸟巢”也采用了地源热泵系统，通过地埋换热管，在冬季吸收土壤中蕴含的热量为“鸟巢”供热，在夏季吸收土壤中存贮的冷量向“鸟巢”供冷，在200万平方米的奥运工程中，有26.7%的面积使用了可再生能源等绿色能源，其中168个建筑节能项目所节约的能源，相当于每年减少20万吨二氧化碳的排放。

2. 顺义花博会热泵系统

2009年第七届中国花博会，北京国际鲜花港首次在农业设施上大规模自主利用地源热泵技术解决现代化农业设施采暖的工程项目，顺义花博会热泵系统加上延庆地热供暖和太阳宫余热利用等工程，全年新增热泵供暖面积500万平方米。

为解决温室及建筑供暖问题，突出园区绿色、科技、循环、集约的建设宗旨，鲜花港在完成浅层地热能测试、水资源论证和地热物探勘查的基础上，先后到国家北方苗木基地、用友软件园、华清集团等地现场调研，历经10余次专家座谈及论证会，最终确定了以地热梯级利用为主，地源热泵、水源热泵为辅，结合燃气调峰的供暖形式。该供暖方式虽然前期一次投资大，但与常规供暖方式相比存在无污染、零排放、能源可再生、系统运行费用低等特点，环保性和节能性明显。

“地源热泵、水源热泵、地热梯级利用结合燃气锅炉调峰”的组合供暖技术，将所有的采暖终端设备都埋在地下，通过地板散热为苗床加温，为22万平方米花卉温室提供的热能，全部来自地下150～2800米的地热层。鲜花港供暖系统包括：4眼2800米深的地热井，2000多根地源热泵地埋管埋在150米深的地下，通过23套地源热泵机组和41655米热力管线进行供热，常温达到18℃以上，取代了传统的燃煤供暖。据测算，温室全部投入运行后，采用地热能源比电锅炉加热节省2/3以上的电，比燃气锅炉加热节省1/2以上的气，运行费用每年每平方米仅53元，为普通中央空调的五成至六成，每年可节煤3800吨。并减少向大气排放二氧化碳56292吨、二氧化硫1135吨、氮氧化物159吨、粉尘682吨，真正实现无污排放，节能、环保效果明显。

3. 发布《促进地热能开发及热泵系统利用实施意见》

2013年12月，北京市制定并发布了《关于北京市进一步促进地热能开发及热泵系统利用的实施意见》，鼓励新建公共建筑、工业厂房和居民住宅楼使用热泵供暖系统，支持燃煤、燃油供暖锅炉利用热泵系统进行清洁改造；重点推进余热、土壤源、再生水（污水）热泵和深层地热资源的开发利用，对充分回收余热资源、积极开发浅层地温能、加快发展再生水热泵和高效利用深层地热能的，落实收税减免优惠政策并进一步加大资金支持力度：对新建的再生水（污水）、余热和土壤源热泵供暖项目，对热源和一次管网给予30%的资金补助；新建深层地热供暖项目，对热源和一次管网给予50%的资金支持；既有燃煤、燃油供暖锅炉实施热泵系统改造项目，对热泵系统给予50%的资金支持。通过简化审批手续、完善标准体系、加强资源勘查和强化监管评估，鼓励地热能技术研发和产业化发展。

4. 延庆地热供暖工程

延庆县地热供暖面积为35万平方米，占总供热面积的9.8%，地热资源已成为延庆城北地区的第二大热源。延庆县城区拥有较为丰富的地热资源，地热水出水温度最高可达65℃，能够达到供暖要求。延庆的地热开采采用井回灌技术，即将全部换热尾水回灌到同一热储层，减少了热水和相关气体在暴露地表和空气中的时间，既保持了水量平衡，又能够提高地热能的利用效率，避免地热水的高热能对环境造成的热污染。

2010年，延庆县市政供暖所首次在广兴街换热站开发实施地热项目，工程于同年采暖季正式投入使用。利用地热供暖，不仅在供暖效果上与传统的燃煤取暖不相上下，更在减少污染物排放上有着明显的优势：使用地热供暖，使单位成本下降，污染物排放大幅减少，空气质量得到进一步提升。另外，由于地热项目运行全部实现自动控制和在线监测，可以实时准确掌握各项运行数据，能够提高工作效率、降低人工成本。此外，延庆县还重点实施了城西地热供暖工程，在延庆妫水河以北新发展区域建设以地热供暖为主联合燃气调峰的复合供热系统。

（四）“十三五”时期北京地热能发展方向

第一，依托现有产业联盟和优势企业，积极开发和推广地热能与其他能源互补的综合利用系统关键技术研发与系统集成；着力突破地质勘察、地下换热、系统集成、智能控制等关键技术；支持拥有自主知识产权的热泵技术与设备的研究开发，大力推进高效新型的污水源、再生水源、工业余热热泵供热制冷系统研制，拓宽热泵技术利用领域。

第二，实行规模化开发，发挥资源开发的整体效益，减少单井分散开采、地热资源不能得到有效利用与合理配置的弊端。如在地热资源开采条件较好的地区，地热田的开发要与城镇建设相结合，统一规划，整体开发，形成区域性地热供暖网络。

第三，建立专项基金，助推地热产业前期发展。北京平原地区地热井深一般在2000米至3000米，采用“对井”（一口抽水井和一口回灌井）供暖方式，钻两眼热水井，总进尺在5000米左右，需投资800万元；加上前期物探费和两座地热井站房的井口设施费用，总投资约900万元。若再建设加热泵系统，供暖面积可进一步扩大，投资费用将增至1000万元以上。可见，地热井建设费占据了地热投资中的很大比例，这已经成为阻碍推广地热供暖发展的“瓶颈”。因此建议设立专项基金，资助地热前期开发。基金可以由国家和地方政府共同筹资，国家从支持新能源发展的专项资金中划拨，地方政府按适当比例配资。建立专项基金，大力推进地热供暖回灌，实行采灌结合，减少地热水的消耗和对环境污染，提高地热能的利用率，维护地热资源的可持续利用。

四、 北京市生物质能发展之路

（一）国家生物质能资源禀赋和生物质能发展规划

现代生物质能的发展方向是高效清洁利用，将生物质转换为优质能源，包括电力、燃气、液体燃料和固体成型燃料等。生物质发电包括农林生物质发电、垃圾发电和沼气发电等。到2005年底，全世界生物质发电总装机容量约为5000万千瓦，主要集中在北欧和美国；生物燃料乙醇年产量约3000万吨，主要集中在巴西、美国；生物柴油年产量约200万吨，主要集中在德国。沼气已是成熟的生物质能利用技术，在欧洲、中国和印度等地已建设了大量沼气工程和分散的户用沼气池。

我国生物质能资源主要有农作物秸秆、树木枝桠、畜禽粪便、能源作物（植物）、工业有机废水、城市生活污水和垃圾等。全国农作物秸秆年产生量约6亿吨，除部分作为造纸原料和畜牧饲料外，大约3亿吨可作为燃料使用，折合约1.5亿吨标准煤。林木枝桠和林业废弃物年可获得量约9亿吨，大约3亿吨可作为能源利用，折合约2亿吨标准煤。甜高粱、小桐子、黄连木、油桐等能源作物（植物）可种植面积达2000多万公顷，可满足年产量约5000万吨生物液体燃料的原料需求。畜禽养殖和工业有机废水理论上可年产沼气约800亿立方米，全国城市生活垃圾年产生量约1.2亿吨。目前，我国生物质资源可转换为能源的潜力约5亿吨标准煤，今后随着造林面积的扩大和经济社会的发展，生物质资源转换为能源的潜力可达10亿吨标准煤。

“十一五”时期，在《可再生能源法》的推动下，我国可再生能源政策体系不断完善，通过开展资源评价、组织特许权招标、完善价格政策、推进重大工程示范项目建设，培育形成了可再生能源市场和产业体系，可再生能源技术快速进步，产业实力明显提升，市场规模不断扩大，我国可再生能源已步入全面、快速、规模化发展的重要阶段。

生物质能多元化发展，综合利用效益显著。生物质发电技术基本成熟，大中型沼气技术日益完善，农村沼气应用范围不断扩大，木薯、甜高粱等非粮生物质制取液体燃料技术取得突破，木薯制取液体燃料开始了规模化利用，万吨级秸秆纤维素乙醇产业化示范工程进入试生产阶段。到2010年底，各类生物质发电装机容量总计约550万千瓦。2010年沼气利用量约140亿立方米，成型燃料利用量约300万吨，生物燃料乙醇利用量180万吨，生物柴油利用量约50万吨，各类生物质能源利用量合计约2000万吨标准煤。

到2015年，全国生物质能年利用量相当于替代化石能源5000万吨标准煤。生物质发电装机容量达到1300万千瓦，沼气年利用量220亿立方米，生物质成型燃料年利用量1000万吨，生物燃料乙醇年利用量350万~400万吨，生物柴油和航空生物燃料年利用量100万吨。

（二）“十二五”时期我国生物质能的发展布局和建设重点

第一，生物质发电。在粮棉主产区，以农作物秸秆、粮食加工剩余物和蔗渣等为燃料，优化布局建设生物质发电项目；在重点林区，结合林业生态建设，利用采伐剩余物、造材剩余物、加工剩余物和抚育间伐资源及速生林资源，有序发展林业生物质直燃发电。结合县域供暖或工业园区用热需要，建设生物质热电联产项目；鼓励对生物质进行梯级利用，建设包括燃气、液体燃料、化工产品及发电、供热的多联产生物质综合利用项目。加快发展畜禽养殖废弃物处理沼气发电；推动发展城市垃圾焚烧和填埋气发电，以及造纸、酿酒、印染、皮革等工业有机废水治理和城市生活污水处理沼气发电。

第二，生物质燃气。充分利用农村秸秆、生活垃圾、林业剩余物及畜禽养殖废弃物，在适宜地区继续发展户用沼气，积极推动小型沼气工程、大中型沼气工程和生物质气化供气工程建设。鼓励沼气等生物质气体净化提纯压缩，实现生物质燃气商品化和产业化发展。促进生物质气化技术进步，提高设备效率和燃气品质，掌握兆瓦级内燃机组的技术和设备制造能力，完善生物质供气管网和服务体系建设。到2015年，生物质集中供气用户达到300万户。

第三，生物质成型燃料。鼓励因地制宜建设生物质成型燃料生产基地，在城市推广生物质成型燃料集中供热，在农村推广将生物质成型燃料作为清洁炊事燃料和采暖燃料应用。建成覆盖城乡的生物质成型燃料生产供应、储运和使用体系。

第四，生物质液体燃料。合理开发盐碱地、荒草地、山坡地等边际性土地，建设非粮生物质资源供应基地，稳步发展生物液体燃料。支持建设具备条件的木薯乙醇、甜高粱茎秆乙醇、纤维素乙醇等项目。继续推进以小桐子为代表的木本油料植物果实生物柴油产业化示范，科学引导和规范以餐饮和废弃动植物油脂为原料的生物柴油产业发展。积极开展新一代生物液体燃料技术研发和示范，推进以农林剩余物为主要原料的纤维素乙醇和生物质热化学转化制备液体燃料示范工程，开展以藻类为原料的千吨级生物柴油中试研发。

（三）“十一五”时期北京生物质能发展成就和“十二五”发展规划

北京市生物质能资源主要包括农业废弃物、林业废弃物、畜禽粪污、生活垃圾、餐厨垃圾及污泥等。其中城市发展新区和生态涵养区的生物质能资源约占全市生物质能资源总量的80%以上。

“十一五”期间，北京市生物质利用快速发展。以留民营七村沼气联供工程、德青源大型沼气发电工程和阿苏卫垃圾填埋气发电工程等高端生物质能示范项目为带动，生物质能开发利用快速发展，有效改善了郊区农村的人居环境和农村居民的生活用能条件。2010年，北京市生物质利用总量为36万吨标准煤，其中生物质发电累计装机容量达3.27万千瓦，沼气利用量约1800万立方米，生物质燃料产量约合20万吨标准煤。“十一五”期间生物质利用年均增长66.7%。

“十二五”时期，北京市新能源开发利用的总量目标为550万吨标准煤，占全市能源消费总量的比重达到6%左右，其中生物质发电装机容量达到20万千瓦，新增17万千瓦；年产沼气总量达3600万立方米，新增1800万立方米；生物质燃料约合50万吨标准煤。

“十二五”时期，北京市依据现有的资源条件，建设了一批生物质规模化发电项目，逐步扩大了生物质发电装机容量，不断提升生物质能利用水平和应用品位。积极推进城市生活垃圾资源能源化利用，建设清洁高效的垃圾焚烧和填埋气发电工程；在大中型畜禽养殖场实施沼气发电工程；在农林废弃物集中的郊区县适度建设生物质热电联供工程。重点推进南宫、鲁家山和高安屯二期等垃圾焚烧发电工程和阿苏卫二期、六里屯等垃圾填埋气发电工程建设。到 2015 年，实现生物质装机容量达到 25 万千瓦。

按照“不破坏环境、就近消纳、循环利用、规模发展”的原则，以试点示范为先导，有序发展生物质燃料。充分利用农业废弃物、林业废弃物、餐厨垃圾等生物质资源，在资源和应用条件较好的地区，选择重点村镇供暖及苗圃、温室大棚等农业设施推进生物质成型燃料供暖示范项目建设。示范建设餐厨废弃油脂生产生物柴油和燃料乙醇等生物质液体燃料项目；到 2015 年，全市生物质燃料利用量新增 10 万吨。

结合小城镇建设和新农村建设需要，加快推进远郊区县禽畜粪便、秸秆薪柴等资源的能源化利用。依托规模化畜禽养殖场，重点在延庆、密云、大兴等生态涵养区因地制宜建设一批区域联供和多村联供的大中型沼气集中供气工程，为农村地区提供优质、清洁的炊事燃气。重点实施延庆县张山营镇、旧县镇及大榆树镇、大兴区长子营镇、密云县西田各庄镇等沼气综合利用工程。到 2015 年，全市生物质集中供气用户超过 10 万户，每年产沼气总量达 3600 万立方米。

促进生物质能应用技术升级。在以创新驱动促进生物质能产业发展方面，北京市将重点提升大中型沼气自保温及高效加温系统集成能力，开展生物质气化焦油处理等核心技术的设计研发；开展污泥与餐厨垃圾等非常规生物质的综合利用技术研究；大力推进大型高效生活垃圾焚烧炉发电、填埋气资源化等关键技术研发和产业化；加强生物质直燃技术、生物质液体燃料领域的关键技术研发，开展禽畜粪便的冬季低温发酵技术研究。

（四）重要项目

1. 阿苏卫垃圾填埋场沼气发电项目

阿苏卫垃圾卫生填埋场位于昌平区境内，于 1994 年建成，并于 1994 年 12 月

26 日投入运行，是北京市第一座符合国际卫生标准的大型垃圾填埋场，主要对原东城区、西城区、部分朝阳区及昌平区的全部生活垃圾实施全密闭作业。填埋场总占地面积 60.4 公顷，设计填埋容量 1191 万立方米，设计处理能力 2000 吨/天，2013 年总填埋量为 123.2 万吨，日平均填埋量 3374 吨。填埋场在 2010 年初，对填埋区实施了气体表面收集及全密闭工程，在短时间内使非作业区实现了 HDPE 膜全密闭覆盖，成为北京市首个实现全密闭作业的示范单位，并在全市推广，同时全密闭作业纳入市政市容委考核体系。

2007 年阿苏卫垃圾填埋场沼气发电项目竣工并网发电，“十二五”时期建设了阿苏卫二期填埋气发电工程。该项目是北京市首个利用城市生活垃圾填埋场沼气发电项目，也是整个华北地区第一座垃圾填埋场沼气发电项目：通过点燃和沼气发电两种形式对填埋气进行综合利用，利用部分点燃气体产生的热量对场区供暖；发电机组装机容量 2.7 兆瓦，每年可利用填埋场沼气 1300 万立方米，发电约 2000 万千瓦时，相当于每年减少约 1 万吨煤炭的使用量，可提供约 1.7 万户家庭一年的用电量。项目运行后将原本作为废弃物直接排放的沼气转化为清洁的电力，实现了资源的综合利用，在环境治理、节能减排方面做出了很大贡献。

2. 海淀区六里屯垃圾填埋场沼气发电项目

海淀区垃圾消纳的主要场所之一、北京市最大的沼气发电项目——海淀区六里屯垃圾填埋场于 2013 年建成，一次性装机容量最大的 12 兆瓦垃圾填埋大点厂，建成后平均每天发电 16 万度，消耗沼气约 8000 立方米，并对垃圾填埋所产生的 80% 的沼气实现了资源化处理。每天大约有 2500 吨生活垃圾运送到这里，远远超出了其设计埋量每天 1500 吨。由于填埋的主要是有机质含量高的生活垃圾而且数量极大，在厌氧环境下产生的沼气不仅散发恶臭，而且有发生火灾或爆炸的风险。过去，垃圾填埋产生的沼气全部通过火炬燃烧消耗，在六里屯垃圾填埋场将要实现填埋沼气的资源化处理。

六里屯的垃圾填埋作业区占地 35.79 公顷，被填埋的作业区单元格被覆以密封性能良好的高密度聚乙烯膜进行发酵，发酵后产生的沼气通过管道输送到电厂进行脱硫、脱水和压缩等前期处理，然后输送到发电机组，转变成清洁电能，降低二氧化碳排放，实现节能减排。同时，发电厂的尾气余热也被应用于厂区的冬季取暖和热水供应等，实现了资源综合利用。

3. 鲁家山垃圾焚烧发电项目

2013年北京市最大的垃圾焚烧厂鲁家山垃圾焚烧项目试运行，日处理能力3000多吨，超过高安屯厂近一倍，预计年发电超过3亿度，供电和供热将覆盖石景山、门头沟、海淀、丰台四个区，成为全亚洲规模最大的垃圾焚烧项目。项目建成投产后，先将垃圾转变成无污染的生物质能源，后通过焚烧产生的热能来发电，一改北京传统的垃圾处理填埋方式。

4. 大兴留民营沼气站七村联供工程

2009年12月，全市首个大型沼气多村联供工程——大兴留民营沼气站七村联供工程正式竣工。该工程改变了传统沼气以村或户为单位的建设方式，为北京市生物质能规模化示范与应用提供了新的模式。留民营沼气七村联供工程是北京市“绿色燃气”进入规模化实施阶段的重要标志性工程。

5. 德青源鸡粪沼气发电厂

德青源鸡粪沼气发电厂位于延庆县松山脚下张山营镇的德青源生态园东南角，把鸡粪和玉米秸秆混合生产沼气，并提纯成天然气，被列为联合国“全球大型沼气发电技术示范工程”。

（1）概况

生态园存栏蛋鸡210万只、雏鸡90万只，是目前亚洲单场存栏量最大的优质鸡蛋生产基地。300万只蛋鸡每天可产生鸡粪210多吨。2006年9月，鸡粪沼气发电厂开工建设；2007年10月开始产气。2009年5月正式竣工并网发电，每年可为首都提供1400万度绿色电力，在供应7个村3000农户炊事用气的基础上，2014年又供应了5户农民取暖。发电厂不但每年向电网提供1400万千瓦的绿色电力，还产生相当于4500吨标煤的余热用于供暖，可以减少温室气体排放8万多吨。沼气生产产生的沼液沼渣，还是优质的有机肥料。发电厂每年为当地农民免费提供优质有机肥18万吨，发展有机果品产业。

（2）技术创新

鸡粪通过密封传输带直接从养鸡场运到发电厂的地下集粪中心，再到水解沉沙池，经过加水稀释、沉沙以及匀浆处理后，就被送到高高矗立的四个巨大的绿色“粮仓”——厌氧消化器，再被加工成沼气，沼气经过生物脱硫后，被储存到储气柜中。沼气经过管线，直接输入燃气轮机，就可以发电。

“十二五”期间，北京德青源农业科技股份有限公司，承担了科技部“利用秸秆连续干发酵和沼气提纯压缩实现新农村万户供气关键技术研究及示范”国家科技计划项目，并联合国内外科研机构陆续攻克了多原料混合发酵、沼气脱硫、脱氧、脱碳、纯化气体高压送气等系列关键技术。经过4年实践、建设，该公司设计出通过秸秆、鸡粪、沼液、餐厨垃圾等混合发酵产生沼气，经纯化压缩后制成高纯度燃气，再输送至农户的新农村能源解决方案。目前，依托德青源生态园，该方案的第一个示范工程已在延庆投入使用。北京德青源农业科技股份有限公司探索出的“生态养殖—食品加工—清洁能源—有机肥料—订单农业—有机种植”的鸡粪热电气肥联供绿色发展模式，是生物质燃气产业的主要商业模式之一。

（3）发展隐忧

德青源的沼气发电厂发酵用的是德国利浦公司的技术，发电用的是美国通用电气的技术，采用国外的核心技术和设备大大增加了项目成本，在机器运行调试中，还产生了国外设备和国产配套设备的机器磨合问题。这是国内生物质发电企业在发展过程中出现的普遍问题，如蒙牛从国外进口的发电机、发酵系统设备，有很多买来之后才发现不符合国内情况，浪费巨大。另外，建沼气发电工程产业链较长，从设备的设计、生产、维修，原料的集纳、运输到沼液、沼渣的消纳，配套产业如果不能及时跟进，将极大影响企业利润。项目最初设计的是德青源每年回收相当于4500吨标煤热量的发电尾气余热，利用沼渣生产固态有机复合肥6600多吨、沼液7万多吨，满足5万亩的土地生产用肥。但是目前，尾气、余热、沼渣、沼液等都没有形成实际产品进入市场，投资者也无法靠这些产品盈利。

目前实现并网的大型养殖场沼气发电厂全国只有三家，除了德青源，还有山东民和牧业股份有限公司的3兆瓦鸡粪发电厂和内蒙古蒙牛集团的1兆瓦牛粪发电厂。据悉，北京三元绿荷奶牛养殖中心也在筹划一个大型的沼气发电厂。企业反映，此类项目尤其是在起步阶段投资大，困难重重。

为鼓励生物质发电产业的发展，生物质发电项目的上网电价在各省脱硫燃煤机组标杆电价基础上，享受0.25元/千瓦时的国家补贴。此外，生物质发电还享受收入减计10%的所得税优惠，秸秆生物质发电享受增值税即征即退的优惠政策。2010年，国家补贴的力度进一步加大，将农林生物质发电项目的上网电价统一上调至0.75元/千瓦时。

（五）“十三五”时期北京生物质能发展方向

生物质发电大致可分为直接燃烧发电技术、混合燃烧发电技术、气化发电技术等几种，我国生物质发电起步较晚，产业化程度比较低，目前多数采用直燃发电技术，即对生物质燃料进行必要的预处理后送入锅炉中直接进行燃烧，将生物质储存的化学能转化为热能，推动汽轮机将热能转化为机械能，汽轮机带动发电机转动，再转化为电能。

生物质发电在我国电力构成中占比很小，在新能源发电中也仅为十分之一左右。制约我国生物质发电大规模推广的因素不少，核心技术领域缺少自有知识产权，相关技术开展非常缓慢，国产设备产业链不全，设备主要依靠进口，生物质燃料的收集和运输问题，使生物质发电建设和运营成本相对较高，发电成本高企不下，大量生物质企业长期亏损，如华电国际2014年为其一直亏损的下属华电宿州生物质发电有点公司计提资产减值准备2.26亿，国电集团旗下龙源电力2015年挂牌抛售其下属两个生物质发电企业，少数生物质发电企业白天烧秸秆晚上烧煤，套取国家补贴。

据国家可再生能源中心发布的《2013中国生物质发电建设统计报告》显示，截至2013年底，全国累计核准容量达到1222.6万千瓦，其中并网容量779万千瓦，占核准容量的63.72%。当前，我国的生物质燃气技术和产业已初步进入商业化阶段，是生物质能源领域发展最好、最成熟的方向。在新能源发电领域，生物质发电有后来者居上的态势。生物质发电及生物质燃料目前仍处在政策引导扶持期。我国生物质发电行业的标杆企业在技术、成本方面已经具有明显优势。近期，随着国家发改委对于二代生物质燃料乙醇的补贴政策出台，生物质发电市场将逐步实现规模化生产。

基于目前我国的生物质产业仍然处在政策引导扶持阶段，北京市应当借鉴国际上生物质燃气产业的发展模式，抓紧出台配套完善的生物质燃气产业扶持政策，鼓励和支持生物质关键技术的研发工作，依托现有的中国林业科学院生物质化学利用国家工程实验室和华北电力大学生物质发电成套设备国家工程实验室等研发机构，充分发挥生物质能等6个新能源产业技术联盟的作用，继续推进企业、研发机构、产业联盟相互促进的创新格局，逐步实现生物质燃气产业化和规模化，推进生物质发电行业的进一步发展。

在技术创新方面，应当重点提升大中型沼气自保温及高效加温系统集成能力，开展生物质气化焦油处理等核心技术的设计研发；开展污泥与餐厨垃圾等非常规生物质的综合利用技术研究；大力推进大型高效生活垃圾焚烧炉发电、填埋气资源化等关键技术研发和产业化；加强生物质直燃技术、生物质液体燃料领域的关键技术研发，开展禽畜粪便的冬季低温发酵技术研究。

五、 北京市风电发展之路

（一）国家风电资源禀赋和风电发展规划

根据最新风能资源评价，全国陆地可利用风能资源 3 亿千瓦，加上近岸海域可利用风能资源，共计约 10 亿千瓦。主要分布在两大风带：一是“三北地区”（东北、华北北部和西北地区）；二是东部沿海陆地、岛屿及近岸海域。另外，内陆地区还有一些局部风能资源丰富区。

风电包括离网运行的小型风力发电机组和大型并网风力发电机组，技术已基本成熟。近年来，并网风电机组的单机容量不断增大，2005 年新增风电机组的平均单机容量超过 1000 千瓦，单机容量 4000 千瓦的风电机组已投入运行，风电场建设已从陆地向海上发展。到 2005 年底，全世界风电装机容量已达 6000 万千瓦，最近 5 年来平均年增长率达 30%。随着风电的技术进步和应用规模的扩大，风电成本持续下降，经济性与常规能源已十分接近。

“十一五”时期，我国风电进入规模化发展阶段，技术装备水平迅速提高。风电新增装机容量连续多年快速增长，2009 年以来，我国成为新增风电装机规模最多的国家。到 2010 年底，风电累计并网装机容量 3100 万千瓦。2010 年风电发电量 500 亿千瓦时，风电装备制造能力快速提高，已具备1.5 兆瓦以上各个技术类型、多种规格机组和主要零部件的制造能力，基本满足陆地和海上风电的开发需要。

到 2015 年，累计并网风电装机达到 1 亿千瓦，年发电量超过 1900 亿千瓦时，其中海上风电装机达到 500 万千瓦，基本形成完整的、具有国际竞争力的风电装备制造产业。

到 2020 年，累计并网风电装机达到 2 亿千瓦，年发电量超过 3900 亿千瓦时，其中海上风电装机达到 3000 万千瓦，风电成为电力系统的重要电源。

“十二五”时期，风电开发布局和建设重点是：

1. 有序推进大型风电基地建设

结合电力市场、区域电网和电力外送条件，积极有序推进“三北”和沿海地区大型风电基地建设。到2015年，形成酒泉、张家口、乌兰察布、锡林郭勒、通辽、赤峰、白城等数个500万千瓦以上风电集中开发区域，以及承德、巴彦淖尔、包头、兴安盟、松原、唐山、民勤和大庆、齐齐哈尔等一批200万千瓦以上的风电集中开发区域。

2. 加快内陆资源丰富区风电开发

加强“三北”以外内陆地区的风能资源评价和开发建设，加快资源较丰富、电网接入条件好的山西、辽宁、宁夏、云南等地区的风电开发，鼓励因地制宜建设中小型风电项目，就近接入电网，立足本地消纳，使本地区风能资源尽快得到有效利用。

3. 鼓励分散式并网风电开发建设

利用110千伏及以下电压等级变电站分布广、离用电负荷近的优势，就近按变电站用电负荷水平接入适当容量的风电机组，并探索与其他分布式能源相结合的发展方式，实现分散的风能资源就近分散利用，使我国中部地区和南方遍布各地的风能资源都能得以利用，为风电发展创造新的市场空间。

4. 积极稳妥推进海上风电开发建设

发挥沿海风能资源丰富、电力市场广阔的优势，积极稳妥推进海上风电发展，加快示范项目建设，促进海上风电技术和装备进步。加快开展海上风能资源评价、地质勘察、建设施工等准备工作，积极协调海上风电建设与海域使用、海洋环保、港口交通需要等关系，统筹规划，重点在江苏、上海、河北、山东、辽宁、广东、福建、浙江、广西、海南等沿海省份，因地制宜建设海上风电项目。探索在较深水域、离岸较远海域展海上风电示范。

（二）“十一五”时期北京风电发展成就和“十二五”发展规划

北京地区风能资源相对不足。风能资源储量约为460万千瓦，目前已探明的风资源可利用量合计约为45万千瓦，主要分布于延庆、密云、门头沟等北部及西北部山区。风能资源丰富区主要位于门头沟区西北部、昌平区西部、房山区北部以及延庆西北部等海拔高度在1000米以上的山区，年平均风速可达6.0米/秒以上。这些地区为北京盛行的西北气流必经之地，这些地区所处海拔高，因而风速大。相对应的，风功率密度高值区也在风速较大的这些地方，年平均风功率密度在 300W/m^2 以上。另外，在怀柔、密云部分山区也有一定的风能资源量。北京地区风资源具有冬春季丰富，秋季次之，夏季最小的变化特点。北京地区风资源丰富区比较分散，分布在高海拔地区与山口、河谷狭管效应比较明显的地区。从风资源来看，北京风电发展宜采用小规模、分布式开发。

“十一五”时期，北京市的风能开发利用实现了零的突破。官厅风电场一期、低风速示范、二期及二期加密工程相继建成，除二期加密工程外均已并网发电。截至 2010 年，风电装机容量达到 15 万千瓦，提前一年实现“十一五”规划目标，累计发电量达 4.8 亿千瓦时。官厅鹿鸣山风电场是北京市首座风电场，位于延庆西北端官厅水库两岸，分为一期工、低风速示范、二期及二期加密四期工程。2009 年，随着官厅风电场二期及二期加密工程的全部建成，北京市风电装机总容量已达 15 万千瓦，提前一年超额完成“十一五”规划 10 万千瓦的发展目标。截至 2010 年底，除风电场二期加密工程外，其余三期工程全部实现并网发电，风电场已累计向首都电网输送 4.8 亿度绿色电力。

“十二五”时期，北京市风电领域高端制造业初具规模，已形成较完整的上下游产业链，风机整机系统集成能力优势显著，风电整机和叶片、风机控制系统等关键零部件的制造水平居国内前列；风电技术服务优势明显，围绕系统集成、成套设备供应、整体解决方案、检测认证等高附加值环节，涌现出一批具有较强竞争优势的技术服务企业和中介机构。

“十二五”时期，北京市按照“统一规划、环境优先、协调发展”的原则，在延庆、昌平、密云、房山、门头沟等风能资源相对丰富、电网接入条件好、电力负荷近的区域，有序推进风电规模化发展。按照“分散开发，集中管理”的方式，支持和鼓励分散式接入风电的开发建设。结合 110 千伏及以下变电站布局特点，统筹考虑风能资源、土地、运输等条件，合理选择可接入的风电装机容量。重点推进官厅风电场三期、昌平青灰岭风光互补等项目建设。

在以创新驱动促进产业发展方面，北京市将增强风电设备系统集成能力，推动 3 兆瓦级及以上风电整机、发电机关键制造技术、风电机组电控技术、核心零部件生产工艺技术等研发及产业化，实现关键部件国产化；加快大型风电机组性能测试与评估系统等关键技术研发及其设备产业化；重点开发风电场中央监控系统及远程监控系统、风电变频控制系统、并网控制系统、风电场综合管理系统等关键技术及产品，提升系统集成能力。

到 2015 年，北京市新能源和可再生能源开发利用总量为 550 万吨标准煤，占全市能源消费总量的比重力争达到 6% 左右。其中全市风力发电装机规模达到 30 万千瓦，新增装机容量 15 万千瓦。

（三）重要项目

1. 官厅风电场工程

“十一五”时期，北京市建成首座风电场——官厅风电场工程。北京官厅鹿鸣山风电场位于延庆西北端官厅水库两岸，分为一期工、低风速示范、二期及二期加密四期工程。2009 年，随着官厅风电场二期及二期加密工程的全部建成，北京市风电装机总容量已达 15 万千瓦，提前一年超额完成“十一五”规划 10 万千瓦的发展目标。目前，除风电场二期加密工程外，其余三期工程全部实现并网发电，截至 2010 年底，风电场已累计向首都电网输送 4.8 亿度绿色电力。15 万千瓦风力发电工程。

鹿鸣山官厅风电场是北京最具代表性的风电场，目前与北京电网并网运行，位于延庆县西北端官厅水库两岸，在 10 米高度年平均风速为 5 米/秒，在 70 米的高度年平均风速为 7.11 米/秒，平均风功率密度约为 422 瓦/平方米。国家能源局“十二五”第二批风电项目核准计划中拟核准的鹿鸣山官厅风电场三期项目，目前已经相继完成风电机组主机、辅机、塔筒吊装施工招标以及工程项目管理招标。

位于北部延庆县和河北怀来县交界的狼山风口的北京官厅风电场的风力资源相对优越。鹿鸣山官厅风电场项目于 2007 年正式启动，为北京市第 1 个风力发电项目，该项目一期装机为 33 台 1.5 兆瓦风机，二期装机为 33 台 1.5 兆瓦风机，二期加密工程装机为 33 台 1.5 兆瓦风机，鹿鸣山官厅风电场已投运，三期工程现已竣工，现总装机规模为 200 兆瓦，第四期工程将于 2015 年投运，届时官厅风场的总装机规模将达到 250 兆瓦。

2. 风机核心部件国产化研究取得重大进展

2014 年 7 月 10 日，北京市科技计划重大项目“2.5 兆瓦直驱永磁风机核心部件国产化关键技术研究”在亦庄风电产业基地顺利通过验收。目前，项目研发的 2.5

兆瓦风电机组已销售600余台，其中出口美国、德国和澳大利亚等100余台，累计实现新增销售收入超过60亿元，在国内外风电市场竞争中取得重大突破。

"2.5兆瓦直驱永磁风机核心部件国产化关键技术研究"项目由北京金风科创风电设备有限公司主持，联合北京天诚同创电气有限公司、中材科技风电叶片股份有限公司、北京和利时自动化驱动技术有限公司共同承担。项目承担单位整合优势集中突破了叶片、变流器、主控（PLC）以及变桨驱动器等核心部件关键技术，实现2.5兆瓦核心部件的国产化配套及整机系列化开发。该项目的成功实施，全方位提升了北京风电整机的核心竞争优势，大幅度提高了国内大型风力发电机组整体设计能力和制造水平，在推动兆瓦级直驱风电机组国产化进程、打破国外核心制造技术垄断、促进零部件与整机企业协调发展中起到了良好的示范带动作用。

项目在执行期间，获得国家能源科技进步一等奖、北京市科技进步三等奖各1项,并荣膺国家重点新产品称号，累计获得授权专利21项。

3. 北京八达岭新能源产业基地在北京揭牌

2009年6月10日八达岭新能源产业基地揭牌。八达岭新能源产业基地位于北京市延庆县八达岭经济开发区，占地面积约为2.5平方公里，重点定位于发展风能、太阳能等新能源产业。这标志着首都新能源产业进入聚合发展新阶段，该基地目前已汇集了中材科技、中国节能投资集团、英利（中国）绿色能源、中科院电工所等一批新能源领域的企业和研发机构。根据新能源产业迅猛发展的需要，基地制订了《新能源产业基地发展规划》及《推进实施方案》，在三年内实施土地一级开发、基础设施、孵化器、标准厂房、后勤服务设施、招商引资平台、新能源利用示范共七大工程，基地力争成为集研发、生产、应用于一体的新能源产业发展空间载体，聚集一批有规模、有品牌的新能源企业，引进一批产业带动力强、投资规模大、经济效益好的项目，实现新能源产业在基地的集群化发展、规模化发展。2011年基地实现销售收入30亿元以上，2015年实现销售收入80亿元以上。八达岭新能源产业基地的建设有利于引导新能源产业在京集聚和发展，加快北京新能源产业的成长步伐。

4. "北京市风能资源评价"项目通过验收

2009年11月23日，由北京市发展和改革委员会和中国气象局预测减灾司联合主持了"北京市风能资源评价"项目验收会。验收组专家认为该项目按照协议合同完成了任务，对北京延庆县康西和官厅水库主体区域的风能资源分布情况进行数值模拟还超额完成任务，为官厅水库周边地区建设风电场提供了佐证，建议进一步完善全市风能资源分布图等有关工作，对该项目做了验收。

“北京市风能资源评价”项目是按照《全国风能资源评价技术规定》，于2015年8月由北京市气候中心与市能源投资公司就开展北京地区风能资源评价项目签订了协议书后启动的，由市气候中心为主的业务人员通过1年多的紧张工作，对1971—2000年全市20个气象台站的历史资料进行了各类处理统计分析，收集并整理和计算了本市一系列风能资源参数，建立了风能数据库，利用GPS技术进行了风能参数的制图及风能能源储量的计算，编写出了风能评价报告。该项目在开发利用风能资源方面，可以为在北京建设大型风塔以及风力发电装置等提供科学决策参考服务。

（四）“十三五”时期北京风电发展方向

北京在风电行业的高端制造已经初具规模，形成了较为完整的上下游产业链，风机整机系统集成能力优势显著，风电整机和叶片、风机控制系统等关键零部件的制造水平居国内前列。

“十二五”时期，北京市重点推动了3兆瓦级及以上风电整机、发电机关键制造技术、风电机组电控技术、核心零部件生产工艺技术等研发及产业化，实现关键部件国产化；加快大型风电机组性能测试与评估系统等关键技术研发及其设备产业化；重点开发风电场中央监控系统及远程监控系统、风电变频控制系统、并网控制系统、风电场综合管理系统等关键技术及产品，提升系统集成能力。

我国的风电产业经历了近十年的发展，已经形成了一个处于全球领先地位的较为完整的产业链体系。2006年财政部首次印发《可再生能源发展专项资金管理暂行办法》（财建〔2006〕237号）和2011年底财政部、国家发展改革委、国家能源局联合下发的《可再生能源发展基金征收使用管理暂行办法》（财综〔2011〕115号），这两个文件的资金补贴重点在于可再生能源利用项目本身，以及利用设备的制造和生产。与其他行业一样，我国风电、光伏等行业经历了引进、消化、吸收和再创新的过程，目前已迈入自主创新的新阶段。单纯对开发项目和制造企业的补贴扶持，无法对产业的长期、健康发展产生促进作用。2015年财政部发布最新版的《可再生能源发展基金征收使用管理暂行办法》，提出重点支持公共平台建设和关键技术推广及产业化示范等，这样的补贴方向能够加快基础技术和前沿科技的共享，推动风电产业的快速发展。

第四章　“十二五”时期北京市节能降耗发展

“十二五”时期，面对北京能源消费总量持续刚性增长和资源环境约束尤其是大气污染日趋增强的新形势，北京的能源发展在加强能力建设的同时，坚持节能优先战略，将合理控制能源消费总量作为转方式、调结构的重要抓手，深入落实首都城市战略定位、推进京津冀协同发展，深入挖掘能源系统的能效提升潜力，围绕能耗总量控制在9000万吨标准煤和国家下达的万元国内生产总值能耗下降17%的双目标，出台《北京市清洁生产管理办法》《北京市“十二五”节能减排全民行动计划》等节能规划和相应政策，构建节能降耗的体制机制，加大财政和税收激励，强化监督管理，促进能源生产、供应和利用全过程的高效、减排，促进能源发展方式的集约与转型。2014年北京市能源消费总量6831.2万吨标准煤，远远低于“十二五”时期能耗控制9000万吨标准煤的总量目标，2011—2014年北京市万元国内生产总值能耗累计下降20.15%，提前一年实现“十二五”期间下降17%的节能目标。①

在“十二五”初期，北京节能法规政策进一步完善。制定出台《北京市实施〈中华人民共和国节约能源法〉办法》、合同能源管理项目财政奖励扶持办法；制订发布《绿色北京行动计划（2010—2012年）》和《北京市应对气候变化方案（2010—2012年）》；在项目推进方面，太阳能光伏利用步伐加快，国家数字电视产业园5兆瓦太阳能光伏屋顶、延庆新能源产业基地2兆瓦光伏屋顶、顺义汽车产业基地20万平米热泵供暖等一批高水平新能源项目全面建成，鲁家山垃圾焚烧发电、六里屯垃圾填埋气发电等重点项目加快推进，八达岭太阳能31兆瓦地面大型光伏电

① 北京市统计局，国家统计局北京调查总队．2014年北京市能耗水耗公报［EB/OL］．http：//www.beijing.gov.cn/tzbj/jjsj/tjbg/t1399899.htm.

站项目获准开工建设；在体制机制建设方面，率先实行能源消费总量（增量）控制和“条块结合”节能目标分解机制，加强节能督导和协调服务，推进市、区县、用能单位三级能耗在线监测分析平台建设，提高长效监控能力。

一、着力提升内涵促降能力

（一）科技创新驱动

充分发挥科技创新的支撑引领作用，完善节能低碳科技创新机制，统筹规划，全面部署，调动市场主体积极参与，构筑以企业为主体、市场为导向、产学研用相结合的节能低碳科技创新体系，增强节能低碳发展自主创新能力，把完成节能减碳的工作压力转变为促进低碳绿色发展的新动力。2011 年，地处北京市的国家能源非粮生物质原料研发中心、风能太阳能仿真与检测认证技术研发中心、浅层地热能开发利用等一批新能源国家重点实验室研究基地落户北京市；百兆瓦级电池关键装备研制与整线集成、兆瓦级高低温两级蓄热太阳能塔式热发电等一批新能源重大课题研究取得进展。

1. 提升节能低碳技术创新能力

充分发挥首都创新资源优势，结合中关村国家自主创新示范区建设，促进节能低碳共性关键技术研发创新。

加强节能低碳领域科技平台建设，推动已有各类科技条件资源开放共享。支持产学研用合作，建成一批国家级、市级节能低碳工程研究中心和工程实验室，加大专业人才培养力度。

围绕提高建筑能效、降低交通能耗、推行清洁生产等本市节能低碳发展中的重点领域，组织开展相关产业技术路线图研究。

结合战略性新兴产业培育，加大城市生活垃圾处理、新能源汽车、太阳能建筑一体化等领域的技术攻关力度，促进节能环保产业发展。[①]

① 北京市人民政府．北京市“十二五”时期节能降耗及应对气候变化规划［EB/OL］．http://guoqing.china.com.cn/gbbg/2011-11/26/content_24011043.htm，2016-01.

2. 加大节能低碳技术产品推广力度

“十二五”时期，北京每年发布年度《节能低碳技术产品及示范案例推荐目录》，加大重点用能领域的新技术、新产品推介力度。并通过组织技术论坛、召开产品推介会、编制项目案例等方式，大力推广一批先进适用的节能低碳技术，引导用能单位合理采用技术参数及综合性能达到国内先进水平，经济性、安全性和普遍适用性得到市场验证的新技术、新装备和新工艺。

大力推广绿色高效照明产品，绿色照明是在提高照明质量的前提下，通过采用LED等高效节能光源、智能系统控制等手段，深挖照明节电潜力，进一步降低本市照明用电量，进而降低发电所需的能源消耗、污染物排放和温室气体排放，对节能减排、大气污染治理具有重要意义。据测算，采用普通LED照明产品可节电50%，采用智能LED照明产品可节电80%。推广200万只（套）智能LED照明产品，可实现年节电2亿度，节约电费2.2亿元，减排二氧化碳17万吨。

“十二五”时期，本市照明用电约占全市总用电量的13%，而相同瓦数的LED光源较节能灯节电40%~50%，较白炽灯节电75%左右，实施绿色照明工程成为本市深入推进节能减碳工作的重要抓手。“十二五”时期，本市通过实施“淘汰白炽灯行动计划”，推广节能灯500万只、LED光源95万只，累计节电3.2亿度，节约电费3.5亿元，节能11万吨标准煤，减排二氧化碳26万吨。根据《北京市“十三五”绿色照明工程实施方案》的规定，北京将继续大力推广LED高效光源，并以北京城市副中心、冬奥会场馆区、新机场、新首钢高端产业综合服务区等区域为重点，开展“智能照明”试点示范，推进照明的智能化和精细化管理。2016年基本实现完成工业、旅游领域室内公共照明LED光源的全覆盖。到2020年，本市拟推广智能LED光源200万台（套），预计年可节电2亿度、节约电费2.2亿元、节能约6.9万吨标准煤、减排二氧化碳17万吨。

3. 加强节能低碳创新示范引导

“十二五”时期，北京通过试点推进延庆等低碳绿色发展示范区建设，系统规划通州新城、未来科技城、丽泽金融商务区、新首钢高端产业综合服务区等低碳示范区建设，支持一批重大节能低碳技术试验示范项目，充分发挥上述地区在节能低碳创新方面的示范作用，积极推进新能源和节能技术产业化、规模化发展。具体见本书第三章相关内容。

（二）先进能耗标准引领

标准是科学技术传播和创新成果产业化的桥梁和媒介，是促进产业结构调整和优化升级的重要工具，是保障健康、安全、环境的技术手段，是实现社会管理目标的有效方法，是国家和城市核心竞争力的基本要素。北京市围绕产业发展、产品能效、居民消费等多个领域，研究建立重点产品、公共机构能耗定额管理制度，制定完善工业、建筑、交通等领域节能标准，综合健全区域节能标准体系，全方位推动各领域能效水平提高，努力使本市节能低碳标准走在全国最前列。

1. 完善产业能耗标准体系

以标准为手段引导产业发展，注重产业标准与国际水平的对接，实施更加严格的用水、用能等产业准入标准。发布《北京市“十二五”时期标准化发展规划》，明确了“十二五”时期北京标准化发展战略的总体要求、重点任务和保障措施，指出标准化工作要与促进创新、服务民生、集聚资源和强化管理相结合，以标准化工作推动北京产业结构优化升级，严格控制“两高一资”项目和落后生产工艺、设备准入。在战略性新兴产业等重点产业领域形成一批具有重要影响力的核心标准，培育一大批创制、采用先进标准的优势企业群体和标准联盟，围绕战略性新兴产业和优势主导产业，培育一批创制先进标准的企业和标准联盟，推出并实施一批包含自主创新先进技术的中关村标准；形成若干在国内外有重要影响力的标准，造就一批具有国际竞争力的知名企业。

以建筑业、交通运输业、通信业、批发零售及宾馆饭店业等为重点，研究制定行业合理用能指南。为引导政府机关、学校、医院等公共机构合理使用能源，发挥公共机构在节能工作中的示范带头作用，2015 年 8 月由北京市发展和改革委员会组织制定的北京市地方标准《文化场馆合理用能指南》《医院建筑合理用能指南》《体育场馆合理用能指南》《高等学校合理用能指南》《政府机关合理用能指南》征求意见稿向社会公开征集意见。

2. 综合提升建筑节能标准

为了进一步提高节能设计要求，北京市于 2012 年编制了节能 75% 的《居住建筑节能设计标准》。专业检查、评估数据显示，新版标准发布实施后，本市新建居住建筑节能标准执行率达到 100%。2015 年 6 月，新版《公共建筑节能设计标准》

发布，将公共建筑分为甲、乙、丙三种类型，并采取不同的节能措施：普通办公楼、学校、酒店、医院等量大面广的建筑多属于乙、丙两类建筑，主要采取改善外墙外保温、改善屋顶保温和安装保温性能更好的外窗等措施，提升节能效果，按照新标准建设的一个 1 万平方米的办公楼，平均每年将比原标准节约大约 55 吨标准煤；大型体育馆、会展中心、航空港等甲类建筑，新标准要求其更换能效指标高、耗电少的空调设备，并鼓励公共建筑利用室外新风循环供热制冷。与此同时，新标准还要求插座和照明分项计量，以便更加方便地掌握公共建筑主要能耗来源，继而采取相应的节能措施，促进科学用能。2015 版《公共建筑节能设计标准》的实施，使北京新建、改扩建公共建筑供暖、通风、空调和照明的整体节能率高于国家标准，综合节能水平达到同气候条件的发达国家先进水平。

3. 强化能效标识引导

能效标识是能源效率标识的简称，表示产品能源效率等级等性能指标的一种信息标签，目的是为用户和消费者的购买决策提供必要的信息，以引导和帮助消费者选择高能效节能产品。2011—2012 年初，北京市曾启动高效节能家电产品促销试点工作，加大“中国能效标识”宣传力度，向购买符合相关标准的电视机、电冰箱、洗衣机、空调、电脑（配有节能显示器）产品的单位和个人给予财政补贴。根据市商务委统计，2011 年开始实施的京版高效节能家电促销试点政策，全市共销售 5 类高效节能家电 102.2 万台，销售额约 40 亿元，有效鼓励和引导了消费者选购节能产品。2015 年 11 月北京市重新启动的新一轮节能商品补贴，从品类上来看，电视机、电冰箱、洗衣机、空调、热水器、吸油烟机的能效标识须为中国能效标识一级或二级，以能效标识和节能补贴引导消费者购买节能家电产品，充分发挥了能效标识的引导作用。此次节能减排商品补贴的初步方案是分级补贴，一级能效产品补 13%、二级能效产品补 8%，不仅优惠力度较之前更大，节能补贴的获得也更为便利，即由销售企业先行向消费者垫付。

4. 健全节能低碳管理标准

2014 年 10 月，北京市发展改革委、市质监局、市财政局三部门联合发布《关于推进在京万家企业和市级考核重点用能单位能源管理体系和碳排放管理体系建设工作的通知》。能源管理体系建设的主体为 247 家在京万家企业和市级考核重点用能单位，2013 年综合能源消费量约 2400 万吨标准煤，占全市能源消费总量的三分之一左右，是北京市节能管理的重点对象。其中有163家单位2013年在本市行政区域内的二氧化碳排放量均达到1万吨以上（含1万吨），是北京市确定的二氧化碳重点排放单位。这些单位2013年二氧化碳排放量约占全市二氧化碳重点排放单位排放总量的86%，是北京市碳排放管理的重点对象，也是碳排放管理体系建设的主体。文件要求，到2015年底，上述247家企业将通过能源管理体系认证，163家重点排放单位将同步进行碳排放管理体系建设和能源管理体系建设。评价内容包括7项，分别为管理职责、碳排放方针、策划、实施与运行、检查、管理评审、绩效评价。市财政对于通过能源管理体系认证的单位将给予最高可达15万元的一次性资金奖励，并在申报中央预算内节能项目、财政奖励节能技改项目、重大节能技术产业化示范、节能产品补贴推广等方面给予优先支持，在安排市政府固定资产投资和市级财政性奖励节能改造、节能技术产业化示范等领域项目时，优先考虑。通过上述制度安排，将有力推进企业能源管理标准化。

健全节能监测标准体系，2011年制定出台“城市光能热水”“阳光校园”等建设实施标准；建立北京市新能源发电项目在线监测平台，新能源动态管理机制加快形成。2013年北京市发展改革委发布《北京市节能监测管理暂行办法》和《北京市节能监测机构管理实施细则（试行）》，明确了北京市节能监测管理工作的主管部门、主要职责、监测种类和工作流程，以及对北京市发展改革委面向社会公开征集和遴选的节能监测机构的执业条件、主要职责、工作流程和考核评价的具体内容，从制度层面规范和保障了节能监测对节能工作的支撑和保障作用。

（三）市场服务机制的完善

有效发挥市场在资源配置中的基础作用，大力完善和推广合同能源管理机制，充分发挥价格杠杆作用，积极落实节能低碳相关领域财政税收和金融政策，培育和扶持一批具有核心竞争力的节能低碳市场服务机构，探索建立节能量交易与碳交易机制，促进节能服务业规范健康发展。

1. 大力推行合同能源管理机制

北京市从2008年开始探索发展合同能源管理工作，2009年北京相继出台了《合同能源管理项目扶持办法（试行）》和《北京市节能减排专项资金支持合同能源管理项目实施细则（试行）》，将通过项目投资补贴和节能量奖励等办法，鼓励用户和企业通过“合同能源管理”的方式来提高能源使用效率。

两个文件的主要内容有以下两个方面：一是由项目单位投资为主（投资比例超过50%）实施的属于固定资产投资范畴的合同能源管理项目，安排市政府固定资产投资予以补助。原则上，投资补助总额不超过项目建设投资的30%。其中，对实施节能改造后节能率在15%～25%的项目给予不超过项目建设投资的补助，对实施节能改造后节能率在25%以上的项目给予不超过项目建设投资30%的补助。对单个项目的补助资金原则上不超过500万元；二是由节能服务公司投资为主（投资比例超过50%）实施的合同能源管理项目，安排市节能减排专项资金予以节能量奖励或贷款贴息。节能奖励方式按项目年节能量进行一次性奖励，奖励标准为每节约1吨标准煤补贴500元；单个项目支持资金原则上不超过200万元。贷款贴息方式按项目实际贷款额及中国人民银行同期贷款基准利率给予贴息，贴息期最长不超过两年。这标志着北京合同能源管理工作机制的初步建立。

2010年11月，北京市修订完善出台《北京市合同能源管理项目财政奖励资金管理暂行办法》，对符合国家财政奖励支持政策的项目，在中央财政240元吨标准煤奖励基础上，市级财政给予260元吨标准煤配套奖励。2010年6月国家出台鼓励政策，北京市也有新的规定：对由项目业主单位投资为主，节能率达到15%以上的项目给予最高30%的投资补助；对由节能服务公司投资为主，节能率达到15%或节约标煤400吨以上的，安排节能减排专项资金进行节能量奖励，每节约一吨标煤奖励500元，最高奖励200万元。

2012年，北京推广合同能源管理效果显著，当年的备案节能服务公司达到329家,数量居全国之首。2013年6月8日，北京市印发了《北京市关于进一步推行合同能源管理促进节能服务产业发展的意见》，加大了财政奖励支持，提高标准、降低门槛、增加财政奖励的类型，为进一步规范市场管理，包括规范相关能源管理机构和激发用能单位需求，提供良好的政策环境和制度保障。

2. 试点推行节能量交易和碳交易机制

碳排放权交易是一项全国性的试点工作，经过2012年和2013年近两年的筹备，北京市建成了试点开展所需的企业温室气体报告报送、注册登记、电子交易平台3个信息化平台系统，研究草拟了10余项碳交易配套细则，编制完成了2005—2010年全市温室气体排放清单，搭建了试点建设的组织体系和管理机制。2013年

11 月 28 日，北京市碳排放权交易市场正式开市交易。

2013 年 12 月 27 日，北京市第十四届人大常委会第八次会议表决通过了《北京市在严格控制碳排放总量前提下开展碳排放权交易试点工作的决定》，首次提出在本市实行碳排放总量控制，建立碳排放配额管理和碳排放权交易制度、碳排放报告和第三方核查制度，对未按规定报送碳排放报告或者第三方核查报告的、重点排放单位超出配额许可范围进行排放的将给予处罚，并授权市政府制定相应的碳排放权交易试点工作具体办法。

2014 年北京市依据市人大常委会《北京市在严格控制碳排放总量前提下开展碳排放权交易试点工作的决定》的授权，出台相关管理办法，进一步明确本市碳排放权交易全过程的基本操作规则、政府部门权力与职责、设定监管措施等；从市场监管角度，研究出台公开市场操作、配额拍卖规则等相关政策，继续完善监督管理措施，保障市场稳定运行；细化交易规则，进一步规范交易行为；对接财政、税务部门，尽快建立完善交易税费政策。

自 2013 年 11 月 28 日开市以来，截至 2014 年 9 月 22 日，北京市碳市场共成交 676 笔，累计成交量约 204. 8 万吨，累计成交额突破亿元。其中，线上公开交易共成交 650 笔，成交量 97. 6 万吨，成交额 5875. 7 万元，成交均价 60. 23 元/吨；协议转让共成交 26 笔，成交量 107. 2 万吨，成交额 4254. 4 万元。在市场配额总量较少的情况下，市场累计成交量和成交额位居 7 个试点前列。北京市碳交易价格从开市初的 50 元/吨逐步波动式上涨，最高时达到 80 元/吨。价格波动始终处于合理区间，客观反映了市场供求关系总体稳定，供需基本平衡。

2014 年 9 月 1 日，北京市发展和改革委员会和北京市园林绿化局联合发布了《北京市碳排放权抵销管理办法（试行)》，成为国内首个发布碳排放权抵销管理办法的试点省市。

《北京市碳排放权抵消管理办法（试行)》建立了碳排放抵销机制，进一步完善了北京市碳排放权交易法规政策体系，有利于为北京市重点排放单位提供更多的履约方式，包括从市场上购买核证自愿减排项目、节能项目、林业碳汇项目产生的碳减排量等。建立抵销机制有利于利用市场手段推动节能改造、植树造林、可再生能源利用等相关工作，如对非重点排放单位而言，实施节能改造项目若符合合同能源管理支持政策或本市节能技改财政奖励政策时，除可获得一定的财政奖励之外，还可依据《管理办法》通过将节能量转换成碳减排量入市交易，降低节能改造成本。

《北京市碳排放权抵消管理办法（试行）》明确规定了重点排放单位可使用的经审定的碳减排量包括核证自愿减排量、节能项目碳减排量、林业碳汇项目碳减排量，1吨二氧化碳当量的经审定的碳减排量可抵销1吨二氧化碳排放量；明确了可用于抵销碳减排量的项目类型和抵销比例；明确了中国核证自愿减项目、节能项目、本市林业碳汇项目三类抵销项目碳减排量的计算方法、核证和签发的具体流程。

抵销机制是指通过开发具有减排效益的项目获取抵销配额，允许重点排放单位使用抵销配额完成碳交易履约工作。抵销配额相当于碳排放配额，但只能在规定的范围内按照一定的比例使用。

《北京市碳排放权抵销管理办法（试行）》规定，重点排放单位用于抵销的经审定的碳减排量不高于其当年核发碳排放配额量的5%。京外项目产生的核证自愿减排量不得超过其当年核发配额量的2.5%。优先使用河北省、天津市等与北京市签署应对气候变化、生态建设、大气污染治理等相关合作协议地区的核证自愿减排量。

管理办法中还规定：来自减排氢氟碳化物（HFCs）、全氟化碳（PFCs）、氧化亚氮（N_2O）、六氟化硫（SF_6）气体的项目及水电项目的减排量不能用于抵销；来自本市行政辖区内重点排放单位固定设施的减排量不能用于抵销；未完成国家、北京市或所在区县上年度节能目标的单位实施的节能项目产生的碳减排量不能用于抵销。

办法还对碳减排量的具体签发程序作了规定：一是对于核证自愿减排项目：核证自愿减排量按照经备案的国家温室气体自愿减排方法学进行计算，并按照《温室气体自愿减排交易管理暂行办法》《温室气体自愿减排项目审定与核证指南》的相关规定进行申报、审定和核证。二是对于节能项目：用于抵销且符合条件的节能项目需向北京市发展改革委申报。项目节能量审核依据为《节能量审核报告编制指南》（工业、非工业）；项目碳减排量核证依据为市发展改革委《关于开展碳排放权交易试点工作的通知》。三是对于林业碳汇项目：用于抵销且符合条件的林业碳汇项目需由市园林绿化局初审后向市发展改革委申报。市发展改革委组织专家对节能项目和林业碳汇项目的申报材料进行评审，并在市发展改革委网站上对通过专家评审的项目碳减排量核证报告公示5个工作日。市发展改革委对公示无异议的项目碳减排量进行确认。市发展改革委可按照一定比例对项目碳减排量核证报告进行抽查。

2014年12月，北京市发展和改革委委员会印发了《关于进一步开放碳排放权交易市场加强碳资产管理有关工作的通告》（京发改〔2014〕2656号），探索放开自然人参与碳排放权交易、鼓励重点排放单位及其他配额持有者开展碳排放配额抵押式融资、配额回购式融资、配额托管等业务，加强碳资产管理，充分利用市场机制推动北京市节能减碳工作。2014 年 12 月 30 日，中信证券股份有限公司与北京华远意通热力科技股份有限公司正式签署了国内首笔碳排放配额回购融资协议，融资总规模达 1330 万元。此项回购融资协议的签署，标志着北京碳排放权交易市场在碳金融产品创新方面又迈出了实质性的一步，实现了碳市场与金融市场的有机结合，是北京市碳排放权交易试点建设中的一个重要的里程碑。开展碳排放配额回购融资，不仅拓展了重点排放单位的融资渠道，盘活了碳资产，降低融资成本，减轻实体企业运营负担，提升节能减碳的积极性和主动性，而且也充分体现了碳排放配额的商品化和资产化属性，提升社会对碳排放配额资产价值的认可，让金融创新更好地服务于全市的节能减碳和实体经济发展。

2014 年 12 月 18 日，京冀正式启动跨区域碳排放权交易试点建设。明确了跨区域碳排放权交易市场的体系构架，利用北京市现有基础和政策体系推动市场建设，优先开发林业碳汇项目，积极利用市场化机制吸引社会资本参与跨区域节能减排和生态环境建设。首单京冀跨区域碳汇项目的成交，进一步丰富了跨区域碳排放权交易产品、拓宽重点排放单位履约渠道，是北京市积极利用市场手段推动跨区域生态环境建设与生态补偿的一项重要机制创新，对推进京津冀多领域多层次协同发展具有重要的探索和实践意义。

3. 强化价格杠杆调控作用

充分发挥能源价格对节能降耗行为的市场调控作用，根据国家相关政策，适时合理调整优化能源价格，理顺天然气、供热、电力价格形成机制。落实国家促进风力发电、垃圾发电、太阳能发电的电价政策，完善地方新能源发电价格补贴机制。加大本市差别电价、峰谷电价等的实施力度，探索实施居民阶梯电价。健全污染者付费制度，研究完善城市垃圾、污水处理等收费制度。

4. 积极完善财税金融政策

落实促进节能服务企业税收优惠政策，持续完善合同能源管理项目的财政补贴、贴息贷款等政策。鼓励金融机构引入能源节约与温室气体减排评价要素，开展绿色金融，提供节能减碳项目融资、保理等金融服务。鼓励银行建立绿色信贷机制，设立绿色信贷专营机构，开展能效融资项目合作。扩大社会资本投入，鼓励企业通过市场化融资渠道、国际组织援助、发行债券等方式广泛融资，支持节能环保企业上市融资。支持设立节能低碳和新能源基金、碳基金等各类绿色产业发展投资基金。

二、深度挖掘结构促降潜力

坚持高端、高效、高辐射产业发展方向，坚决淘汰退出劣势产能，积极培育新能源和节能环保产业等新经济增长点，全面打造节能低碳的现代产业体系，努力实现经济发展和节能减碳的双赢局面。

（一）积极培育现代产业体系

坚持服务经济、总部经济、知识经济和绿色经济的发展定位，巩固和强化首都经济特征。大力发展知识密集型产业，优先发展服务主导型、创新驱动型、生态友好型的低能耗服务产业，促进金融服务、信息服务、科技服务等生产性服务业加快发展。

2015 年前三季度，北京市高技术制造业增加值同比增长 8.6%，其中电子、医药和汽车产业分别增长 13.3%、7.1% 和 5%。高端产业的引领效果逐渐显现。在全市范围内，企业的创新能力正不断增强。目前，北京市累计已拥有国家级企业技术中心 70 家，市级企业技术中心 487 家。通过突破核心关键技术，提升创新能力，企业技术中心逐渐成为促进产业创新升级的重要平台。

2015 年北京服务业主导地位进一步巩固增强。2015 年，全市第三产业实现增加值 18302 亿元，按可比价计算，同比增长 8.1%，增速比上年提升 0.6 个百分点；占地区生产总值的 79.8%，比上年提高 1.9 个百分点；对全市经济增长的贡献率达 89.9%，比上年提高 11.6 个百分点。高技术服务业、战略性新兴服务业等重要的新兴领域增长始终快于服务业整体水平，引领服务业升级发展的作用较为突出。2015 年，规模以上高技术服务业和战略性新兴服务业企业分别实现收入 11921.3 亿元和 6428.3 亿元，同比分别增长 9.6% 和 8.8%，分别拉动服务业收入增长 0.8 个和 0.4 个百分点。大数据和云计算服务等新兴业态蓬勃发展，也有力地促进了首都经济结构升级。服务业内部结构持续调整优化。从优势行业占比情况来看，金融、信息、科技、商务等优势行业在服务业增加值中的占比达到 54.0%，比上年提高 1.5 个百分点。其中，金融业，科学研究和技术服务业以及信息传输、软件和信息技术服务业等优势行业增长较快，增加值同比分别增长18.1%、14.1%和12.0%，对地区生产总值增长的贡献率分别为39.6%、14.8%和17.8%。信息服务企业通过产品创新、融合创新，在物联网、电子商务以及跨境电子交易等新兴领域培育新优势，不断谋求新突破，形成新的业务增长点。互联网和相关服务业规模以上企业实现营业收入1038.5亿元，增长19.8%，比上年提高1.3个百分点。商务服务业的重要增长点主要为知识产权服务、法律服务与旅行社服务等新兴行业，以上行业全年收入增速均超过10%。①

（二）继续推进落后生产能力退出

落实《北京市关于进一步加强淘汰落后产能工作的实施意见》，加快推进小化工、小铸造、电镀等高污染、高耗能、高耗水行业企业退出，继续加大工业企业落后工序和设备淘汰力度。2013年北京市经济信息化委、市环保局联合制定了《北京市工业污染行业、生产工艺调整退出及设备淘汰目录（2014年版）》，对污染较大、耗能较高的行业和生产工艺，以及国家明令淘汰的落后设备规定了明确的退出期限，据不完全统计，2014年全市注销、吊销不符合首都城市战略定位的工业企业800余家，就地关停、退出一般制造和污染企业392家，超额完成年度任务。② 截至2015年9月底，已关停淘汰315家企业，提前三个月完成年度关停淘汰的任务。在关停退出力度不断加大的同时，重点疏解领域减员明显。据统计，1－8月规模以上工业从业人员为107.4万人，较2014年同期减少4.8万人，以机织服装制造为代表的约一百个中类行业用工减少，占工业中类行业总数的60%以上。此外，值得欣喜的是，工业能耗水平也在继续下降。前三季度规模以上工业综合能源消费总量同比下降10%，万元增加值能耗同比下降10.1%。③ 从整体来看，2013年退出288家，2014年退出392家，2015年退出326家，北京疏解非首都功能步伐在加快，2016年北京比原计划提前一年全面完成1200家污染企业退出任务。2015年已有150家低端市场从北京退出，2016年将继续对不利于北京环境建设、存在安全隐患、不符合

---

① 北京市统计局．国家统计局北京调查总队．北京市服务业发展向好，新兴产业引领转型升级［EB/OL］．http：//zhengwu. beijing. gov. cn/tjxx/tjfx/t1425225. htm，2016－03.

② 北京日报．2015年本市再调整退出300家一般制造和污染企业［EB/OL］．http：//zhengwu. beijing. gov. cn/zfjd/hj/t1380708. htm，2016－01.

③ 北京日报．本市提前三个月完成2015年关停淘汰任务［EB/OL］．http：//www. beijing. gov. cn/tzbj/tzxx/cydt/t1408779. htm，2016－01.

构建“高精尖”经济结构和提高生活型服务业品质要求的功能加快疏解。

（三）全面推行清洁生产

加强清洁生产工作统筹管理和协调推进，修订完善本市促进清洁生产的有关政策。深入推进工业领域清洁生产，完成重点污染源企业清洁生产审核，引导具备条件的企业实施中高费项目。扩大审核范围，研究制定服务业清洁生产相关标准规范，积极推进农业、建筑等行业清洁生产。鼓励企业建立健全从项目建设到产品开发设计、生产经营、销售服务的全过程绿色管理体系，引导企业开展绿色标志认证工作，塑造一批清洁生产典范企业。加强审核中介服务机构管理，探索开展清洁生产后评价。

2013 年 11 月，北京出台《北京市清洁生产管理办法》，并发布服务业清洁生产审核三年推广计划。计划在三年试点期内：一是集中精力、整体推进 318 家重点单位的清洁生产审核工作，涵盖医疗机构、住宿餐饮等十个行业领域年综合能耗 5000 吨标准煤以上的重点单位。二是组织实施 60 个左右体现先进技术水平、创新管理模式与综合解决方案的服务业清洁生产项目，对通过评审的项目给予项目投资总额 30% 的财政资金支持。三是树立 30 家清洁生产绩效综合评价较好的典型单位，在试点推进工作中加大宣传推介力度。经过三年建设，使本市服务业能耗强度下降 10% 左右，可实现年间接经济效益 6 亿元左右，直接节约标准煤 1 万吨以上，减少水资源消耗 400 万吨，削减各类废弃物排放约 10 万吨，基本形成可面向全国示范推广的服务业清洁生产促进体系。

2014 年 1 月，工业和信息化部日前印发《京津冀及周边地区重点工业企业清洁生产水平提升计划》，提出到 2017 年底，京津冀及周边地区重点工业企业，通过实施清洁生产技术改造，实现年削减主要污染物二氧化硫 25 万吨、氮氧化物 24 万吨、工业烟（粉）尘 11 万吨、挥发性有机物 7 万吨。据测算，2011 年，京津冀及周边地区排放主要大气污染物二氧化硫 638 万吨、氮氧化物 685 万吨、烟（粉）尘 421 万吨，均占全国相应总排放量的 30% 左右。虽然近年来工业企业推行清洁生产，有效减少了大气污染物的产生量，但仍有大批先进适用的清洁生产技术和环保装备未得到全面推广应用，大气污染物排放量大的状况未得到根本转变。

《京津冀及周边地区重点工业企业清洁生产水平提升计划》提出，钢铁、有色金属、水泥、焦化等重点工业行业，将推广采用先进、成熟、适用的清洁生产技术和装备，实施工业企业清洁生产的技术改造，以削减二氧化硫、氮氧化物、烟（粉）尘和挥发性有机物产生量和控制排放量为目标，有效减少大气污染物的产生量和排放量，促进区域环境大气质量持续改善。

三、系统提升重点领域能效

（一）深化工业领域节能

北京通过实施适度超前的行业准入制度、更加严格的淘汰退出机制、加大力度的技术改造措施、更为精细的节能管理手段，进一步提高工业发展能效水平，减少工业生产过程温室气体排放，工业领域节能工作持续保持全国先进水平。2014 年全市规模以上工业万元增加值能耗同比下降 11%，提前完成“十二五”工业节能降耗目标。2011—2014 年工业能耗累计降幅已超出《北京“十二五”工业节能降耗规划》的发展目标，即 2015 年万元工业增加值能耗应当比 2010 年降低 22%。2014 年北京组织实施北京奔驰产品升级等 100 余项重点技术改造项目，其中石化、汽车、家具和印刷等行业完成挥发性有机物减排 1.6 万余吨，完成市级以上开发区燃煤设施清洁能源改造 2209 蒸吨，推广纯电动汽车 8000 余辆。据不完全统计，2014 年全市注销、吊销不符合首都城市战略定位的工业企业 800 余家，就地关停退出一般制造和污染企业 392 家，超额完成年度任务。①

1. 深入推进工业企业节能改造

能源审计即由专业的能源审计机构对被审计单位的用能调查和分析，通过分析其能源利用状况，确认其利用水平，查找存在的问题和漏洞，分析对比挖掘节能潜力，提出切实可行的节能措施和建议，指导用能单位提高能源管理水平。根据《北京市实施〈中华人民共和国节约能源法〉办法》，自 2010 年 6 月起北京市公共机构和大型公共建筑应当安装能源消耗计量装置，实行能源审计制度。将在年综合能源消费总量 5000 吨以上不满 1 万吨标准煤的用能单位中指定重点用能单位，这些单位每年 3 月底上报能源利用状况。经市有关部门审查后，对节能管理制度不健全、节

① 首都之窗.2015 年本市再调整退出 300 家一般制造和污染企业［EB/OL］. http://zhengwu.beijing.gov.cn/xxt/rdgz/t1380718.htm，2016-02.

能措施不落实、未完成年度节能考核目标、能源利用效率低的重点用能单位，责令实施能源审计，并限期整改。根据上述文件规定，能源审计的内容包括：一是查阅用能系统、设备台账资料，核对能源消耗计量记录；二是检查用能系统、设备及能源计量器具的运行状况，审查节能管理制度及能源消耗定额执行情况；三是查找存在节能潜力的用能环节或者部位，提出合理使用能源的建议。深入推进工业企业节能改造，应当充分发挥能源审计对企业能效提高的提升作用，扩大能源审计实施范围，加强对能源审计与节能改造效果的后评价，推动重点企业持续改进。

2. 引导企业加强能源利用管理

2015 年 3 月北京市发展和改革委员会组织制定的北京市地方标准《工业用能单位能源管控中心建设指南征求意见稿》向社会征求意见，强化企业内部能源管理队伍建设，逐步完善企业能源及节能管理机构；每年公布北京市重点用能单位名单，对重点用能单位是否按规定设立能源管理岗位，聘任能源管理负责人，并报节能主管部门进行备案，是否按规定报送能源利用状况报告进行监察，督促企业加强能源利用管理，将节能低碳理念贯穿到新建工业项目设计、施工、生产全过程，加强对新建工业项目的能效管理，鼓励企业从产品生态设计、工艺改造、生产过程和废物回收利用等全流程加强碳排放控制。加强企业内部能源运行动态监控，鼓励运用物联网、云计算等信息化技术和手段，加强生产过程能源消耗的监测和精细化管理。

3. 通过推动企业向专业园区集聚

通过发展热电联产和冷热电联供分布式能源，提高能源利用效率促进企业能源设施共享，降低园区整体运行能耗。位于昌平区的未来科技城园区就是一个很好的例子。未来科技城燃气热电联产工程是全国最大的分布式能源系统，通过采用一台 E 级燃气机和一台汽轮机实现了联合循环，进行热、电、冷三联供。这个原理就是天然气进入燃气轮机后，推动燃气轮机做功产生电能，然后将剩余的烟气通过余热锅炉加热产生蒸汽，蒸汽进入汽轮机实现二次发电。同时，汽轮机还配合了一套 3S 离合器，使产生的蒸汽通过热网换热器进入热网，然后进入未来科技城的各个用户，实现为央企进行供热。据了解，联合循环机组可实现年发电量 11 亿度；供热能力为 202 兆瓦，供热面积最大可达近 600 万平方米。同时，采用大温差烟气余热利用技术，可大大增加冬季供热能力。通过在厂内增加吸收式热泵，回收烟气余热，降低排烟温度，提高能源利用效率。该技术增加了系统供热能力，较常规机组可增加

36 兆瓦的供热能力，增大供热面积约 30%。该项技术 2016 年年底投入使用。除此之外，未来科技城燃气热电联产工程还包括建设 1 个集中制冷站，采用热水型溴化锂吸收式冷水机组和离心式电制冷机组串联的制冷系统，最大尖峰供冷能力可达到 16000 冷吨，供冷服务面积为 90 万平方米。

未来科技城燃气热电联产工程通过热、电、冷三联供，实现了能源的梯级利用，热效率高达 75%。在环保方面可相比同等规模的燃煤电厂，每年可减少标煤用量 20 万吨、二氧化碳排放量 6 万吨、氮氧化物排放量 26 万吨，同时，节省冷凝水用量 11.5 万吨。真正实现了在产能、输能、用能及综合管理等各个环节节约能源、减少碳排放。为未来科技城“集约、科技、绿色、低碳”的建设理念打下坚实基础。①

（二）建设低碳建筑

全面推进既有建筑的节能改造，切实发挥公共机构示范作用，实现单位建筑面积能耗水平逐步降低。加快可再生能源应用，大力推进绿色建筑与住宅产业化契合发展，减缓温室气体排放。

1. 继续推进既有建筑节能改造

强化各企事业单位既有建筑节能改造实施主体责任，加快推动既有建筑节能改造，完成 6000 万平方米既有建筑节能改造和 20 万户农宅节能工程。统筹加强建筑设施设备节能改造，建筑抗震加固、改建扩建要与既有建筑节能改造同步实施。鼓励采用市场化融资和组织模式实施改造项目，大力推广节能建筑门窗、节能电器等节能产品。全面推动建筑供热计量改革，到 2015 年，实现公共机构、符合 50% 节能标准的既有居住建筑和公共建筑基本完成供热计量改造，实行热计量收费。

2014 年北京发布《北京市民用建筑节能管理办法》，针对新建建筑节能管理、既有民用建筑节能改造、节能运行提出了明确的要求和具体措施，通过使用符合节能要求的建筑材料、设备、技术、工艺和管理措施，在保证建筑物使用功能和室内环境质量的前提下，合理、有效地利用能源，降低能源消耗。民用建筑节能项目按照国家和本市规定，享受税收优惠和资金补贴、奖励政策，在节能专项资金中安排专门用于民用建筑节能的资金，同时鼓励以商业银行贷款、合同能源管理等方式推

---

① 昌平区人民政府．北京京能未来科技城燃气热电联产工程已基本建成并投入使用［EB/OL］．http://www.beijing.gov.cn/zfzx/qxrd/cpq/t1283259.htm，2016-01.

动民用建筑节能工作。

2. 突出发挥公共机构示范作用

在公共建筑能耗管理方面，城镇新建建筑全部执行强制性节能标准，2013 年开始贯彻落实节能 75% 的居住建筑节能设计标准，2014 年完成公共建筑节能设计标准修订。自 2013 年 6 月 1 日开始，新建项目执行绿色建筑标准，并基本达到绿色建筑等级评定一星级以上标准。2015 年，保障性住房基本采用产业化方式建造，新建住宅基本实现全装修。2014 年北京市正式实施能耗限额管理。

自 2014 年北京开展公共建筑电耗限额管理以来，共对 6000 多家单位共计 13000 多栋公共建筑下达了年度用电限额指标，共有 151 家单位连续两年超过电耗限额 20%。从建筑用途来看，151 家单位中办公用楼、宾馆饭店、商场和综合楼占了 90% 以上。根据数据显示，截至 2015 年底，包括公共建筑在内的全市民用建筑总能耗占社会能源消费总量的 40% 以上。其中，仅公共建筑电耗一项就占全社会终端能耗的约 13%，公共建筑已经成为本市能源消耗大户。

3. 推广绿色建筑与住宅产业化发展模式

推行绿色建筑标准，制定绿色建筑管理办法，政府投资项目和重点产业园区的新建建筑原则上全部采用绿色建筑标准，推动绿色建筑由单体向园区集群扩展。绿色建筑是指在建筑的全寿命期内，最大限度地节约资源、保护环境和减少污染，为人们提供健康、适用和高效的使用空间，与自然和谐共生的建筑。自 2014 年起，北京开始在政府投资或主导的保障性住房项目中实施绿色建筑行动，将保障性住房建设成为绿色保障性住房，可有效提高保障性住房的安全性、健康性、舒适性，对在全社会推行绿色建筑具有示范效应。自 2014 年起，凡纳入本市发展规划和年度保障性住房建设计划的公租房、棚户区改造项目应率先实施绿色建筑行动，至少达到绿色建筑一星级标准。经济适用房、限价商品房通过分类实施产业化方式循序推进绿色建筑行动。鼓励以政府投资为主的保障性住房项目建设成为高星级绿色建筑。对非政府全额投资的，并实施装配式装修的保障性住房项目，符合北京市绿色建筑相关规定的，可享受财政资金奖励，奖励标准为：二星级标识项目 22.5 元/平方米，三星级标识项目 40 元/平方米。①

① 北京市住房和城乡建设委员会. 关于在本市保障性住房中实施绿色建筑行动的若干指导意见［EB/OL］. http://zhengwu.beijing.gov.cn/gzdt/gggs/t1365896.htm，2016-01.

持续改进建筑生产组织方式，扩大住宅产业化试点规模。像组装家具、汽车一样流水线作业“组装”房子，这种住宅产业化生产方式不仅可以缩短1/3的工期，还可以大量减少“组装”现场污染环境的建筑垃圾。推进住宅产业化、发展装配式建筑是建设领域推进生态文明建设、落实绿色低碳发展理念的重要要求，是提高绿色、节能建筑建造水平的重要途径，也是促进建筑业转型升级的重要手段。为了鼓励开发商建设“装配”式的住宅，推广一次装修到位，2010年北京市八部门联合发布了《关于推进本市住宅产业化的指导意见》，开发单位申请采用产业化建造方式，将在原规划的建筑面积基础上，奖励3%的建筑面积。截至2015年底，北京市已经纳入实施产业化计划项目240个，累计达到1800万平方米，其中应用夹心保温复合外墙板的装配式剪力墙结构住宅212.71万平方米，采用装配式装修的421.56万平方米，轻钢体系低层住宅建成51.77万平方米。[①]

（三）发展绿色交通

加快完善公交网络，建立起以轨道交通为骨干，步行和自行车等多种交通方式协调运转的立体化交通网络，居民出行结构进一步优化，全行业能耗水平进一步降低。完善公共交通政策体系，制定了《公交专用车道设置规范》《市政交通一卡通技术规范》等系列标准规范，积极推进交通行业标准化建设。加强交通法制建设，颁布实施《轨道交通运营安全条例》，轨道交通运营管理工作迈入法治化轨道。

1. 优化居民出行结构

“十二五”时期北京完成交通领域固定资产投资3300亿元，占同期全市固定资产投资的13%。公共交通投资占市级交通基础设施投资比重达到75.7%，高于“十一五”时期的60.5%，针对轨道交通、高速公路、城市道路及普通公路四大板块，累计吸引社会资金433亿元。

稳步推进交通基础设施建设，系统承载能力不断提升。公路里程达到21885公里，其中高速公路982公里。城市道路里程达到6423公里，其中快速路383公里。开工建设北京新机场，开通京沪高铁、京广客专，建成四惠、宋家庄综合交通枢纽，综合交通基础设施网络加快形成。进一步加快城乡交通基础设施建设一体化步伐，

---

① 北京日报．本市大力推进住宅产业化［EB/OL］．http：//zhengwu.beijing.gov.cn/gzdt/bmdt/t1431829.htm，2016－05.

城乡交通网络体系已初步形成。

继续实施公交优先发展战略，推进公交都市建设。轨道交通运营线路达到 18 条 554 公里，比“十一五”末新增 218 公里，最高日客运量突破 1100 万人次。优化调整地面公交线网，建成阜石路大容量快速公交线路，开创性地在京通快速路、京开高速实施公交专用道，开通定制班车等多样化公交线路。出行结构进一步优化，公共交通出行比例由“十一五”末的 39.8% 提高到 50%。“十二五”时期，北京建成轨道交通 6 号线二期、7 号线、8 号线二期、9 号线、14 号线东段及中段等线路，轨道交通运营线路达到 18 条 554 公里，工作日客运量超千万已成常态。公交专用道里程达到 741 公里，开通定制班车等多样化公交线路。公共交通出行比例由 40% 提高到 50%。

推进公共自行车系统建设，建成公共自行车网点 1730 个，规模达到 5 万辆，覆盖 11 个区。建设西城区等自行车出行示范工程，优化公共自行车租赁网点布局，基本实现中心城区全覆盖。建成交通运行监测调度平台和智能化分析平台。①

坚持公共交通优先战略，引导居民绿色出行，到 2015 年，中心城公共交通出行比例力争达到 50%。加快轨道交通新线建设，2015 年建成运营里程达到 660 公里。依托轨道交通站点和公交枢纽，加强自行车租赁服务网络，设置 1000 个左右自行车租赁点，形成 5 万辆以上租赁规模，建成一批自行车、步行交通示范街区。建成完善的微循环交通网络，优化轨道交通与其他交通对接系统，破解“最后一公里”交通难题。

2. 建成新一代智能交通系统

“十二五”时期，北京标本兼治，实施综合缓堵措施。实施了小客车数量调控、工作日高峰时段区域限行、错时上下班、差别化停车收费等多项需求管理措施，交通需求管理体系初步形成。共进行了 48 期小客车指标配置，机动车快速增长势头得到有效控制，中心城交通拥堵得到有效缓解，2015 年平均交通指数控制在 5.7。

“十二五”时期，北京智慧交通实现新突破，精细化管理水平不断提升。提高智能化监测设备覆盖率，城市公交车辆实现卫星定位全覆盖，机场高速等 7 条高速公路实现视频监控及断面交通流检测全覆盖，智能化交通运行管理系统基本建成。

① 北京市交通委. 北京市“十三五”时期交通发展建设规划 [EB/OL]. http://zhengwu.beijing.gov.cn/gh/dt/t1440022.htm，2016-06.

在全国率先建成集综合交通动态运行监测分析、视频资源管理应用、公众信息统一发布于一体的市级综合交通运行监测业务平台。推动智能交通产业发展，推出“北京实时公交”手机软件，583 条公交线路实现实时查询，出租汽车日均叫车订单数达到 36 万次，高速公路电子不停车收费（ETC）用户量达到 203 万，通行比例约 35%。在全国首次使用“千吨级驮运架一体机”工法，三元桥大修仅断行 43 小时完成桥梁上部结构整体置换，创造了新的“中国速度”。

“十二五”时期，北京建成京新（五环—六环）、京密（京承高速—开放环岛）、京昆（六环—市界）等高速公路，高速公路总里程达到 982 公里，不停车收费系统（ETC）实现所有高速公路出入口全覆盖。建设完善智能化交通运行协调和应急指挥系统，加强交通运行管理和调度协调。建设区域交通信号控制系统、智能化交通应急指挥系统、实时交通信息服务与诱导系统，为市民出行提供更为实时、便捷的交通信息服务。拓展动态交通服务网络，基本覆盖全市区域范围。全面推行甩挂运输和不停车收费，动态导航终端应用达到 100 万台，ETC 标签应用达到 60 万张。

3. 积极推广新能源汽车

自 2009 年以来，北京先后成为国家十城千辆首批示范城市以及私人购买纯电动小轿车试点示范城市，市委、市政府高度重视新能源汽车示范推广工作，建立形成新能源汽车联席会议制度，统筹推进新能源汽车发展，本市新能源汽车推广及充电设施建设取得了显著成效：电动汽车推广应用规模居全国前列，“十二五”时期全市累计推广应用电动汽车达到 3.59 万辆；充电设施建设规模及水平全国领先，累计建成 5 座大型换电站及 2.1 万个充电桩；电动汽车及充电设施配套政策体系加快完善。同时也存在如停车位资源紧张等情况，已建成的专用充电设施存在一定程度上的闲置、充电设施盈利模式单一等问题。①

（1）新能源汽车行业国家发展规划

根据工信部《新能源汽车生产企业及产品准入管理规则》的定义，新能源汽车是指采用非常规的车用燃料作为动力来源（或使用常规的车用燃料、采用新型车载动力装置），综合车辆的动力控制和驱动方面的先进技术，形成的技术原理先进、具有新

① 北京市发展和改革委员会．北京市电动汽车充电基础设施专项规划（2016—2020 年）［EB/OL］．http：//www.bjpc.gov.cn/zwxx/tztg/201604/t10131918.htm，2016－05.

技术、新结构的汽车。发挥北京的新能源汽车发展优势，在系统推进新能源汽车应用的同时，着力加快电动汽车技术攻关和示范应用，重点在整车集成、动力电池的研发和制造等领域实现突破，完善充电站等基础设施建设，加大纯电动汽车在公交、环卫等领域的应用力度，示范应用电动汽车出租车，逐步推广私人购买电动汽车。

新能源汽车产业正在成为世界各国实现新一轮经济突破的共同战略目标，新能源汽车的市场推广是全球汽车发展不可阻挡的趋势。我国新能源汽车发展规划草案明确提出，我国节能与新能源汽车具体发展目标是：2020 年新能源汽车产业化和市场规模达到全球第一，其中新能源汽车保有量达到 500 万辆，以混合动力汽车为代表的节能汽车年销量达到世界第一，年产销量达到 1500 万辆，并且提出打造“国家队”，结合示范工程创建新能源汽车产业先导示范基地；依托现有汽车重点企业，重点建设长春、上海、武汉、重庆、北京、广东、安徽等节能与新能源汽车产业基地，到 2020 年，上述基地的产业集中度达到 90% 以上。

（2）“十二五”时期北京新能源汽车政策

“十二五”时期，北京市有关电动汽车及充电设施的配套政策体系进一步完善。发布了着力推进政策服务创新和重点应用示范，如公共交通电动化、出租车行《北京市电动汽车推广应用行动计划（2014—2017 年）》，指出北京推广电动汽车的重要抓业电动化、公务电动车示范、末端物流以及环卫车电动化，明确了牵头单位和责任单位，细化了电动汽车发展的具体目标，为北京市电动汽车的发展提供了明确、具体的政策导向。发布实施了《北京市示范应用新能源小客车管理办法》（京科发〔2015〕458 号）及财政补贴等配套实施细则，即按照国家和本市 1∶1 的比例确定补助标准、总额最高不超过车辆销售价格的 60%，实行新能源小客车不限行、不限购政策。针对充电设施的发展，先后出台了《北京市示范应用新能源小客车自用充电设施建设管理细则》（京发改〔2014〕1009 号）、《北京市新能源小客车公用充电设施投资建设管理办法》（京发改规〔2015〕2 号）等一系列政策文件，初步形成覆盖规划布局、建设管理、充电价格及收费、建设补助等方面较为完备的政策体系。本市对符合条件的社会公用充电设施建设给予不高于项目总投资 30% 的市政府固定资产补助资金支持。①

① 北京市发展和改革委员会．北京市电动汽车充电基础设施专项规划（2016—2020 年）［EB/OL］．http：//www.bjpc.gov.cn/zwxx/tztg/201604/t10131918.htm，2016－05.

（3）重要项目

北京新能源汽车设计制造产业工程基地正式授牌

2008年12月28日，北京新能源汽车设计制造产业工程基地正式授牌，成为国内首个新能源汽车产业基地。北京新能源汽车设计制造产业工程基地占地1000亩，总投资50亿元，具有年产各类替代能源和新能源客车5000辆、高效节能发动机40万台的生产能力，是目前我国规模最大、品种最全的新能源汽车设计制造基地。该基地拥有与世界同步的三大绿色能源技术：清洁能源、替代能源和新能源技术，已建成混合动力、纯电动、氢燃料和高效节能发动机四大核心设计制造工程中心。

北京汽车汽车公司成立于2009年11月14日，北汽集团是目前国内首家股份制新能源汽车公司，公司总注册成本为20亿元人民币，其中北汽集团控股60%，北京工业投资有限公司、北京市国有资本经营管理中心和北京电子控股有限责任公司分别持有剩余的25%、10%和5%。经营范围覆盖电动乘用车，混合动力汽车与核心零部件的研发、生产、销售和服务，同时还进行配套充电系统，电池更换系统等装置的研发、生产和销售。

为促进奥运科技成果产业化，加快新能源汽车产业发展，北京市安排5亿资金专项采购近千辆混合动力公交车和纯电动环卫车。在北京市发展改革委的指导下，北京汽车界联合清华大学、北京理工大学、中科院电工所、中信国安盟固利和北京公交公司等10多家单位向全国发出了成立新能源汽车产业联盟倡议，产业联盟是实现产学研用优势互补、提升竞争力、实现超常规发展的重要手段。

"十二五"期间，北汽福田汽车公司在产品研发、整车将形成包含多功能车、乘用车、卡车和客车等多个领域的纯电动和混合动力产品平台，整车控制器和电机控制器等关键零部件形成适应各整车平台需求的供应产品，另一核心业务动力电池也将形成适应各类整车需求的类型产品，并进行整车搭载应用。经过各方面的努力北京已经形成了较为合理的新能源汽车行业的创新体系，显著提升了关键零部件的核心技术水平。

2015年北汽达到年产新能源汽车20万辆的水平。北汽福田汽车股份有限公司于2003年开始进行新能源汽车的研发，节能与新能源汽车已经覆盖卡车，客车，多功能汽车各个领域，已经形成了年产51000辆新能源汽车的生产能力，截至2013年总计产销节能与新能源汽车6000辆。

北京奥运交通启用新能源汽车

大规模应用我国自主研发生产的节能与新能源汽车，为北京奥运交通提供绿色运输服务是“奥运科技（2008）行动计划”的重要组成部分。北京奥运会和残奥会期间，由北京理工大学和京华客车公司开发的50辆锂离子电池纯电动客车将在奥运村内环线等三条公交线路上运行；由东风汽车公司和一汽集团研发生产的25辆混合动力客车将在奥运公交专线上运营；由奇瑞、长安、一汽集团等企业研发生产的75辆混和动力轿车将编入出租车队运营；由上燃动力、同济大学、上海大众共同开发的20辆燃料电池轿车将作为赛时公务用车；由北京理工大学、中通客车研发生产的5辆纯电动豪华旅游客车将供奥运村与比赛场馆之间的奥运官员、媒体、外宾使用；由清华大学、北汽福田开发的3辆燃料电池客车将在公交线路上进行为期1年的示范运行。

此外，在奥运场馆间还有320余辆纯电动场地车服务。这是奥运历史上种类最多、技术最先进、规模最大的节能与新能源汽车提供运输服务，将为实现奥林匹克中心区域交通“零排放”，中心区域周边地区及奥林匹克交通优先路线交通“低排放”目标提供保障。“科技奥运”是奥运历史上第一次将科技与奥运结合在一起，对现代奥林匹克运动意义深远。对科技发展而言，科技奥运不仅是科技成果在奥运会上的展现，同时也是产业化的开端，本次奥运示范应用项目的顺利实施就一定会引领中国新能源汽车产业迈向一个新的高度。据悉，为了实现奥运车辆“零排放”计划，汽车行业相关研究机构、高校、企业等组织参与程度和深度也是历史之最，通过这项计划的实施有望帮助中国汽车企业在世界新一轮汽车技术革命中处于有利地位。

首次启动大规模新能源汽车充电桩建设

目前，我国大力鼓励购买的新能源汽车主要是纯电动汽车和插电式混合动力乘用车，这两种汽车都是以新能源电池为动力，新能源汽车充电基础设施的发展是电动乘用车和新能源公交车大规模应用的基础。

为进一步缓解新能源汽车使用者的“里程焦虑”问题，北京市将在中心城区打造服务半径平均为5公里的充电圈，逐步建成公用领域充电设施网络服务体系。与自用充电桩主要采取交流慢充不同，公用充电桩主要采用直流快充模式，半小时充电就能支撑普通新能源汽车续航100公里。公用充电桩建设初期重点覆盖新能源汽车4S店、电网售电窗口、高校、科技园区、大型停车场和高速路服务区等场所，同时在居民区、商业中心、写字楼群、具备条件的加油站以及景区景点等地展开试点。

公布《北京市示范应用新能源小客车管理办法》

2014 年 1 月 28 日，北京市公布了《北京市示范应用新能源小客车管理办法》。按照《北京市示范应用新能源小客车管理办法》，购买新能源小客车，可获得财政补助。补助将按照国家和北京市 1∶1 的比例确定补助标准。国家和北京市财政补助总额最高不超过车辆销售价格的 60%。按照北京购车摇号新政，新能源车指标单独配置，若申请数量少于当期指标配额，不需摇号，直接配置。

纯电动小客车的具体补助标准为：续航里程在 80 公里至 150 公里，2014 年国家和北京市各补助 3.15 万元，共 6.3 万元；续航里程在 150 公里至 250 公里，国家和北京市各补助 4.5 万元，共 9 万元；续航里程大于 250 公里的，国家和北京市各补助5.4 万元，共 10.8 万元。

2015 年上述 3 类纯电动小客车的补助标准有所下降，分别为 5.6 万元（含国家和北京市补助）、8 万元、9.6 万元。2016 年和 2017 年补助标准按照 2015 年标准执行。如国家政策调整，北京市财政补助标准参照国家政策另行制定。

政府主导新能源汽车的示范和推广

在 2008 年北京奥运会和残奥会期间，北京共投入了自主研发的 600 余辆新能源汽车，为我国新能源汽车的示范推广起到了里程碑的作用。奥运后，北京市通过建立了专营新能源汽车的 4S 店和大型新能源汽车体验馆，与京东商城等电子商务公司合作等方式，进一步拓展新能源汽车的营销渠道。在公务车领域，推动政府公务用车的改革。在国家新能源汽车示范运营过程中，北汽新能源汽车有 3000 辆纯电动汽车投放到出租、政府公务、租赁、驾校和邮政快递等领域。2011 年北汽新能源汽车公司中标北京大兴、通州、顺义、昌平四个区县 600 辆出租车，全年示范运营超过 1600 辆，居国内首位。

2014 年 7 月 13 日，国家机关事务管理局、财政部、科技部、工业和信息化部、国家发展改革委联合公布了《政府机关及公共机构购买新能源汽车实施方案》，明确提出了新能源汽车购买的“时间表”，指出 2014—2016 年，中央国家机关以及纳入新能源汽车推广应用城市的政府机关和公共机构，购买的新能源汽车占当年配备更新总量的比例不低于 30%，以后逐年提高。此外方案还规定了各省区市其他政府机关和公共机构这几年内购买新能源车的占比，尤其指出 2014 年，京津冀、长三角、珠三角细微颗粒物治理任务较重区域的政府机关及公共机构购买比例不低于当年的15%。关于新能源汽车的基础设施配备，方案也作了明确规定：充电接口与新能源汽车数量比例不低于1:1。五部门要求按企业投资为主、政府鼓励引导的原则调动社会各方面积极性，加强新能源汽车重点设施建设，保障充电需求。

1080辆公交车油改气

2014年1080部新型LNG（液化天然气）清洁燃料公交车将陆续投入到北京市27条城郊线路运营中。与传统的柴油公交车相比，LNG清洁燃料公交车被称为“绿色公交”。由于燃料改为了天然气，这款车综合排放污染降低约85%，其中碳氧减少97%，碳氢减少70%～80%，氮氧化物减少30%～40%，PM2.5的排放降低97%以上。2012年，这种车型首次在本市亮相，加入1路车的运营队伍，驶上了长安街。随后，“绿色公交”身影逐渐在城市中心城区出现。目前，1路、52路、99路、322路和特5路等多条线路都已经更换了LNG清洁能源车。

从2013年开始，这抹“绿”将在郊区蔓延。公交集团已经确定的方案是：北京市2013年将首次扩大清洁能源车的使用范围，在途经通州、昌平、顺义、平谷、大兴、怀柔等远郊区县的27条公交线路上，投入1080辆LNG清洁燃料公交车。

根据《公交集团公司2013—2017年车辆发展行动计划》，今年公交集团还将更新1600辆LNG公交车和351辆CNG（压缩天然气）公交车。预计到2017年底，绿色公交在本市公交车的比例中占六成左右。

2017年前新增4000辆电驱动公交

根据《北京市2013—2017年清洁空气行动计划》，为推动节能减排，北京公交集团在未来5年将推广使用新能源电驱动车和清洁能源车辆。2017年，力争实现五环内中心城区100%为清洁能源公交车，核心城区基本实现公交零排放。“油改电”是行动计划的重要组成部分。

此次更新的双源无轨电车，采用锂离子动力电池技术，续航能力更强，在正常路况下可脱离线网行驶8～10公里。当车辆遇有严重拥堵、道路施工等特殊情况时，能够采取相应的绕行措施，增强了无轨电车的灵活性和机动性。此外，无轨电车在搭线运行时，可以通过线网对车载锂电池进行充电，不必另建充电站，免去了建设专门充电站所必须的土地、设备等资源耗费。

双源无轨电车具有“电驱动、零排放”的突出特点，且技术更为成熟，不必新建充电站或充电桩等供电设施，建设周期短、建设成本低，应用推广更符合实际。鉴于北京市土地资源稀缺，短时间内较大规模建设为纯电动车应用的充、换电站及充电设施难度较大，因此，公交集团在发展新能源电驱动车方面，近一个时期侧重发展技术相对成熟、基础条件具备、资金投入相对较小的双源无轨电车，同时以发展增程式电动车为补充，充分发挥电驱动车“零排放”“零污染”“低噪音”的优势。

同时，此次“油改电”以现有电车线网为基础，提高了原有电车线网使用率。“油改电”置换下来的柴油车将退出北京城核心区，替代核心区外线路上的老旧车辆。今后“油改电”工作置换下来的柴油车辆，将根据车辆使用年限情况进行报废处理。

（4）“十三五”时期北京新能源汽车发展方向

①制定和完善新能源汽车标准。目前北京还没有针对混合动力城市客车整车技术条件的标准，各省市中仅有贵州省制定了液化汽车改装技术要求和液化天然气客车地方标准，国家标准中仅有压缩天然气和液化石油气汽车改装技术要求两部分，为了新能源汽车制造技术能够不断地改进、完善和提高，急需出台相关标准。

②继续鼓励科技创新，提升产业核心竞争力。提高研发投入的效应和技术创新的效率，大力增强原始创新的能力，继续夯实中国第一个新能源汽车产业联盟——北京新能源汽车产业联盟的基础与拓展空间，根据《中关村国家自主创新示范区发展规划纲要（2011—2020 年）》，把中关村建成为具有全球影响力的科技创新中心，带动新能源汽车产业建设。在开展产业化技术研发，为电动汽车大规模示范提供产品技术支撑的同时，还要加强动力电池、燃料电池等关键技术和核心技术的基础研究和前瞻性的规划，积极部署下一代产品技术的研发。

③加大政策支持，加强新能源车的基础设施建设。根据《北京市电动汽车推广应用行动计划（2014—2017 年）》，北京市将着力推进政策服务创新、公交、出租、公务车领域应用示范、市场全面开放和基础设施建设。

加大公共领域充、换电站的建设力度。在公交领域，建设大型充、换电站 3 座；对直充式电驱动公交车、增程式公交车分别按照不低于 2∶1、10∶1 的车桩比建设快速充电桩。在出租领域，对市区电动出租车按照不低于 3∶1 的车桩比建设快速充电桩；对区域电动出租车分别按照不低于 1∶1、5∶1 的车桩比建设交流充电桩、快速充电桩；同时在出租企业建设慢充桩。2014 年完成小营公交车充、换电站建设，启动通州土桥和昌平未来科技城公交车充换电站建设，推进电动出租车充电设施建设。

全面建成较为完善的公用充电服务网络。在社会公共停车场、交通枢纽停车场

（含 P+R）、大型商超停车场、高速公路服务区、电动汽车专业销售（4S）店、具备条件的加油站等建设 10000 个快速充电桩。全面调动社会力量参与基础设施建设的积极性，加快推动形成基础设施建设、运营、管理的市场化机制。研究推进建设京津冀一体化充电服务网络。2014 年重点研究制定在首都机场、南苑机场、北京站、北京南站、北京西站等大型交通枢纽，以及公共停车场、高速公路服务区等公共场所充电设施配建规范，完成 1000 个快速充电桩建设，在五环内初步建成 5 公里半径快速充电网络。

推进单位及个人自用充电桩建设。2014 年，市发展改革委发布实施《北京市示范应用新能源小客车自用充电设施建设管理细则》，做到审批流程清晰、标准明确、方便快捷、规范有序；市规划委发布实施《北京市居住公共服务设施规划设计指标》，明确新建及改建建筑要按照不低于 18% 的停车位比例配建充电设施，并将此作为规划审批条件；市住房城乡建设委发布《关于推进既有居住区新能源小客车自用充电设施安装的通知》，明确既有居住区内用户、物业、充电设施建设单位等各方的权利和义务，要求协调配合推进充电设施建设。

④提升交通设施运行的综合能效水平。充分挖掘交通场站节能潜力，实施综合改造。加强对交通运输工具的能耗管理，发展绿色交通，推动行业节能减排。优化行业车型结构和排放水平，公交、出租等行业新清能源车辆规模达 2 万辆，货运绿色车队规模达 5 万辆。推动绿色照明、温拌沥青等节能减排新产品新技术的示范应用并取得良好成效，初步建成交通领域能耗排放统计监测体系。编制并发布公交、轨道、货运、出租 4 大行业 5 项节能标准。构建“物流信息平台”，提升物流运输效率。引导减少重型柴油卡车使用，鼓励使用轻型或燃烧效率高的车辆，优化货运车辆结构。组建达 5 万辆规模的“绿色车队”。

四、提升其他领域减碳能力

（一）开展农业减源增汇能力建设

农村是农业生产和农民生活的主要空间，是都市休闲旅游的重要承载地。紧密结合北京市新农村发展需求，按照城乡一体化建设，做好农宅节能、种植节水、畜禽减排、废弃物处理等重点环节节能减排工作。

1. 统筹推动农村生活领域节能

根据《北京市2013—2017年清洁空气行动计划重点任务分解》的相关规定，北京市将把农村能源利用和延伸城市公共服务结合起来，推动农村炊事燃气化、供暖多元化、用能清洁化，居住在本市农村地区的146万户居民，在2016年全部改用燃气做饭烧菜。根据所处地形和发展现状的不同，北京农村使用天然气将采取三种形式：现有或规划了管道的，将接通管道天然气；无管道气源但道路交通状况较好的，供应压缩天然气；无管道且道路状况不佳的山区则供应液化石油气。

为保障农村燃气供应，北京市将在农村地区建设瓶装液化气供应站，形成由充装站、气瓶集散中心、换瓶站构成的三级液化气供应服务网络。此外，还计划向农村住户家庭炊事用液化气提供政府补贴。根据《北京市农村住户家庭炊事用液化石油气实际财政专项补助资金使用管理办法》的规定，北京市将为农村住户使用15公斤瓶装液化气提供补贴，市级财政按每瓶25元进行补贴，每户每年可获得最多8瓶液化气补贴款，并将补贴资金纳入市级财政预算。区县财政部门也将提供一定的财政补贴。

北京市1906个村庄全部实现天然气、液化石油气供气后，一年将使用天然气5.02亿立方米，液化石油气3万吨。其中，能同时满足炊事和采暖需求的管道天然气每年将增加3.65亿立方米，压缩天然气将增加1.37亿立方米。实现农村住户炊事全面气化后，全市农村可实现替代燃煤243万吨，减排污染物近900万吨，其中二氧化碳每年减排899万吨、二氧化硫每年减排6289吨、氮氧化合物每年减排2286吨。

此外，深化农村生活领域节能，还应当继续推广扩大农村户用太阳能使用范围，深化太阳能低谷电热能以及清洁煤、生物质燃料的组合技术。继续加强清洁能源利用，大力实施煤炭清洁利用，替代原煤散烧。

2. 深入推进农村垃圾分类达标工作

采用公众能够接受的科学方式，用切实可行的规章、制度来约束、激励大家，同时，加强对民众潜移默化的宣传教育，继续推进符合农村生活垃圾特点的分类回收工作，推广户分类、村收集、镇运输、区处理的方式。在民俗旅游较为集中地区，推广一批小型适用的餐厨垃圾堆肥处理设施，实现就地资源化处理。鼓励实行垃圾分类奖励和换购小商品等机制，持续深化垃圾分类效果。

3. 深入挖掘设施农业和农机节能

加强设施蔬菜标准园建设，示范推广一批节能省力专用设施农机具。设施农业已成为北京都市型现代农业的主导产业，到2011年末设施蔬菜种植面积达35万亩，其中作为京郊蔬菜生产的重要形式，春秋大棚蔬菜种植面积约占40%。多年以来，大棚蔬菜生产环节中土壤耕整地、土壤消毒、起垄、铺膜、移栽、嫁接等生产环节主要靠人力手工操作，劳动力投入多、生产效率低，严重制约了大棚蔬菜产业的高效发展。机械化作业率的提高成为制约大棚蔬菜生产进一步发展的关键环节。近年来，虽然在大棚蔬菜生产机械化技术方面进行过一些技术试验示范，但是仍然停留在小型田园管理机旋耕整地、人工起垄、铺膜、移栽等方面，没有从根本上解决设施大棚生产的全程机械化问题，应当组织专家和技术人员深入基层开展农机操作人员节能减排知识技能培训，做好农机维护保养与修理。

（二）强化废弃物处理领域温室气体控制

1. 促进生活垃圾源头减量

积极推广居民生活垃圾分类投放，优先推进厨余垃圾分类回收，逐步推广垃圾分类收运。自2012年3月1日起施行的《北京市生活垃圾管理条例》提出，逐步建立计量收费、分类计价的生活垃圾处理收费制度，但是一直没有发布具体的实施办法，加上垃圾分类教育普及不够导致公众对于分类标准不够清楚，小区物业混运垃圾等因素，导致北京垃圾分类七年，设置在街头和小区的组合垃圾分类箱依然混装，厨余垃圾分出量不及10%。[①] 根据《北京“十三五”时期城市管理发展规划》的相关规定，“十三五”时期将以“资源回收，干湿分开”为主要抓手，适时推进生活垃圾强制分类，探索完善低值可回收物补助政策，提高再生资源和厨余垃圾的重量和质量。与此相适应，实施垃圾分类收集容器、车辆、密闭式垃圾清洁站、转运站等配套设备设施的购置、更新、升级改造。

2. 提高废弃物处置能力和水平

合理规划建设一批先进生活垃圾处理设施，提高全市生活垃圾处理能力。北京

---

① 北京晚报．北京：垃圾分类7年，厨余垃圾分出量不及10%［EB/OL］．http://www.cnfood.cn/n/2016/0511/86000.html，2016－07.

市人大常委会于2011年11月发布了《北京生活垃圾管理条例》，对市生活垃圾处理规划的编制和新建生活垃圾集中处理设施，生活垃圾的减量和分类，以及生活垃圾的收集、运输与处理做出了明确的规定，这项地方性法律对于北京规划和处理生活垃圾具有重大的指导意义。本市垃圾处理方面的主要问题是生活垃圾处理缺口大，现有设施普遍超负荷运行，垃圾管理不到位，生活垃圾处理结构单一，依据《北京生活垃圾管理条例》，北京于2012年出台了《北京市生活垃圾处理设施建设三年实施方案（2013—2015年）》，具体指出“十二五”时期，北京生活垃圾处理设施的主要建设任务包括：生活垃圾处理设施、餐厨垃圾处理厂和渗沥液处理设施建设任务共35项，建筑垃圾处理设施建设任务5项。

作为北京市的重点建设项目，朝阳区生活垃圾综合处理厂焚烧中心1号炉于2015年11月18日顺利实现首次点火，开始了为期12天的烘煮炉试运行，标志着焚烧中心项目从单机冷态调试进入到系统热态调试，距离正式进行垃圾焚烧处理指日可待。目前，朝阳区的垃圾焚烧量不足垃圾日产量的50%，即将建成的这个垃圾焚烧中心可达到日处理垃圾1800吨，不仅能实现区内垃圾的日产日清，而且焚烧垃圾产生的蒸气还可用作发电，经过多道工序处理后的烟气排放浓度也完全符合北京市的排放标准。加强处理设施污染防控，治理非正规垃圾填埋场，鼓励填埋场开展垃圾填埋气回收项目。北京市环境卫生设计科学研究所调查数据显示，北京市垃圾积存量在200吨以上的非正规垃圾填埋场达到1011处，主要分布在城乡接合部的顺义、朝阳、怀柔、密云、丰台、大兴等区县。这些野垃圾场主要形成于20世纪90年代以前，都是由于人们随意倾倒、填埋垃圾形成的，既没有建设和使用批准手续，也没有环境保护措施，对环境的污染程度非常高。其中生活垃圾占90%，建筑垃圾占10%，总积存量在8000多万吨，相当于近2000个鸟巢体育场的重量。[①] 北京市自2009年开始对全市1011处非正规垃圾填埋场进行治理，2015年底全部完成治理目标，有效释放了被占用的土地资源，改善了首都环境。

① 胡笑红．北京十年整治900余座非正规垃圾填埋场［EB/OL］．环卫科技网 http：//www. cn－hw. net/html/china/201504/49223. html，2016－03.

第五章 “十三五”时期北京能源发展战略

能源是国民经济和社会发展的基础性要素，经济、能源与环境的协调发展，是实现我国现代化目标的重要前提。“十三五”时期是我国落实全面建成小康社会、实现2020年GDP相对2010年翻一番的关键五年；也是完成单位GDP二氧化碳排放强度相对2005年下降40%~45%的最后五年；又是贯彻落实《能源发展战略行动计划（2014—2020年）》和全面推动能源生产消费革命的的关键五年；还是中国计划2030年左右二氧化碳排放达到峰值且将努力早日达峰、并计划到2030年非化石能源占一次能源消费比重提高到20%左右、碳排放强度相对2005年下降60%~65%等目标的重要五年。同时，“十三五”时期也是北京深入落实新时期首都城市战略定位，建设国际一流和谐宜居之都，加快构建本市清洁、高效、安全、可持续的现代能源体系，实现北京2020年二氧化碳排放达峰的关键时期。“十三五”时期我国保持经济稳定发展和促进节能减排的任务都很重，北京作为首都，大力节能减排对其他省份具有极强的示范带动作用。近年来，随着北京经济社会的快速发展，能源消费刚性增长，特别是对优质能源的需求保持较快增长。因此，在“十三五”时期国家将进一步强化能源消费总量和能源消费强度以及碳排放强度约束控制的背景下，从北京市市情出发，对“十三五”时期北京市能源消费总量和结构进行预测，分析实现《北京市进一步促进能源清洁高效安全发展的实施意见》中主要目标的路径，进而提出相应的对策措施，为国家和北京市制订“十三五”能源规划提供参考，具有十分重要的意义。

一、北京能源发展特征

当前，我国经济发展面临速度换挡节点、结构调整节点和动力转换节点，适应新常态、把握新常态、引领新常态，是当前和今后一个时期我国经济发展的大逻辑。从2014年以来，特别是从2015年的情况来看，我国能源发展步入新常态的特征更加明显。

从增长速度来看，能源消费增长换档减速。21世纪头10年，我国能源消费年均增长9.4%，“十二五”期间年均增长3.6%，其中2014年增长2.1%，2015年增长0.9%左右。随着我国经济发展进入新常态，能源消费换档减速趋势明显，综合“十三五”时期经济社会发展和主要用能行业趋势判断，今后在较长一段时期内，我国能源发展将处于中低速增长期。预计“十三五”期间，年均增速将降至3%左右。从能源结构来看，调整和更替步伐明显加快。2015年煤炭占全国能源消费总量的比重为64%，比2000年下降4.5%；天然气和非化石能源消费比重分别为5.9%和12.0%，比2000年提高3.7%和4.7%。能源消费减速、市场供需宽松，为能源结构优化提供了契机。国办发〔2014〕31号文印发的《能源发展战略行动计划》提出，2020年，我国煤炭消费比重要降至60%，非化石能源比重要提高到15%。“十三五”时期我国能源发展将进入油气替代煤炭、非化石能源替代化石能源的双重更替期，煤炭消费将逐步达到峰值，天然气和非化石能源将快速增长。从发展动力来看，拉动能源消费的传统产业动力减弱，新的增长点开始发挥作用。随着第三产业蓬勃发展、城镇化及居民用电水平提高，“十二五”时期第三产业和城乡居民生活用电年均增速分别高于同期第二产业增速4.8%和2.4%。

在全国能源发展进入新常态的大背景下，北京能源发展亦进入新常态，主要呈现出以下三个方面的特征：

（一）能源消费增速换挡

改革开放30多年来，北京市能源消费总量快速增长，1980年能源消费总量为1907.7万吨标准煤，到2012年，能源消费总量达到了7177.7万吨标准煤，根据国家统计局能源核算统一要求，2013年开始能源消费数据按照新口径核算，2013年能源消费总量为6723.9万吨标准煤，增长2.44%，2014年能源消费总量为6831.2万吨标准煤，增长1.60%，1980—2014年年均增长率约4.1%，具体可分为5个阶段。

第一阶段（1981—1990年）：20世纪80年代，随着国家和北京市对城乡居民和企业自主权的逐步放开，大量资本、劳动力等要素资源得以盘活，资本和劳动力双轮驱动北京市经济快速增长，相应带动能源消费快速增长，1981—1990 年能源消费总量年均增长 3.6%。

第二阶段（1991—1996 年）：20 世纪 90 年代初期到中期，北京市资本和劳动力要素投入规模缓慢扩张，相对粗放的增长模式拉动 GDP 保持在 11% 以上的经济增速，相应的能源消费总量年均增长 5.5%。

第三阶段（1997—2001 年）：受亚洲金融危机的影响，北京经济增速放缓，同时在北京能源供给结构调整等多重因素影响下，能源消费增速从 1997 年开始出现回落，年均增长 2.5%，相比 1991—1996 年回落 3%，其中 1997 年为负增长，同比下降 0.41%。

第四阶段（2002—2007 年）：为圆满顺利承办奥运会，在国家的大力支持下，北京市生产要素投入大幅增加，经济总量和发展水平显著提升，经济增长模式逐步向“高质量、高效益、低能耗、低排放”转型，以 6.8% 的能源消费增长支撑了 12.7% 的经济增长。

第五阶段（2008—2014 年）：北京市将节能减排作为推动首都经济又好又快发展和解决人口、资源、环境问题的重要抓手，加快推进能源消费革命，能源消费由中高速增长转向中低速增长。2008—2014 年，以年均 2.5% 的能源消费增速支撑了 8.6% 的经济增长，其中，2014 年能源消费总量 6831.2 万吨标准煤，同比增长 1.6%，增速远低于国家确定 2.9% 的年均增速控制目标。

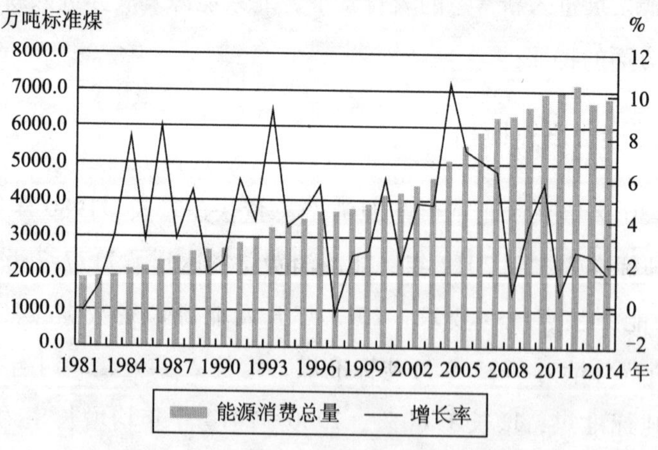

图 5－1 北京市能源消费总量及增长率变化趋势

（二）单位 GDP 能耗不断下降

“十二五”时期，随着北京市能源消费增速放缓，能源利用效率进一步提高，单位 GDP 能耗不断下降，万元地区生产总值能耗和二氧化碳排放分别累计下降 25% 和 27% 左右。其中，2014 年北京市是全国唯一连续 9 年节能目标考核结果为“超额完成”等级的省（区、市），工作成效领跑全国。2014 年，北京市万元 GDP 能耗同比下降 5.29%，超额完成年度下降 2% 的节能目标；“十二五”的前四年，全市单位地区生产总值能耗累计下降 20.15%，单位地区生产总值能耗累计降低率已完成国家下达“十二五”目标的 118.53%，提前 1 年达到《北京市国民经济和社会发展第十二个五年规划纲要》中单位地区生产总值能耗比“十一五”期末下降 17% 的目标。

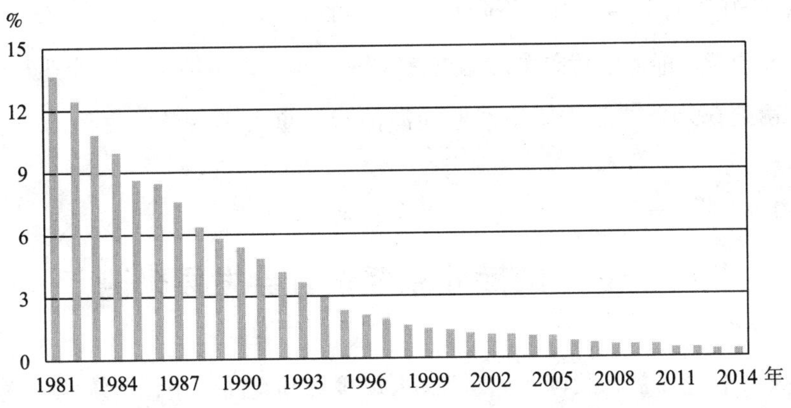

图 5－2 北京市万元地区生产总值能耗变化趋势

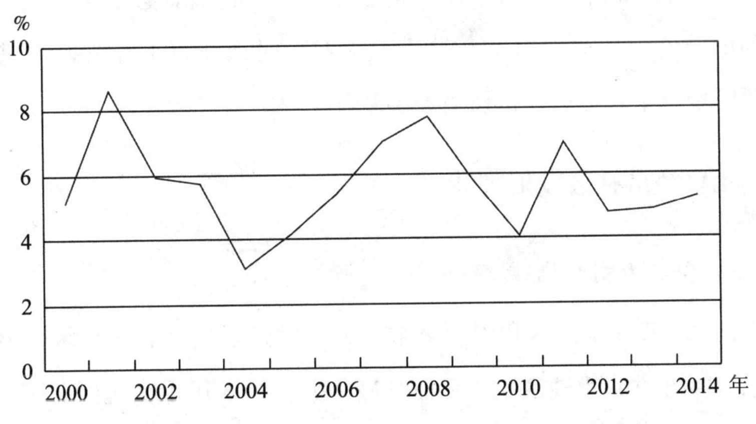

图 5－3 北京市万元地区生产总值能耗下降率变化趋势

（三）能源消费结构不断优化

随着经济快速发展、产业结构优化升级、节能减排压力加大、治污减霾力度增加等多重因素叠加影响，北京市能源消费结构不断优化，主要体现在能源消费品种结构优化和能源消费产业结构优化两个方面。能源消费品种结构方面，加快压减燃煤与发展清洁能源，是北京市优化能源结构、改善空气质量的着力重点，2014 年底，煤炭在一次能源消费结构中占比降至 20%，可再生能源比重达到 5.5%，优质能源占比近 80%，光伏发电能力接近 20 万千瓦，地热和热泵利用面积超过 4600 万平方米。能源消费产业结构优化方面，随着经济进入新常态，北京确立了以服务业为主的产业结构和以消费为主的需求结构，相应地，第二产业能源消费比重下降，第三产业和生活能耗消费比重提升。第二产业能源消费占能源消费总量的比重持续下降，从 1980 年的 73.4% 持续下降到 2014 年的 29.3%，2006 年第三产业能源消费和生活能源消费占能源消费总量的比重首次超过 50%，2014 年第三产业和生活消费能源比重达到 69.4%，其中第三产业能源消费比重占 47.4%，生活消费能源比重占 22.0%。

二、“十三五”时期北京经济社会发展预测

经过多年快速发展，我国“入世”、人口等红利空间缩小，传统竞争优势减弱，技术、制度等因素尚未发挥足够的支撑作用，资源环境约束强化。在全国经济增速换挡的背景下，未来北京市经济增速也将逐步下降，目前有必要从北京市所处的国内外环境和增长潜力与动力出发，对“十三五”时期北京市经济发展进行科学预测，为能源消费总量和结构变化预测提供基础。

（一）北京经济社会发展现状

1. 经济综合实力明显增强

近年来，北京市主动适应和引领新常态，虽然经济增速有所放缓，但整体经济运行平稳，2014 年北京市地区生产总值突破 2 万亿元人民币，达到 21330.8 亿元人民币，按可比价格计算，比 2013 年增长 7.3%，连续 3 年稳定在 7% ~8%。2015 年

实现地区生产总值22968.6亿元人民币，比2014年增长6.9%，略低于7%。按常住人口和当年平均汇率折算的人均生产总值，2010年首次突破10000美元，2014年达到16278美元，2015年达到17064美元，仅低于天津，位居全国第二位，达到“高收入国家”以上水平。

2. 产业结构以服务业为主

在经济平稳运行的同时，北京市经济结构不断优化升级，近10年来服务业比重稳步上升，从2005年的69.9%上升到2015年的79.8%（见表5-1），平均每年增加0.99%，三次产业结构由2010年的0.9∶23.6∶75.5，调整为2015年的0.6∶19.6∶79.8，服务业占地区生产总值的比重连续8年保持在75%以上。从三次产业贡献率来看，2005—2015年地区生产总值增长中，三次产业的贡献率分别为0.01%、21.52%和78.47%，第三产业的快速发展有效保证了首都经济的平稳健康发展。

表5-1　2005—2015年北京市三次产业结构变动情况　　单位：亿元

年份	地区生产总值构成			三次产业贡献率		
	第一产业	第二产业	第三产业	第一产业	第二产业	第三产业
2005	1.2	28.9	69.9	-0.3	26.9	73.4
2006	1.1	26.8	72.1	0.1	23.5	76.4
2007	1.0	25.3	73.7	0.2	24.9	74.9
2008	1.0	23.3	75.7	0.1	2.4	97.5
2009	1.0	23.1	75.9	0.4	26.5	73.1
2010	0.9	23.6	75.5	-0.1	34.4	65.7
2011	0.8	22.6	76.6	0.1	19.7	80.2
2012	0.8	22.2	77.0	0.3	22.9	76.8
2013	0.8	21.7	77.5	0.3	24.3	75.4
2014	0.7	21.4	77.9	0.0	21.7	78.3
2015	0.6	19.6	79.8	-1.0	9.5	91.5

资料来源：2005—2014年数据来源于《北京统计年鉴2015》，2015年地区生产总值构成数据来源于《北京市2015年暨“十二五”时期国民经济和社会发展统计公报》，三次产业贡献率根据各产业增加值增量与地区生产总值增量之比测算得出。

3. 经济增长以消费为主

投资为辅。2005—2014年，北京市最终消费率呈上升趋势，从2005年的50.02%提升到2014年的62.49%（见表5-2），平均每年增加1.39个百分点；投资率呈逐年下降的趋势，从2005年的51.38%下降到2014年的38.95%，平均每年减少1.38个百分点。2014年最终消费率、投资率、净出口率分别为62.49%、38.95%、-1.44%，形成了消费为主、投资为辅的经济增长格局。

表5-2 2005—2014年北京市支出法地区生产总值及需求结构 单位：亿元

年份	支出法地区生产总值			需求结构		
	最终消费支出	资本形成总额	货物和服务净流出	最终消费率	投资率	净出口率
2005	3486.5	3580.9	-97.9	50.02	51.38	-1.40
2006	4138.5	3936.7	42.6	50.98	48.50	0.52
2007	5108.7	4469.3	268.8	51.88	45.39	2.73
2008	6026.4	4722.9	365.7	54.22	42.49	3.29
2009	6930.4	5049.9	172.7	57.03	41.55	1.42
2010	8032.8	6059.7	21.1	56.92	42.94	0.15
2011	9488.2	6683.6	80.1	58.38	41.13	0.49
2012	10655.1	7409.6	-185.3	59.59	41.44	-1.04
2013	12148.2	7989.6	-337.0	61.35	40.35	-1.70
2014	13329.2	8309.4	-307.8	62.49	38.95	-1.44

资料来源：《北京统计年鉴2015》。

4. 人口调控效果开始显现

近年来，北京市适应新常态，加快疏解非首都功能，积极构建高精尖经济结构，发挥产业升级的带动作用，引导人随业走，综合运用经济、行政、法律等多种手段，实现了常住人口的缓慢增长。全市常住人口和常住外来人口呈现出增量与增速持续下降、“十二五”时期由较快增长向缓慢增长过渡的特点。“十二五”时期，常住人口增量从2011年的57.4万人降至2015年的18.9万人，增速从2.9%降至0.9%；常住外来人口增量从2011年的37.7万人降至2015年的3.9万人，增速从5.4%降至0.5%。随着非首都功能疏解各项措施的推进，常住外来人口增速明显放缓，从2011年高于常住人口增速2.5个百分点降至2015年低于常住人口增速0.4个百分点。从增量所占比重来看，全市每增加100名常住人口中，常住外来人口从增加66人下降到增加21人。

表5-3 2005—2015年北京市人口增量与增速 单位：万人%

年份	常住人口			常住外来人口		
	人口数	人口增量	人口增速	人口数	人口增量	人口增速
2005	1538.0	45.3	3.0	357.3	27.5	8.3

续表

年份	常住人口			常住外来人口		
	人口数	人口增量	人口增速	人口数	人口增量	人口增速
2006	1601.0	63.0	4.1	403.4	46.1	12.9
2007	1676.0	75.0	4.7	462.7	59.3	14.7
2008	1771.0	95.0	5.7	541.1	78.4	16.9
2009	1860.0	89.0	5.0	614.2	73.1	13.5
2010	1961.9	101.9	5.5	704.7	90.5	14.7
2011	2018.6	56.7	2.9	742.2	37.5	5.3
2012	2069.3	50.7	2.5	773.8	31.6	4.3
2013	2114.8	45.5	2.2	802.7	28.9	3.7
2014	2151.6	36.8	1.7	818.7	16.0	2.0
2015	2170.5	18.9	0.9	822.6	3.9	0.5

资料来源：2005—2014年数据来源于《北京统计年鉴2015》，2015年数据来源于《北京市2015年暨“十二五”时期国民经济和社会发展统计公报》。

5. 城镇化率水平处于较高水平

改革开放以来，北京城镇化发展大致可分为三个阶段：第一阶段为1978—1990年，是城镇化进程的高速推进时期，城镇化率从55%提高到73.5%。这一阶段人口城镇化速度快，但城镇化水平和质量较低，二元化体制下城乡基本独立发展，城市基础设施水平较低，城市扩张不明显。第二阶段是1990—2005年，是城镇化成熟完善阶段，城镇化率从73.5%提高到83.6%。这一阶段城市快速扩张，活力增强，农村城镇化虽然进程加快，但区域发展差距拉大问题凸显。第三阶段是2005—2015年，进入城乡一体化背景下的新型城镇化阶段，城镇化率从83.6%提高到86.5%，呈现缓慢上升态势，农村第一产业从业人员规模基本稳定，大规模农村富余劳动力转移任务基本完成。目前，与高收入国家城镇化水平接近，产业结构也与高收入国家基本一致，北京城镇化水平仅低于上海，居全国第二位。

表5-4 2005—2015年北京市城镇化率 单位：万人,%

年份	常住人口	按城乡分		城乡比例	
		城镇人口	乡村人口	城镇人口	乡村人口
2005	1538.0	1286.1	251.9	83.62	16.38
2006	1601.0	1350.2	250.8	84.33	15.67
2007	1676.0	1416.2	259.8	84.50	15.50
2008	1771.0	1503.6	267.4	84.90	15.10

续表

年份	常住人口	按城乡分		城乡比例	
		城镇人口	乡村人口	城镇人口	乡村人口
2009	1860.0	1581.1	278.9	85.01	14.99
2010	1961.9	1686.4	275.5	85.96	14.04
2011	2018.6	1740.7	277.9	86.23	13.77
2012	2069.3	1783.7	285.6	86.20	13.80
2013	2114.8	1825.1	289.7	86.30	13.70
2014	2151.6	1859.0	292.6	86.40	13.60
2015	2170.5	1877.7	292.8	86.51	13.49

资料来源：2005—2014 年数据来源于《北京统计年鉴 2015》，2015 年数据来源于《北京市 2015 年暨“十二五”时期国民经济和社会发展统计公报》。

（二）北京“十二五”经济发展规划评估

按照北京市“十一五”经济发展情况，北京市确立了“十二五”经济发展规划目标。在经济增长方面，针对首都的内外部发展环境和内生增长动力，北京市经济有望平稳较快发展，“十二五”时期地区生产总值年均增长 8%；在产业结构方面，继续坚持优化一产、做强二产、做大三产的方向不动摇，在经济平稳较快增长的同时，产业结构不断优化，“十二五”期间服务业更加注重发展质量，服务业占地区生产总值比重达到 78% 以上，“北京服务”“北京创造”品牌和影响力明显增强；在需求结构方面，为突出转变经济发展方式和扩大内需的目标导向，充分展示首都经济特征和消费全貌，2020 年最终消费率达到 60%。

从目前经济发展情况来看，2011—2015 年北京市 GDP 增速分别为 8.1%、7.7%、7.7%、7.3% 和 6.9%，年均增长 7.5% 左右，没有实现“十二五”期间地区生产总值年均增长 8% 的目标（见表 5-5）。从产业结构来看，2015 年北京市全年实现地区生产总值 22968.6 亿元，比上年增长 6.9%。其中，第一产业增加值 140.2 亿元，下降 9.6%；第二产业增加值 4526.4 亿元，增长 3.3%；第三产业增加值 18302 亿元，增长 8.1%，服务业占地区生产总值比重达到 79.8%，如期实现服务业占地区生产总值比重达到 78% 以上的目标。从最终消费率来看，2012 年北京地区生产总值为 17879.4 亿元，其中最终消费支出 10655.1 亿元，最终消费率为 59.6%，2013 年北京地区生产总值为 19500.6 亿元，其中最终消费支出 11946.1 亿元，最终消费率达到 61.3%，首次超过 60%，提前 2 年实现最终消费率须达到 60%

的目标。从单位 GDP 能耗来看，“十二五”累计下降 25% 左右，超额完成下降 17% 的目标。

表 5－5 “十二五”期间北京市经济发展规划目标进展情况 %

指标	规划目标	实际值	完成情况
地区生产总值年均增速	8.0	7.5	难以完成
服务业占地区生产总值比重	>78	79.6	如期完成
最终消费率	60	62.5	提前完成
单位 GDP 能耗	－17	－25	超额完成

（三）“十三五”时期北京经济政策取向及影响因素

1. 政府宏观经济政策取向

有序疏解非首都功能。严格执行、不断完善新增产业禁止限制目录，坚决退出一般性产业特别是高消耗产业，引导和推动区域性物流基地、区域性专业市场等部分第三产业整体迁出，推动部分教育、医疗、培训机构等社会公共服务功能向京外发展，有序疏解部分行政性、事业性服务机构。制定行政引导、市场调节等多种手段相结合的改革举措和配套政策，健全倒逼和激励机制，严格控制增量，有序疏解存量。统筹利用疏解腾退出来的空间，主要用于优化提升首都核心功能、改善居民生活条件、加强生态环境建设、增加公共服务设施。建立与承接地对接机制，积极推进曹妃甸区、新机场临空经济区、张承生态功能区、滨海新区 4 个战略合作功能区建设，推动形成“多点一城”疏解格局。推进实施老城重组，强化中心城区政治活动、科技创新、文化交流和国际交往等高端服务功能，着力提升综合承载力和现代化治理水平。按照就地改造、适当疏解、逐步改善、保护风貌的思路，推进老城区平房院落修缮改造和环境整治。基本完成中心城棚户区改造。

在通州建设市行政副中心。坚持高起点规划、高水平建设，突出行政办公职能，配套发展文化旅游和商务服务。抓紧行政办公区建设，确保到 2017 年市属行政事业单位整体或部分迁入取得实质性进展，带动其他行政事业单位及公共服务功能转移。坚持把基础设施、水生态廊道和大尺度生态空间建设摆在优先位置，加快配置教育、医疗、文化、公园绿地等公共服务设施，健全互联互通的交通体系。严格控制建设规模和开发强度，优化组团式布局，避免过多功能聚集。持续做好城市更新改造、功能疏解、城中村整治等工作，调整退出低端制造业、物流业，加快形成内涵集约的发展模式，构建城市综合服务体系。加强与周边地区功能统筹，建立健全协同管控机制，避免无序建设和盲目开发。

建设国家科技创新中心。全面实施“科技北京”战略，全力以赴抓好中关村国家自主创新示范区建设，实施《中关村自主创新示范区条例》，用好用足各项先行先试政策，切实发挥其引领带动和支撑作用，着力聚集整合创新要素，着力加强创新制度安排，着力推进创新成果产业化，把北京建设成为国家创新中心，持续推进竞争力提升，更好地服务于区域和全国创新发展。积极推动形成京津冀协同创新共同体，推进实施全面创新改革试验，促进科技创新资源和成果开放共享，共同培育壮大企业技术创新主体，协同突破科技创新重点领域，加强科技成果转化服务体系建设，构建区域科技功能分工明确、产业链与创新链高效衔接、创新要素有序流动与共享的创新驱动发展格局。

提升经济发展质量。积极推进产业结构调整与升级，着眼提高经济发展质量，推进产业深度调整升级，巩固消费、投资协调拉动格局，使首都经济在更高水平上实现又好、又快的发展。强化以质量效益为中心的发展导向，建立反映提高产出效率、增强创新驱动能力、降低资源能源消耗的综合评价体系，优化劳动力、资本、土地、技术、管理等要素配置，加快实现发展动力转换。

构建战略发展高地。着眼于城市发展空间战略调整和功能优化配置，以集中做强具有核心竞争力的品牌区域为导向，推进功能区域化、区域特色化，不断提升高端产业功能区辐射力，积极培育高端产业功能新区，构建“两城两带、六高四新”的创新和产业发展空间格局，成为全市高端产业发展的重要载体。

扩展优质多样的公共服务。从发展阶段实际出发，按照政府保障基本需求、市场提供多样选择的原则，继续大力推进基本公共服务均等化，在注重硬件设施均衡配置的同时更加注重软件服务均等，在扩大服务供给的同时更加注重提高服务质量和效率，在加大政府投入的同时更加注重引导社会资本进入，从而实现社会公共服务水平新的提升。

构建适应首都发展的人口格局。“十三五”时期，全市人口仍会保持较快增长态势，需要妥善处理好人口发展与经济社会、资源环境的关系，发挥疏解非首都功能、调整经济结构的牵引作用，总结推广以业控人、以房管人、以证管人的成功经验，综合运用经济、法律、行政等手段调控人口规模。强化人口调控工作责任制，坚持区县政府和市有关部门“双调控”机制，强化各级政府主体责任，发挥基层组织作用，确保人口规模不突破“天花板”。认真落实中央关于特大城市加强和改进人口管理的要求，以加快转变发展方式和完善人口管理制度为重点，切实提高城市人口管理服务水平，努力遏制人口无序过快增长问题，逐步形成规模适度、结构优化、多元和谐、分布合理、服务有效、管理严格、与城市可持续发展和城市功能相适应的人口发展格局。

京津冀产业对接协作推进。认真落实京津冀产业指导目录，加强与天津、河北产业发展规划衔接，依托重点企业搭建对接协作平台，促进区域间、产业间循环式布局。完善产业园区共建机制，加强现代制造业产业和价值链条对接协同。推动形成覆盖区域的生产性服务业辐射圈，加强金融业分工协作，建立京津冀大旅游格局，促进物流一体化发展。积极构建京津都市现代农业区和环首都现代农业科技示范带，建立区域性农产品监测结果互认和质量可追溯体系。

2. 影响因素

有利因素包括：一是首都服务功能的拓展提升和潜力释放，全国政治中心、文化中心、国际交往中心和正在形成的国家创新中心的功能显著增强，有助于北京在更高层次上参与全球分工、实现更高水平发展。二是消费结构加快升级，在有效带动发展的同时，不断推动供给升级，为北京优化经济结构、深入推进经济发展方式加快转变创造了新的条件。三是城市发展空间格局优化和新发展区域崛起，推动新的增长及加快形成，为北京长期平稳较快发展注入新的活力。四是京津冀一体化和区域城市群的蓬勃兴起和共同发展，有利于北京在更大范围配置资源，拓展发展腹地，为增强首都经济的辐射带动能力形成了新的支撑。

不利因素包括：一是人口资源环境约束矛盾依然突出。随着北京城市建设的快速发展，人口聚集增长的态势没有发生根本性改变。庞大的人口规模使城市运行长期处于紧平衡状态，土地、能源资源持续从紧，公共服务供需结构矛盾突出，生态环境压力持续加大，特别是大气污染形势日益严峻，垃圾、污水处理问题比较突出，环境秩序管理任务更加繁重。二是经济结构调整深层次问题还没有很好解决。当前北京市正处于“调结构、转方式”的关键阶段，新的经济增长点还在挖掘和培育中，科技、文化资源优势尚未充分发挥，经济发展的内生动力仍显不足。金融、信息等生产性服务业增速放缓，生活性服务业存在小、散、乱问题，服务业内部结构仍需优化升级；高技术制造业和战略性新兴产业竞争能力不够强，关键核心技术和标准还比较缺乏，产业链、产业集群发育不够充分。劳动生产率特别是第三产业劳动生产率仍然偏低，土地、能源等资源的利用效率还有较大的提升空间。三是城市功能布局有待进一步完善。中心城功能疏解尚处于起步阶段，交通拥堵形势依然严峻。新城镇和小城镇公共服务和产业支撑不足，承接中心城功能转移能力不强，城市“单中心”聚集发展格局尚未根本改变。“产城融合”程度还不够高，“职住分离”现象比较突出，产业发展、城市功能与人口布局还未实现良性互动，城市发展模式与经济增长方式的整体统筹需要加强。四是转型发展的体制机制障碍依然较多。当前，改革正处于深水区和攻坚期，利益关系日趋复杂，改革任务更加繁重，政府职能需要加快转变，行政效能需要进一步提高，投融资体制、财税体制、收入分配体制、资源性产品价格体制、社会管理体制等改革还需要进一步加快。

（四）“十三五”时期北京经济社会发展趋势

当前，北京市已经进入加快转变经济发展方式、全面建成小康社会的关键时期，全市经济发展呈现新的阶段性特征和要求。本书在经济发展方式深度转变的背景下，结合北京市宏观经济发展具有的连贯性、相对稳定性和因果变化联系性等多重性质，建立北京市宏观经济指标预测模型，对地区生产总值（GDP）进行科学预测，基于GDP的预测结果，运用数量经济模型预测三次产业结构、人口规模、需求结构、人口、城镇化率等宏观经济指标，为预测北京市能源消费总量与结构提供科学依据。

预测结果显示，在经济发展新常态下，“十三五”时期北京市经济发展指标增速有所放缓，但整体经济在有序疏解北京非首都功能、构建高精尖经济结构中平稳运行，产业结构不断优化，需求结构持续升级，经济发展质量稳步提升。

1. 经济增速逐步放缓

目前，北京市已经进入后工业化阶段和城镇化成熟阶段，“十三五”时期北京经济新常态的特征更加明显，预计经济增速将呈现先下降后上升的态势，年均增速从“十二五”期间的7.5%回落至6.6%左右，进入中速增长阶段。同时，“十三五”时期北京迎来了战略调整的重要历史机遇期，在全国政治中心、文化中心、国际交往中心、科技创新中心等核心功能的调整下，在京津冀协同发展、“一带一路”、长江经济带等区域协同发展战略的引领下，在国家出台的一系列稳增长、促改革措施的推动下，传导全要素生产率对经济增长的贡献会相应增加，北京市依然具有基本条件和能力保持潜在经济增长率处于中高速水平。

表5-6 “十三五”时期北京市经济增长及产业结构预测结果 单位：亿元,%

年份	期末 GDP（2010 年价）		产业结构		
	绝对额	增长	第一产业	第二产业	第三产业
2016	21640.65	6.61	0.57	19.69	79.74
2017	23021.32	6.38	0.57	19.59	79.84
2018	24533.82	6.57	0.60	19.29	80.11
2019	26160.42	6.63	0.58	18.99	80.43
2020	27941.94	6.81	0.60	18.69	80.71

2. 产业结构不断优化

目前，北京已经形成了以服务业为主的经济发展格局，在推动工业经济向服务型经济转型的同时，有力地促进了经济平稳增长。“十三五”期间北京将认真组织实施《北京市服务业扩大开放综合试点总体方案》，发挥北京市服务业的比较优势，率先推动科学技术服务、互联网和信息服务、文化教育服务、金融服务、商务和旅游服务、健康医疗服务六大重点领域扩大开放，同时深化对外投资管理体制改革，带动服务业整体转型升级。预计“十三五”时期服务业占地区生产总值的比重将由目前的79.8%左右提升至2020年的80.7%左右（见表5-6），通过服务业纵深发展引领经济增长。

3. 需求结构持续升级

从拉动经济增长的“三驾马车”来看，“十三五”期间北京市消费主导型的经济发展模式将更加凸显，消费对经济增长的带动作用更趋增强，服务型消费、“互联网+”信息消费、旅游消费等消费业态快速增长，预计“十三五”时期社会消费品零售额年均增速为8.3%（见表5-7）。投资依然是拉动经济增长的重要因素，“十三五”时期投资重点将聚焦于信息服务业、商务服务业、高技术制造业、战略性新兴产业、文化创意产业、特色旅游业、京津冀协同发展基础设施等领域，“十三五”时期全社会固定资产投资年均增速约8.7%。随着高端服务贸易的逐步发展，北京在国际服务产业价值链中的地位不断提升，“十三五”时期进出口贸易增速将由负转正。从需求结构来看，北京实现经济转型和扩大内需导向的效果更趋明显，“十三五”时期消费将继续在推进经济发展中发挥重要的基础性作用，预计在“十三五”末期最终消费率将达到65%左右（见表5-8）。

表 5-7 “十三五”时期北京市经济增长三大驱动因素预测 单位：亿元，亿美元，%

年份	社会消费品零售额		全社会固定资产投资		进出口总额	
	绝对额	增长	绝对额	增长	绝对额	增长
2016	10915.64	9.32	9288.38	9.43	3189.64	-0.08
2017	11878.52	8.82	10138.36	9.15	3191.42	0.06
2018	12780.45	7.59	10988.99	8.39	3198.25	0.21
2019	13830.08	8.21	11930.72	8.57	3210.01	0.37
2020	14924.13	7.91	12916.78	8.26	3224.18	0.44

表 5-8 “十三五”时期北京市需求结构预测结果 %

年份	最终消费率	投资率	净出口率
2016	62.63	37.42	-0.05
2017	63.12	36.50	0.38
2018	63.68	35.79	0.54
2019	64.13	35.04	0.83
2020	64.72	34.36	0.92

4. 人口规模得到控制

《中共北京市委关于制订北京市国民经济和社会发展第十三个五年规划的建议》提出了“十三五”时期全市常住人口总量控制在 2300 万人以内，城六区常住人口比 2014 年下降 15% 左右的目标。随着北京产业结构调整、非首都功能疏解、人口规模调控力度加大、生活和交通成本提升，“十三五”期间北京人口增速将逐步放缓，但由于北京的区位优势和资源优势明显，人口还将刚性增长，亟须抓住京津冀协同发展的机遇，疏解首都人口，2020 年能够实现 2300 万人的控制目标。

5. 城镇化率提升空间有限

目前北京市城镇化率处于较高水平，2015 年全市城镇化率为 86.5%，首都功能核心区（东城区、西城区）、城市功能拓展区（石景山区）城镇化率已经饱和，城镇化率为 100%，城市功能拓展区（朝阳区、丰台区、海淀区）城镇化率基本解决饱和，城镇化率在 99% 以上，城市发展区（房山区、通州区、顺义区、昌平区、大兴区）、生态涵养发展区（门头沟区、怀柔区、平谷区、密云县、延庆县）城镇化率还存在一定的提升空间，总体来看，“十三五”期间北京市城镇化率提升空间有限，2020 年全市城镇化率将达到 87.7%。

表5-9 "十三五"时期北京市人口与城镇化率预测结果 单位：万人,%

年份	人口规模	人口增速	城镇化率
2016	2195.67	1.16	86.67
2017	2220.91	1.15	86.77
2018	2247.24	1.19	86.87
2019	2273.58	1.17	86.97
2020	2299.99	1.16	87.07

三、"十三五"时期北京分品种分行业能源需求预测

能源消费总量和结构与分品种的能源消费密切相关，在对北京市"十三五"时期能源消费总量和结构预测之前，分煤炭、石油、天然气、电力进行预测，同时对分行业的消费情况进行预测，更能客观反映未来五年北京市能源消费需求及结构变动情况。

本项研究对"十三五"时期北京市分品种分行业能源需求量给出了预测数值，没有采用流行的"情景预测法"。我们所顾虑的是，如果提出若干种情景（如3种乃至5种情景），对预测者本身是留下了"余地"，但大家往往搞不清楚哪种情景是"真"的，从而降低了"信息量"。本项研究只给出一种情景，即目标情景，也就是笔者认为可能性最大的一种情景。

预测结果显示，在北京市"十三五"全面推进工业、建筑、交通等重点领域节能减排，能源消费总量和强度双控行动，优化能源结构，提高清洁能源使用比重，推进新能源规模化发展与综合利用等一系列政策作用下，北京市"十三五"分品种能源消费呈现"减煤稳油增气，电能替代加速"的新局面。预计2020年北京市煤炭需求约600万吨，年均增长-13%；石油需求约1809万吨，年均增长2.7%；天然气需求约200亿立方米，年均增长9.2%，电力需求约1157亿千瓦时，年均增长4.0%。分行业来看，煤炭消费主要是电力行业消耗为主，天然气消费主要聚焦在发电供热、服务业和居民用气，电力消费主要聚焦在三产上。

从北京市主要能源品种消费量分行业情况来看，2010—2011年与2012—2014年的行业有所调整，主要体现在采矿业和制造业，其中采矿业2012—2014年在行业分类中增加了开采辅助活动，制造业分类调整如表5-10所示的粗体标注部分所示。

表 5－10　2010—2011 年与 2012—2014 年行业调整情况

2010—2011 年分行业类别	2012—2014 年分行业类别
合　计	合　计
农、林、牧、渔业	农、林、牧、渔业
采矿业	采矿业
煤炭开采和洗选业	煤炭开采和洗选业
石油和天然气开采业	石油和天然气开采业
黑色金属矿采选业	黑色金属矿采选业
有色金属矿采选业	有色金属矿采选业
非金属矿采选业	非金属矿采选业
	开采辅助活动
其他采矿业	其他采矿业
制造业	制造业
农副食品加工业	农副食品加工业
食品制造业	食品制造业
饮料制造业	**酒、饮料和精制茶制造业**
烟草制品业	烟草制品业
纺织业	纺织业
纺织服装、鞋、帽制造业	纺织服装、服饰业
皮革、毛皮、羽毛（绒）及其制品业	皮革、毛皮、羽毛及其制品和制鞋业
木材加工及竹、藤、棕、草制品业	木材加工和木、竹、藤、棕、草制品业
家具制造业	家具制造业
造纸及纸制品业	造纸及纸制品业
印刷业和记录媒介复制业	印刷业和记录媒介的复制
文教体育用品制造业	文教、工美、体育和娱乐用品制造业
石油加工、炼焦及核燃料加工业	石油加工、炼焦及核燃料加工业
化学原料及化学制品制造业	化学原料及化学制品制造业
医药制造业	医药制造业
化学纤维制造业	化学纤维制造业
橡胶制品业	**橡胶和塑料制品业**
塑料制品业	
非金属矿物制品业	非金属矿物制品业
黑色金属冶炼及压延加工业	黑色金属冶炼及压延加工业
有色金属冶炼及压延加工业	有色金属冶炼及压延加工业
金属制品业	金属制品业
通用设备制造业	通用设备制造业
专用设备制造业	专用设备制造业
交通运输设备制造业	**汽车制造业**
	铁路、船舶、航空航天和其他运输设备制造业
电气机械及器材制造业	电气机械及器材制造业
通信设备、计算机及其他电子设备制造业	计算机、通信和其他电子设备制造业
仪器仪表及文化、办公用机械制造业	**仪器仪表制造业**
工艺品及其他制造业	
废弃资源和废旧材料回收加工业	废弃资源综合利用业
其他制造业	
	金属制品、机械和设备修理业
电力、燃气及水的生产和供应业	电力、燃气及水的生产和供应业
电力、热力的生产和供应业	电力、热力的生产和供应业

续表

2010—2011 年分行业类别	2012—2014 年分行业类别
燃气生产和供应业	燃气生产和供应业
水的生产和供应业	水的生产和供应业
建筑业	建筑业
交通运输、仓储和邮政业	批发和零售业
信息传输、计算机服务和软件业	交通运输、仓储和邮政业
批发和零售业	住宿和餐饮业
住宿和餐饮业	信息传输、软件和信息技术服务业
金融业	金融业
房地产业	房地产业
租赁和商务服务业	租赁和商务服务业
科学研究、技术服务与地质勘查业	科学研究和技术服务业
水利、环境和公共设施管理业	水利、环境和公共设施管理业
居民服务和其他服务业	居民服务、修理和其他服务业
教育	教育
卫生、社会保障和社会福利业	卫生和社会工作
文化、体育与娱乐业	文化、体育和娱乐业
公共管理与社会组织	公共管理、社会保障和社会组织
生活消费	生活消费
城镇	城镇
乡村	乡村

为对煤炭、石油、天然气、电力主要行业进行预测，通过行业加总将煤炭消费行业归类为电力、钢铁、建材、化工、其他行业五个用煤行业，将天然气消费行业归类为一产、二产工业燃料、二产化工燃料、二产发电供热、服务业、居民六个用气行业，将电力消费行业归类为一产、二产非金属、二产化工、二产黑色金属、二产有色金属、二产装备制造、二产电力燃气水供应业、二产采矿、二产其他、三产、居民生活 11 个用电行业，由于北京市分行业主要能源消费品种中没有对石油的数据，只有汽油、煤油、柴油、燃料油等成品油分行业的消费数据，但《中国能源统计年鉴》中的地区能源平衡表中有北京能源平衡表（实物量）有分行业数据，本项目将石油消费行业归类农林牧渔业、工业、建筑业、交通运输仓储和邮政业、批发零售业和住宿餐饮业、其他、生活消费 7 个行业用油行业。

（一）煤炭消费分行业预测

煤炭行业直接的下游行业一般分为四大行业：电力行业、钢铁行业、建材行业和化工行业，目前北京市四大行业耗煤合计占比约 63%。其中，电力行业占煤炭消费的比例 52%，钢铁行业占煤炭消费的比例 0.1%，建材行业占煤炭消费的比例约

7%，化工行业占煤炭消费的比例约3%。

2010—2014年北京市分行业煤炭消费量如表5－11、表5－12所示，根据国家统计局能源核算统一要求，2013年开始按照能源消费数据新口径核算，特别是煤炭消费数据进行了大幅调整，2010—2011年与2012—2014年行业分类亦有所调整，为保证数据的连续性，分行业煤炭消费量按照2010—2011年、2012—2014年两个时间段列出。

表5－11 2010—2011年北京市分行业煤炭消费量

单位：万吨

行业分类	2010年	2011年
合计	2634.61	2365.54
农、林、牧、渔业	47.14	46.59
采矿业	309.14	52.36
煤炭开采和洗选业	1.16	1.32
石油和天然气开采业	0.49	0.55
黑色金属矿采选业	306.26	47.44
有色金属矿采选业	0.00	0.00
非金属矿采选业	1.23	3.05
其他采矿业	0.00	0.00
制造业	454.12	446.64
农副食品加工业	16.29	16.85
食品制造业	12.38	9.35
饮料制造业	33.72	35.03
烟草制品业	0.01	0.01
纺织业	8.28	8.15
纺织服装、鞋、帽制造业	10.46	10.39
皮革、毛皮、羽毛（绒）及其制品业	0.25	0.30
木材加工及竹、藤、棕、草制品业	0.59	0.71
家具制造业	1.90	1.92
造纸及纸制品业	9.39	8.71
印刷业和记录媒介复制业	3.94	3.81
文教体育用品制造业	1.37	1.38
石油加工、炼焦及核燃料加工业	3.52	3.99
化学原料及化学制品制造业	88.78	80.03
医药制造业	11.72	12.86
化学纤维制造业	0.03	0.03
橡胶制品业	4.42	4.17

续表

行业分类	2010 年	2011 年
塑料制品业	5. 10	4. 55
非金属矿物制品业	177. 45	184. 69
黑色金属冶炼及压延加工业	1. 91	1. 80
有色金属冶炼及压延加工业	1. 76	1. 54
金属制品业	6. 00	6. 19
通用设备制造业	6. 93	6. 61
专用设备制造业	10. 81	12. 58
交通运输设备制造业	24. 14	20. 54
电气机械及器材制造业	6. 87	6. 51
通信设备、计算机及其他电子设备制造业	0. 62	0. 65
仪器仪表及文化、办公用机械制造业	0. 46	0. 59
工艺品及其他制造业	3. 32	2. 28
废弃资源和废旧材料回收加工业	1. 71	0. 42
电力、燃气及水的生产和供应业	1250. 90	1230. 23
电力、热力的生产和供应业	1250. 51	1229. 80
燃气生产和供应业	—	0. 00
水的生产和供应业	0. 39	0. 43
建筑业	17. 65	15. 09
交通运输、仓储和邮政业	20. 29	18. 00
信息传输、计算机服务和软件业	1. 80	2. 77
批发和零售业	12. 11	13. 38
住宿和餐饮业	30. 32	29. 97
金融业	1. 13	1. 05
房地产业	92. 94	96. 30
租赁和商务服务业	27. 93	30. 24
科学研究、技术服务与地质勘查业	8. 82	9. 65
水利、环境和公共设施管理业	4. 09	5. 76
居民服务和其他服务业	13. 95	19. 77
教育	33. 93	33. 69
卫生、社会保障和社会福利业	10. 20	11. 55
文化、体育与娱乐业	3. 00	4. 75
公共管理与社会组织	16. 38	18. 13
生活消费	278. 79	279. 63
城镇	72. 49	69. 63
乡村	206. 30	210. 00

表 5-12　2012—2014 年北京市分行业煤炭消费量

单位：万吨

行业分类	2012 年	2013 年	2014 年
合计	2269.89	2019.23	1736.54
农、林、牧、渔业	44.60	41.41	34.88
采矿业	47.34	2.10	1.90
煤炭开采和洗选业	1.34	1.00	0.94
石油和天然气开采业	0.00	0.00	0.00
黑色金属矿采选业	44.53	1.05	0.93
有色金属矿采选业	0.00	0.00	0.00
非金属矿采选业	0.14	0.05	0.03
开采辅助活动	1.33	0.00	0.00
其他采矿业	0.00	0.00	0.00
制造业	391.77	262.83	214.13
农副食品加工业	17.66	13.02	12.14
食品制造业	7.89	6.46	7.22
酒、饮料和精制茶制造业	30.76	25.48	20.32
烟草制品业	0.01	0.00	0.00
纺织业	4.30	3.00	2.52
纺织服装、服饰业	13.83	7.42	6.74
皮革、毛皮、羽毛及其制品和制鞋业	0.38	0.19	0.19
木材加工和木、竹、藤、棕、草制品业	0.66	0.52	0.59
家具制造业	2.12	1.70	1.40
造纸和纸制品业	8.66	4.67	5.06
印刷和记录媒介复制业	3.80	2.10	2.19
文教、工美、体育和娱乐用品制造业	1.76	1.50	1.16
石油加工、炼焦和核燃料加工业	3.29	0.79	0.67
化学原料和化学制品制造业	71.24	18.11	12.70
医药制造业	11.95	9.07	7.53
化学纤维制造业	0.03	0.02	0.02
橡胶和塑料制品业	8.21	5.78	4.05
非金属矿物制品业	152.13	129.09	100.88
黑色金属冶炼及压延加工业	1.31	0.66	0.58
有色金属冶炼及压延加工业	1.32	0.45	0.25
金属制品业	6.78	4.85	4.67
通用设备制造业	6.65	2.99	3.36
专用设备制造业	5.14	3.19	2.39

续表

行业分类	2012 年	2013 年	2014 年
汽车制造业	9.15	4.13	1.47
铁路、船舶、航空航天和其他运输设备制造业	11.48	10.99	9.42
电气机械和器材制造业	6.65	2.24	2.91
计算机、通信和其他电子设备制造业	0.68	0.82	0.88
仪器仪表制造业	0.65	0.64	0.62
其他制造业	0.08	2.21	1.53
废弃资源综合利用业	0.38	0.14	0.14
金属制品、机械和设备修理业	2.82	0.60	0.53
电力、燃气及水的生产和供应业	1213.97	1181.08	964.88
电力、热力生产和供应业	1213.53	1180.72	964.51
燃气生产和供应业	0.00	0.01	0.01
水的生产和供应业	0.44	0.35	0.36
建筑业	11.85	7.20	6.17
批发和零售业	11.53	8.66	6.66
交通运输、仓储和邮政业	15.86	15.94	16.09
住宿和餐饮业	27.77	30.19	19.71
信息传输、软件和信息技术服务业	1.14	1.17	0.85
金融业	0.96	1.09	1.06
房地产业	90.02	60.22	63.23
租赁和商务服务业	44.50	14.22	26.83
科学研究和技术服务业	14.48	12.81	14.54
水利、环境和公共设施管理业	4.16	6.35	7.28
居民服务、修理和其他服务业	16.84	15.37	13.75
教育	33.30	24.32	24.60
卫生和社会工作	10.26	8.75	10.56
文化、体育和娱乐业	2.60	2.02	1.87
公共管理、社会保障和社会组织	14.71	14.52	14.10
生活消费	272.23	308.98	293.45
城镇	62.23	119.06	114.12
乡村	210.00	189.92	179.33

将表 5－11、表 5－12 分行业数据进行归类加总，合并为电力、钢铁、建材、化工、其他行业五个用煤行业，2010—2014 年北京市分行业煤炭消费量如表 5－13 所示。

表 5－13　2010—2014 年北京市主要行业煤炭消费量　　单位：万吨

行业分类	2010 年	2011 年	2012 年	2013 年	2014 年
电力	1250. 51	1229. 80	1213. 53	1029. 23	905. 44
钢铁	1. 91	1. 80	1. 31	1. 39	1. 17
建材	177. 45	184. 69	152. 12	142. 99	124. 98
化工	88. 78	80. 03	71. 24	66. 58	56. 84
其他行业	1115. 95	869. 23	831. 69	779. 04	648. 11
合计	57. 64	63. 25	63. 36	61. 42	62. 68

北京市“十三五”规划建议提出，在“十三五”时期，北京 PM2. 5 年均浓度比 2015 年下降 15% 左右。充分运用法律、行政、经济和技术手段，对各类污染源实施综合治理，减少空气重污染天数。今后 5 年将全面落实清洁空气行动计划，以统筹治理 PM2. 5 和臭氧为重点，持续推进控车节油、压减燃煤、治污减排、清洁降尘，逐步消除重污染天气，实现空气质量持续改善。2015 年北京市煤炭消费总量大约 1200 万吨，比 2012 年削减 1100 万吨左右。2016 年，燃煤将减到 1100 万吨以内，以加快完成“2017 年本市燃煤总量要在 2012 年的基础上削减 1300 万吨”的目标。来自北京市发改委的数据显示，为了推进压减燃煤工作，本市三年来累计已投资近 300 亿元，其中市政府固定资产投资 36. 7 亿元。与此同时，本市已完成 12616 蒸吨采暖燃煤锅炉改造，让城六区基本实现无燃煤锅炉；全市已经累计改造工业锅炉 3307 蒸吨，市级以上工业园区基本实现生产用能清洁化；东西城近 8 万户平房居民“煤改电”，农村和城乡结合部则通过“煤改电”“煤改气”削减民用散煤 7. 8 万吨。

按照北京市煤炭减量目标，根据近年来北京市分行业煤炭消费量测算，2020 年北京市煤炭消费量约 600 万吨。其中，2020 年电力行业用煤约 312 万吨，钢铁行业用煤约 0. 4 万吨，建材行业用煤约 42 万吨，化工行业用煤约 20 万吨，四大行业耗煤合计占比约 62%，其他行业用煤约 225 万吨，煤炭消费合计约 600 万吨，“十三五”期间年均减少 13% 左右。

表 5－14　2015—2020 年北京市主要行业煤炭消费量　　单位：万吨，%

行业分类	2015 年	2016 年	2017 年	2018 年	2019 年	2020 年	年均增速
电力	626. 63	519. 48	446. 64	389. 49	345. 38	311. 59	－13. 0
钢铁	0. 78	0. 67	0. 57	0. 50	0. 44	0. 40	－12. 5
建材	83. 96	71. 15	60. 89	52. 88	47. 09	42. 42	－12. 8

续表

行业分类	2015 年	2016 年	2017 年	2018 年	2019 年	2020 年	年均增速
化工	38.86	32.80	27.98	24.38	21.69	19.53	-12.9
其他行业	450.41	379.38	322.30	281.81	250.45	225.41	-12.9
合计	1200.63	1003.49	858.37	749.06	665.05	599.36	-13.0

2011—2020 年北京市主要用煤行业的行业增加值如表 5-15、表 5-16 所示，测算的主要行业单位增加值煤耗如表 5-17、表 5-18 所示。从电力、钢铁、建材和化工行业增加值来看，“十三五”期间电力行业增加值增速较“十二五”有较大回落，从“十二五”期间的 11.1% 回落至“十三五”期间的 4.2% 左右；钢铁和建材行业增加值基本保持稳定，“十三五”期间钢铁行业年均增长 0.4% 左右，建材行业年均下降 0.6%；化工行业增加值依然保持“十二五”期间的下降态势，年均下降 6.0% 左右。从电力、钢铁、建材和化工行业单位增加值煤耗来看，电力行业单位增加值煤耗年均下降 16.6%，钢铁行业单位增加值煤耗年均下降 12.9%，建材行业单位增加值煤耗年均下降 12.2%，化工行业单位增加值煤耗年均下降 7.3%。

表 5-15 2011—2015 年北京市主要用煤行业增加值 单位：亿元，%

行业分类	2010 年	2011 年	2012 年	2013 年	2014 年	2015 年	年均增速
电力	405.8	445.2	575.8	658.1	658.5	688.2	11.1
钢铁	44.4	11.1	5.5	4.8	6.9	7.0	-30.9
建材	89.2	91.5	80.9	83.1	84.9	84.9	-1.0
化工	101.3	112.4	99.5	86.6	77.7	73.5	-6.2
其他行业	13472.9	14596.7	15669.9	16864.2	18160.6	19445.2	7.6
合计	14113.6	15256.8	16431.6	17696.8	18988.7	20298.9	7.5

表 5-16 2015—2020 年北京市主要用煤行业增加值 单位：亿元，%

行业分类	2015 年	2016 年	2017 年	2018 年	2019 年	2020 年	年均增速
电力	688.2	717.3	746.0	777.3	810.3	846.1	4.2
钢铁	7.0	7.1	7.1	7.1	7.1	7.2	0.4
建材	84.9	84.6	84.0	83.5	82.8	82.3	-0.6
化工	73.5	69.3	65.1	61.2	57.5	54.0	-6.0
其他行业	19445.2	20762.3	22119.1	23604.8	25202.6	26952.3	6.7
合计	20298.9	21640.6	23021.3	24533.8	26160.4	27941.9	6.6

表 5-17　2011—2015 年北京市主要行业煤耗（2010 年价）

单位：吨煤炭/万元，%

行业分类	2010 年	2011 年	2012 年	2013 年	2014 年	2015 年	年均增速
电力	3.0817	2.7626	2.1076	1.5640	1.3750	0.9105	-21.6
钢铁	0.0431	0.1627	0.2385	0.2888	0.1692	0.1109	20.8
建材	1.9884	2.0183	1.8804	1.7210	1.4719	0.9885	-13.0
化工	0.8763	0.7123	0.7159	0.7687	0.7316	0.5284	-9.6
其他行业	0.0828	0.0595	0.0531	0.0462	0.0357	0.0232	-22.5
合计	0.1867	0.1550	0.1381	0.1141	0.0915	0.0591	-231.7

表 5-18　2015—2020 年北京市主要行业煤耗（2010 年价）

单位：吨煤炭/万元，%

行业分类	2015 年	2016 年	2017 年	2018 年	2019 年	2020 年	年均增速
电力	0.9105	0.7242	0.5987	0.5011	0.4262	0.3683	-16.6
钢铁	0.1109	0.0953	0.0805	0.0696	0.0620	0.0555	-12.9
建材	0.9885	0.8408	0.7247	0.6336	0.5684	0.5155	-12.2
化工	0.5284	0.4731	0.4296	0.3983	0.3772	0.3614	-7.3
其他行业	0.0232	0.0183	0.0146	0.0119	0.0099	0.0084	-18.4
合计	0.0591	0.0464	0.0373	0.0305	0.0254	0.0215	-18.4

（二）石油消费分行业预测

北京市分行业主要能源消费品种中没有对石油的数据，只有汽油、煤油、柴油、燃料油等成品油分行业的消费数据，但《中国能源统计年鉴》中的地区能源平衡表中的北京能源平衡表（实物量）有分行业数据，本报告将石油消费行业归类为农林牧渔业、工业、建筑业、交通运输仓储和邮政业、批发零售业和住宿餐饮业、其他、生活消费 7 个用油行业。

根据《中国能源统计年鉴》中对能源消费总量的定义，能源消费总量指一定地域内（国家或地区）国民经济各行业和居民家庭在一定时期消费的各种能源的总和。能源消费总量分为三个部分，即终端能源消费量、能源加工转换损失量和损失量。①终端能源消费量指一定时期内全国（地区）各行业和居民生活消费的各种能源在扣除了用于加工转换二次能源消费量和损失量以后的数量。②能源加工转换损失量指一定时期内全国（地区）投入加工转换的各种能源数量之和与产出各种能源产品之和的差额。它是观察能源在加工转换过程中损失量变化的指标。③能源损失量指一定时期内能源在输送、分配、储存过程中发生的损失和由客观原因造成的各种损失量。不包括各种气体能源放空、放散量。我们对北京石油分行业消费界定如下：①石油消费行业按照终端石油消费量的行业分类，分为农林牧渔业、工业、建筑业、交通运输仓储和邮政业、批发零售业和住宿餐饮业、其他、生活消费7个用油行业。②北京石油加工转换损失量主要涉及火力发电、供热、炼油及煤制油（油品再投入量）等方面，与工业密切相关，因此将北京石油加工转换损失量计入工业石油消费量。③损失量与工业密切相关，亦计入工业石油消费量。

将北京能源平衡表（实物量）石油分行业数据进行归类加总，合并为农林牧渔业、工业、建筑业、交通运输仓储和邮政业、批发零售业和住宿餐饮业、其他、生活消费7个用油行业，2010—2014年北京市分行业石油消费量如表5-19所示。

表5-19 2010—2014年北京市主要行业石油消费量 单位：万吨

行业分类	2010年	2011年	2012年	2013年	2014年
农林牧渔业	10.50	10.22	9.03	9.09	9.10
工业	472.69	506.05	483.47	381.08	381.66
建筑业	50.16	42.80	37.12	30.35	33.22
交通运输仓储和邮政业	561.10	598.71	605.78	648.13	682.27
批发零售业和住宿餐饮业	43.53	47.36	49.55	45.23	49.23
其他	64.50	64.36	68.53	70.19	74.89
生活消费	252.14	265.46	279.93	296.82	307.86
合计	1454.62	506.05	483.47	1480.90	1538.24

按照北京市“十三五”期间减少煤炭消费、扩大天然气消费、清洁能源发电装机比重达到100%等目标，根据近年来北京市分行业石油消费量测算，2020年北京市石油消费量约1810万吨。其中，2020年农林牧渔业用油约11万吨，“十三五”期间年均增长2.6%；工业用油约454万吨，“十三五”期间年均增长2.6%；建筑业用油约38万吨，“十三五”期间年均增长2.9%；交通运输仓储和邮政业用油约799万吨，“十三五”期间年均增长2.7%；批发零售业和住宿餐饮业用油约57万吨，“十三五”期间年均增长2.9%；生活消费用油约362万吨，“十三五”期间年均增长2.7%；石油消费合计约1810万吨，“十三五”期间年均增长2.7%。

表 5 - 20　2015—2020 年北京市主要行业石油消费量

单位：万吨,%

行业分类	2015 年	2016 年	2017 年	2018 年	2019 年	2020 年	年均增速
农林牧渔业	9.55	9.73	10.05	10.30	10.58	10.84	2.6
工业	400.41	408.24	421.56	431.90	443.61	454.44	2.6
建筑业	33.34	34.76	35.50	36.57	37.46	38.42	2.9
交通运输仓储和邮政业	698.09	720.67	739.54	760.06	779.44	799.10	2.7
批发零售业和住宿餐饮业	49.55	51.58	52.71	54.29	55.61	57.05	2.9
其他	76.12	78.84	80.77	83.08	85.17	87.33	2.8
生活消费	317.33	326.39	335.55	344.54	353.49	362.32	2.7
合计	1584.39	1630.22	1675.68	1720.74	1765.36	1809.50	2.7

2011—2020 年北京市主要用油行业的行业增加值如表 5 - 21、表 5 - 22 所示，测算的主要行业单位增加值油耗如表 5 - 23、表 5 - 24 所示。从农林牧渔业、工业、建筑业、交通运输仓储和邮政业、批发零售业和住宿餐饮业、其他行业增加值来看，“十三五”期间农林牧渔业、工业和建筑业增加值增速较“十二五”期间有较大提升，其中，农林牧渔业增加值增速从“十二五”期间的 -0.8% 提升至“十三五”期间的 6.5% 左右，工业增加值增速从“十二五”期间的 3.2% 提升至“十三五”期间的 5.6% 左右，建筑业增加值增速从“十二五”期间的 3.6% 提升至“十三五”期间的 5.7% 左右；交通运输仓储和邮政业、批发零售业和住宿餐饮业增加值增速较“十二五”时期有一定程度的下降，其中，交通运输仓储和邮政业增加值增速从“十二五”期间的 8.0% 下降至“十三五”期间的 6.8% 左右，批发零售业和住宿餐饮业增加值增速从“十二五”期间的 7.0% 小幅降低至“十三五”期间的 6.7% 左右。从农林牧渔业、工业、建筑业、交通运输仓储和邮政业、批发零售业和住宿餐饮业行业单位增加值油耗来看，农林牧渔业、交通运输仓储和邮政业、批发零售业和住宿餐饮业单位增加值油耗年均下降幅度较大，分别下降 3.7%、3.8% 和 3.6%，工业、建筑业单位增加值油耗年均下降次之，分别下降 2.8% 和 2.7%，北京市单位 GDP 油耗年均下降 3.7%。

表 5 - 21　2011—2015 年北京市主要用油行业增加值（2010 年价）

单位：亿元,%

行业分类	2010 年	2011 年	2012 年	2013 年	2014 年	2015 年	年均增速
农林牧渔业	127.0	128.1	132.1	136.1	136.0	121.8	-0.8
工业	2764.0	2971.3	3179.2	3427.2	3636.0	3235.1	3.2
建筑业	624.4	642.5	705.0	772.7	851.5	743.4	3.6

续表

行业分类	2010 年	2011 年	2012 年	2013 年	2014 年	2015 年	年均增速
交通运输仓储和邮政业	712.0	756.1	808.1	864.7	923.5	1044.8	8.0
批发零售业和住宿餐饮业	2205.8	2381.2	2463.2	2594.1	2705.3	3097.8	7.0
其他	7680.4	8377.6	9143.9	9902.1	10736.5	12055.9	9.4
合计	14113.6	15256.8	16431.6	17696.8	18988.7	20298.9	7.5

表 5-22 2015—2020 年北京市主要用油行业增加值（2010 年价）

单位：亿元，%

行业分类	2015 年	2016 年	2017 年	2018 年	2019 年	2020 年	年均增速
农林牧渔业	121.8	124.2	131.9	147.7	150.7	167.1	6.5
工业	3235.1	3458.1	3663.5	3843.1	4035.5	4242.2	5.6
建筑业	743.4	802.2	845.9	889.5	932.9	981.2	5.7
交通运输仓储和邮政业	1044.8	1111.2	1184.5	1266.1	1355.8	1452.9	6.8
批发零售业和住宿餐饮业	3097.8	3274.9	3501.6	3737.0	4004.7	4290.1	6.7
其他	12055.9	12870.0	13693.9	14650.4	15680.8	16808.4	6.9
合计	20298.9	21640.6	23021.3	24533.8	26160.4	27941.9	6.6

表 5-23 2011—2015 年北京市主要行业油耗（2010 年价）

单位：吨油/万元，%

行业分类	2010 年	2011 年	2012 年	2013 年	2014 年	2015 年	年均增速
农林牧渔业	826.57	797.77	683.44	667.92	669.17	784.07	-1.1
工业	1710.16	1703.13	1520.72	1111.94	1049.69	1237.70	-6.3
建筑业	803.36	666.14	526.54	392.81	390.15	448.52	-11.0
交通运输仓储和邮政业	7880.62	7917.94	7496.21	7495.63	7388.07	6681.31	-3.2
批发零售业和住宿餐饮业	197.34	198.89	201.16	174.35	181.99	159.95	-4.1
其他	83.98	76.82	74.95	70.88	69.76	63.14	-5.5
合计	178.65	173.99	170.36	167.73	162.13	156.33	-2.6

表 5-24 2015—2020 年北京市主要行业气耗（2010 年价）

单位：吨油/万元，%

行业分类	2015 年	2016 年	2017 年	2018 年	2019 年	2020 年	年均增速
农林牧渔业	784.07	783.66	762.08	697.33	702.03	648.54	-3.7
工业	1237.70	1180.52	1150.68	1123.83	1099.26	1071.22	-2.8
建筑业	448.52	433.26	419.64	411.15	401.52	391.59	-2.7
交通运输仓储和邮政业	6681.31	6485.66	6243.23	6003.19	5749.03	5499.90	-3.8
批发零售业和住宿餐饮业	159.95	157.51	150.54	145.27	138.87	132.97	-3.6
其他	63.14	61.26	58.98	56.71	54.31	51.96	-3.8
合计	156.33	150.82	145.76	140.44	135.12	129.67	-3.7

在北京市“十三五”石油需求稳定增长的同时，受国家成品油质量升级提速、北京市大气污染防治等因素影响，北京市成品油消费亦呈现出新的特点，根据北京市汽油、煤油、柴油、燃料油等成品油分行业消费数据，对“十三五”时期北京市汽油、煤油、柴油、燃料油进行预测。

1. 汽油消费分行业预测

北京市汽油消费主要集聚在农林牧渔业、制造业、电力燃气及水的生产和供应业、建筑业、批发和零售业、交通运输仓储和邮政业、生活消费等行业。

2010—2014 年北京市分行业汽油消费量如表 5－25、表 5－26 所示，根据国家统计局能源核算统一要求，2013 年开始按照能源消费数据新口径核算，2010—2011 年与 2012—2014 年行业分类亦有所调整，为保证数据的连续性，分行业汽油消费量按照 2010—2011 年、2012—2014 年两个时间段列出。

表 5－25　2010—2011 年北京市分行业汽油消费量

单位：万吨

行业分类	2010 年	2011 年
合计	371.53	389.79
农、林、牧、渔业	4.63	4.77
采矿业	0.75	0.82
煤炭开采和洗选业	0.07	0.07
石油和天然气开采业	0.47	0.57
黑色金属矿采选业	0.18	0.15
有色金属矿采选业	0.00	0.00
非金属矿采选业	0.03	0.03
其他采矿业	0.00	0.00
制造业	15.47	15.67
农副食品加工业	0.60	0.56
食品制造业	0.64	0.64
饮料制造业	0.35	0.36
烟草制品业	0.01	0.01
纺织业	0.32	0.32
纺织服装、鞋、帽制造业	0.56	0.57
皮革、毛皮、羽毛（绒）及其制品业	0.05	0.05
木材加工及竹、藤、棕、草制品业	0.12	0.13
家具制造业	0.43	0.45
造纸及纸制品业	0.32	0.30
印刷业和记录媒介复制业	0.84	0.83

续表

行业分类	2010 年	2011 年
文教体育用品制造业	0.09	0.08
石油加工、炼焦及核燃料加工业	0.05	0.06
化学原料及化学制品制造业	0.93	0.92
医药制造业	0.46	0.49
化学纤维制造业	0.02	0.02
橡胶制品业	0.15	0.13
塑料制品业	0.44	0.46
非金属矿物制品业	0.89	0.91
黑色金属冶炼及压延加工业	0.08	0.08
有色金属冶炼及压延加工业	0.13	0.14
金属制品业	1.28	1.29
通用设备制造业	1.23	1.24
专用设备制造业	1.15	1.21
交通运输设备制造业	1.76	1.84
电气机械及器材制造业	1.10	1.10
通信设备、计算机及其他电子设备制造业	0.65	0.67
仪器仪表及文化、办公用机械制造业	0.57	0.59
工艺品及其他制造业	0.21	0.21
废弃资源和废旧材料回收加工业	0.02	0.03
电力、燃气及水的生产和供应业	1.75	1.77
电力、热力的生产和供应业	1.36	1.36
燃气生产和供应业	0.21	0.22
水的生产和供应业	0.17	0.18
建筑业	9.45	8.76
交通运输、仓储和邮政业	41.04	44.99
信息传输、计算机服务和软件业	3.20	3.52
批发和零售业	20.05	22.17
住宿和餐饮业	1.66	1.64
金融业	2.62	2.50
房地产业	4.86	4.16
租赁和商务服务业	9.12	9.14
科学研究、技术服务与地质勘查业	8.27	8.52
水利、环境和公共设施管理业	2.20	2.05
居民服务和其他服务业	1.07	1.04

续表

行业分类	2010 年	2011 年
教育	3.34	3.37
卫生、社会保障和社会福利业	1.00	0.96
文化、体育与娱乐业	1.91	1.78
公共管理与社会组织	9.14	8.68
生活消费	230.00	243.49
城镇	223.62	235.73
乡村	6.38	7.76

表 5-26　2012—2014 年北京市分行业汽油消费量

单位：万吨

行业分类	2012 年	2013 年	2014 年
合计	415.90	423.61	440.62
农、林、牧、渔业	5.05	5.28	5.61
采矿业	0.91	0.12	0.13
煤炭开采和洗选业	0.07	0.04	0.03
石油和天然气开采业	0.01	0.00	0.00
黑色金属矿采选业	0.13	0.05	0.06
有色金属矿采选业	0.00	0.00	0.00
非金属矿采选业	0.03	0.00	0.01
开采辅助活动	0.67	0.03	0.03
其他采矿业	0.00	0.00	0.00
制造业	16.71	14.33	15.73
农副食品加工业	0.54	0.42	0.44
食品制造业	0.62	0.45	0.49
酒、饮料和精制茶制造业	0.36	0.27	0.26
烟草制品业	0.01	0.01	0.00
纺织业	0.12	0.12	0.14
纺织服装、服饰业	0.80	0.62	0.67
皮革、毛皮、羽毛及其制品和制鞋业	0.08	0.06	0.06
木材加工和木、竹、藤、棕、草制品业	0.14	0.16	0.18
家具制造业	0.50	0.49	0.54
造纸和纸制品业	0.36	0.30	0.35
印刷和记录媒介复制业	0.90	0.78	0.90
文教、工美、体育和娱乐用品制造业	0.19	0.16	0.19
石油加工、炼焦和核燃料加工业	0.05	0.07	0.07

续表

行业分类	2012 年	2013 年	2014 年
化学原料和化学制品制造业	0.98	0.67	0.75
医药制造业	0.53	0.51	0.52
化学纤维制造业	0.02	0.01	0.02
橡胶和塑料制品业	0.62	0.47	0.54
非金属矿物制品业	0.98	0.93	0.99
黑色金属冶炼及压延加工业	0.09	0.11	0.11
有色金属冶炼及压延加工业	0.11	0.09	0.10
金属制品业	1.13	1.19	1.31
通用设备制造业	1.16	1.04	1.18
专用设备制造业	1.03	1.08	1.19
汽车制造业	1.78	1.77	1.99
铁路、船舶、航空航天和其他运输设备制造业	0.22	0.21	0.23
电气机械和器材制造业	1.18	0.92	0.98
计算机、通信和其他电子设备制造业	0.70	0.63	0.69
仪器仪表制造业	0.62	0.56	0.57
其他制造业	0.13	0.09	0.10
废弃资源综合利用业	0.02	0.03	0.03
金属制品、机械和设备修理业	0.74	0.11	0.14
电力、燃气及水的生产和供应业	1.77	1.13	1.02
电力、热力生产和供应业	1.35	0.67	0.57
燃气生产和供应业	0.23	0.26	0.26
水的生产和供应业	0.19	0.20	0.19
建筑业	9.61	7.06	7.78
批发和零售业	26.00	22.82	23.35
交通运输、仓储和邮政业	44.03	45.40	46.45
住宿和餐饮业	1.77	1.58	1.53
信息传输、软件和信息技术服务业	3.96	3.80	4.41
金融业	2.54	2.77	2.78
房地产业	4.46	4.52	4.59
租赁和商务服务业	10.61	11.22	13.62
科学研究和技术服务业	9.40	9.13	10.75
水利、环境和公共设施管理业	2.05	2.13	2.85
居民服务、修理和其他服务业	1.50	1.43	1.69
教育	3.45	3.66	3.24
卫生和社会工作	1.07	0.96	0.95
文化、体育和娱乐业	2.03	1.88	2.14

续表

行业分类	2012 年	2013 年	2014 年
公共管理、社会保障和社会组织	8. 71	8. 40	7. 73
生活消费	260. 27	275. 99	284. 27
城镇	252. 35	275. 99	284. 27
乡村	7. 92	0. 00	0. 00

将表 5 - 25、表 5 - 26 分行业数据进行归类加总，合并为农林牧渔业、制造业、电力燃气及水的生产和供应业、建筑业、批发和零售业、交通运输仓储和邮政业、生活消费、其他八个用汽油行业，2010—2014 年北京市分行业汽油消费量如表 5 - 27所示。

表 5 - 27　2010—2014 年北京市主要行业汽油消费量　单位：万吨

行业分类	2010 年	2011 年	2012 年	2013 年	2014 年
农林牧渔业	4. 63	4. 77	5. 05	5. 28	5. 61
制造业	15. 47	15. 67	16. 71	14. 33	15. 73
电力燃气及水的生产和供应业	1. 75	1. 77	1. 77	1. 13	1. 02
建筑业	9. 45	8. 76	9. 61	7. 06	7. 78
批发和零售业	20. 05	22. 17	26. 00	22. 82	23. 35
交通运输仓储和邮政业	41. 04	44. 99	44. 03	45. 40	46. 45
生活消费	230. 00	243. 49	260. 27	275. 99	284. 27
其他	49. 14	48. 17	52. 46	51. 60	56. 41
合计	371. 53	389. 79	415. 90	423. 61	440. 62

根据近年来北京市分行业汽油消费量测算，2020 年北京市汽油消费量约 511 万吨。其中，2020 年农林牧渔业用汽油约 6 万吨，“十三五”期间年均增长 2. 5%；制造业用汽油约 18 万吨，“十三五”期间年均增长 2. 6%；电力燃气及水的生产和供应业用汽油约 1 万吨，“十三五”期间年均增长 2. 3%；建筑业用汽油约 9 万吨，“十三五”期间年均增长 2. 7%；批发和零售业用汽油约 27 万吨，“十三五”期间年均增长 2. 3%；交通运输仓储和邮政业用汽油约 54 万吨，“十三五”期间年均增长 2. 3%；生活消费用汽油约 331 万吨，“十三五”期间年均增长 2. 3%；其他行业用汽油约 64 万吨，“十三五”期间年均增长 2. 4%；汽油消费合计约 511 万吨，“十三五”期间年均增长 2. 3%。

表 5－28 2015—2020 年北京市主要行业汽油消费量 单位：万吨，%

行业分类	2015 年	2016 年	2017 年	2018 年	2019 年	2020 年	年均增速
农林牧渔业	5.75	5.89	5.99	6.13	6.31	6.49	2.5
制造业	15.87	16.36	16.57	17.00	17.49	18.00	2.6
电力燃气及水的生产和供应业	1.14	1.11	1.18	1.21	1.24	1.28	2.3
建筑业	7.85	8.11	8.21	8.45	8.70	8.95	2.7
批发和零售业	24.40	24.70	25.20	25.78	26.54	27.31	2.3
交通运输仓储和邮政业	48.49	49.08	50.08	51.18	52.73	54.25	2.3
生活消费	295.75	299.74	305.66	312.48	321.72	330.99	2.3
其他	56.88	58.43	59.10	60.59	62.21	64.06	2.4
合计	456.13	463.42	471.99	482.82	496.94	511.33	2.3

2. 煤油消费分行业预测

北京市煤油消费主要集聚在交通运输仓储和邮政业。

2010—2014 年北京市分行业煤油消费量如表 5－29、表 5－30 所示，根据国家统计局能源核算统一要求，2013 年开始按照能源消费数据新口径核算，2010—2011 年与 2012—2014 年行业分类亦有所调整，为保证数据的连续性，分行业煤油消费量按照 2010—2011 年、2012—2014 年两个时间段列出。

表 5－29 2010—2011 年北京市分行业煤油消费量 单位：万吨

行业分类	2010 年	2011 年
合计	392.63	419.88
农、林、牧、渔业	0.00	0.00
采矿业	0.00	0.00
煤炭开采和洗选业	0.00	0.00
石油和天然气开采业	0.00	0.00
黑色金属矿采选业	0.00	0.00
有色金属矿采选业	0.00	0.00
非金属矿采选业	0.00	0.00
其他采矿业	0.00	0.00
制造业	0.14	0.16
农副食品加工业	0.00	0.00
食品制造业	0.00	0.00
饮料制造业	0.00	0.00
烟草制品业	0.00	0.00

续表

行业分类	2010 年	2011 年
纺织业	0.00	0.00
纺织服装、鞋、帽制造业	0.00	0.00
皮革、毛皮、羽毛（绒）及其制品业	0.00	0.00
木材加工及竹、藤、棕、草制品业	0.00	0.00
家具制造业	0.00	0.00
造纸及纸制品业	0.00	0.00
印刷业和记录媒介的复制业	0.01	0.01
文教体育用品制造业	0.00	0.00
石油加工、炼焦及核燃料加工业	0.00	0.00
化学原料及化学制品制造业	0.01	0.01
医药制造业	0.00	0.00
化学纤维制造业	0.00	0.00
橡胶制品业	0.00	0.00
塑料制品业	0.00	0.00
非金属矿物制品业	0.00	0.00
黑色金属冶炼及压延加工业	0.00	0.00
有色金属冶炼及压延加工业	0.00	0.00
金属制品业	0.00	0.00
通用设备制造业	0.02	0.03
专用设备制造业	0.01	0.01
交通运输设备制造业	0.08	0.09
电气机械及器材制造业	0.00	0.00
通信设备、计算机及其他电子设备制造业	0.00	0.00
仪器仪表及文化、办公用机械制造业	0.00	0.00
工艺品及其他制造业	0.00	0.00
废弃资源和废旧材料回收加工业	0.00	0.00
电力、燃气及水的生产和供应业	0.00	0.00
电力、热力的生产和供应业	0.00	0.00
燃气生产和供应业	0.00	0.00
水的生产和供应业	0.00	0.00
建筑业	0.00	0.00
交通运输、仓储和邮政业	392.15	419.35
信息传输、计算机服务和软件业	0.00	0.00
批发和零售业	0.00	0.01

续表

行业分类	2010 年	2011 年
住宿和餐饮业	0.00	0.00
金融业	0.00	0.00
房地产业	0.00	0.00
租赁和商务服务业	0.00	0.00
科学研究、技术服务与地质勘查业	0.34	0.37
水利、环境和公共设施管理业	0.00	0.00
居民服务和其他服务业	0.00	0.00
教育	0.00	0.00
卫生、社会保障和社会福利业	0.00	0.00
文化、体育与娱乐业	0.00	0.00
公共管理与社会组织	0.00	0.00
生活消费	0.00	0.00
城镇	0.00	0.00
乡村	0.00	0.00

表 5-30 2012—2014 年北京市分行业煤油消费量

单位：万吨

行业分类	2012 年	2013 年	2014 年
合计	443.33	477.06	507.58
农、林、牧、渔业	0.00	0.00	0.00
采矿业	0.00	0.00	0.00
煤炭开采和洗选业	0.00	0.00	0.00
石油和天然气开采业	0.00	0.00	0.00
黑色金属矿采选业	0.00	0.00	0.00
有色金属矿采选业	0.00	0.00	0.00
非金属矿采选业	0.00	0.00	0.00
开采辅助活动	0.00	0.00	0.00
其他采矿业	0.00	0.00	0.00
制造业	0.13	0.08	0.05
农副食品加工业	0.00	0.00	0.00
食品制造业	0.00	0.00	0.00
酒、饮料和精制茶制造业	0.00	0.00	0.00
烟草制品业	0.00	0.00	0.00
纺织业	0.00	0.00	0.00
纺织服装、服饰业	0.00	0.00	0.00

续表

行业分类	2012 年	2013 年	2014 年
皮革、毛皮、羽毛及其制品和制鞋业	0.00	0.00	0.00
木材加工和木、竹、藤、棕、草制品业	0.00	0.00	0.00
家具制造业	0.00	0.00	0.00
造纸和纸制品业	0.00	0.00	0.00
印刷和记录媒介复制业	0.01	0.01	0.00
文教、工美、体育和娱乐用品制造业	0.00	0.00	0.00
石油加工、炼焦和核燃料加工业	0.00	0.00	0.00
化学原料和化学制品制造业	0.00	0.00	0.00
医药制造业	0.00	0.00	0.00
化学纤维制造业	0.00	0.00	0.00
橡胶和塑料制品业	0.00	0.00	0.00
非金属矿物制品业	0.00	0.00	0.00
黑色金属冶炼及压延加工业	0.00	0.00	0.00
有色金属冶炼及压延加工业	0.00	0.00	0.00
金属制品业	0.00	0.00	0.00
通用设备制造业	0.02	0.01	0.01
专用设备制造业	0.00	0.00	0.00
汽车制造业	0.03	0.01	0.01
铁路、船舶、航空航天和其他运输设备制造业	0.00	0.00	0.00
电气机械和器材制造业	0.00	0.00	0.00
计算机、通信和其他电子设备制造业	0.00	0.00	0.00
仪器仪表制造业	0.00	0.00	0.00
其他制造业	0.00	0.00	0.00
废弃资源综合利用业	0.00	0.00	0.00
金属制品、机械和设备修理业	0.07	0.05	0.03
电力、燃气及水的生产和供应业	0.00	0.00	0.00
电力、热力生产和供应业	0.00	0.00	0.00
燃气生产和供应业	0.00	0.00	0.00
水的生产和供应业	0.00	0.00	0.00
建筑业	0.00	0.00	0.00
批发和零售业	0.00	0.01	0.00
交通运输、仓储和邮政业	442.79	476.51	507.07
住宿和餐饮业	0.00	0.00	0.00
信息传输、软件和信息技术服务业	0.00	0.00	0.00

续表

行业分类	2012 年	2013 年	2014 年
金融业	0.00	0.00	0.00
房地产业	0.00	0.00	0.00
租赁和商务服务业	0.00	0.00	0.00
科学研究和技术服务业	0.41	0.46	0.46
水利、环境和公共设施管理业	0.00	0.00	0.00
居民服务、修理和其他服务业	0.00	0.00	0.00
教育	0.00	0.00	0.00
卫生和社会工作	0.00	0.00	0.00
文化、体育和娱乐业	0.00	0.00	0.00
公共管理、社会保障和社会组织	0.00	0.00	0.00
生活消费	0.00	0.00	0.00
城镇	0.00	0.00	0.00
乡村	0.00	0.00	0.00

将表 5 - 29、表 5 - 30 分行业数据进行归类加总，合并为交通运输仓储和邮政业、其他等两个用煤油行业，2010—2014 年北京市分行业煤油消费量如表 5 - 31 所示。

表 5 - 31　2010—2014 年北京市主要行业煤油消费量　　单位：万吨

行业分类	2010 年	2011 年	2012 年	2013 年	2014 年
交通运输仓储和邮政业	392.15	419.35	442.79	476.51	507.07
其他	0.48	0.53	0.54	0.55	0.51
合计	392.63	419.88	443.33	477.06	507.58

根据近年来北京市分行业煤油消费量测算，2020 年北京市煤油消费量约 577 万吨，主要为交通运输仓储和邮政业，“十三五”期间年均增长 2.3%。

表 5 - 32　2015—2020 年北京市主要行业煤油消费量　　单位：万吨，%

行业分类	2015 年	2016 年	2017 年	2018 年	2019 年	2020 年	年均增速
交通运输仓储和邮政业	513.49	528.45	534.96	548.03	561.59	576.69	2.3
其他	0.57	0.53	0.54	0.55	0.56	0.58	0.3
合计	514.06	528.98	535.50	548.58	562.15	577.27	2.3

3. 柴油消费分行业预测

北京市柴油消费主要集聚在农林牧渔业、采矿业、制造业、建筑业、交通运输仓储和邮政业等行业。

2010—2014 年北京市分行业柴油消费量如表 5 - 33、表 5 - 34 所示，根据国家统计局能源核算统一要求，2013 年开始按照能源消费数据新口径核算，2010—2011 年与 2012—2014 年行业分类亦有所调整，为保证数据的连续性，分行业柴油消费量按照 2010—2011 年、2012—2014 年两个时间段列出。

表 5 - 33　2010—2011 年北京市分行业柴油消费量

单位：万吨

行业分类	2010 年	2011 年
合计	237.41	241.11
农、林、牧、渔业	5.83	5.30
采矿业	20.68	23.21
煤炭开采和洗选业	0.08	0.09
石油和天然气开采业	15.45	18.09
黑色金属矿采选业	4.44	4.40
有色金属矿采选业	0.00	0.00
非金属矿采选业	0.70	0.63
其他采矿业	0.00	0.00
制造业	18.74	19.24
农副食品加工业	0.51	0.50
食品制造业	0.51	0.47
饮料制造业	0.49	0.39
烟草制品业	0.00	0.00
纺织业	0.18	0.09
纺织服装、鞋、帽制造业	0.19	0.17
皮革、毛皮、羽毛（绒）及其制品业	0.01	0.01
木材加工及竹、藤、棕、草制品业	0.07	0.08
家具制造业	0.10	0.11
造纸及纸制品业	0.28	0.17
印刷业和记录媒介复制业	0.22	0.21
文教体育用品制造业	0.02	0.02
石油加工、炼焦及核燃料加工业	0.08	0.08
化学原料及化学制品制造业	0.86	0.91
医药制造业	0.30	0.31
化学纤维制造业	0.03	0.03
橡胶制品业	0.02	0.02
塑料制品业	0.22	0.21

续表

行业分类	2010 年	2011 年
非金属矿物制品业	9.69	10.64
黑色金属冶炼及压延加工业	0.19	0.19
有色金属冶炼及压延加工业	0.06	0.06
金属制品业	0.49	0.49
通用设备制造业	0.84	0.93
专用设备制造业	0.48	0.40
交通运输设备制造业	2.37	2.27
电气机械及器材制造业	0.14	0.12
通信设备、计算机及其他电子设备制造业	0.12	0.11
仪器仪表及文化、办公用机械制造业	0.04	0.03
工艺品及其他制造业	0.10	0.11
废弃资源和废旧材料回收加工业	0.13	0.10
电力、燃气及水的生产和供应业	0.96	0.98
电力、热力的生产和供应业	0.74	0.83
燃气生产和供应业	0.14	0.07
水的生产和供应业	0.09	0.08
建筑业	39.95	33.31
交通运输、仓储和邮政业	127.27	133.88
信息传输、计算机服务和软件业	0.39	0.49
批发和零售业	6.71	8.18
住宿和餐饮业	1.48	1.12
金融业	0.30	0.30
房地产业	1.64	1.56
租赁和商务服务业	3.68	3.08
科学研究、技术服务与地质勘查业	1.42	1.22
水利、环境和公共设施管理业	3.40	4.76
居民服务和其他服务业	0.56	0.61
教育	1.79	1.64
卫生、社会保障和社会福利业	0.32	0.25
文化、体育与娱乐业	0.46	0.40
公共管理与社会组织	1.19	0.79
生活消费	0.64	0.77
城镇	0.00	0.00
乡村	0.64	0.77

表5-34 2012—2014年北京市分行业柴油消费量

单位：万吨

行业分类	2012年	2013年	2014年
合计	215.82	193.90	196.46
农、林、牧、渔业	3.81	3.66	3.43
采矿业	25.88	2.27	1.52
煤炭开采和洗选业	0.10	0.05	0.06
石油和天然气开采业	0.00	0.00	0.00
黑色金属矿采选业	4.41	1.08	0.85
有色金属矿采选业	0.00	0.00	0.00
非金属矿采选业	0.56	1.12	0.56
开采辅助活动	20.81	0.02	0.05
其他采矿业	0.00	0.00	0.00
制造业	18.25	16.88	16.08
农副食品加工业	0.46	0.36	0.35
食品制造业	0.53	0.54	0.58
酒、饮料和精制茶制造业	0.59	0.28	0.26
烟草制品业	0.00	0.00	0.00
纺织业	0.03	0.03	0.03
纺织服装、服饰业	0.23	0.16	0.14
皮革、毛皮、羽毛及其制品和制鞋业	0.01	0.01	0.01
木材加工和木、竹、藤、棕、草制品业	0.08	0.07	0.10
家具制造业	0.10	0.09	0.11
造纸和纸制品业	0.19	0.14	0.17
印刷和记录媒介复制业	0.23	0.18	0.21
文教、工美、体育和娱乐用品制造业	0.04	0.03	0.05
石油加工、炼焦和核燃料加工业	0.08	0.12	0.17
化学原料和化学制品制造业	0.86	0.71	0.72
医药制造业	0.30	0.28	0.23
化学纤维制造业	0.00	0.00	0.00
橡胶和塑料制品业	0.25	0.17	0.25
非金属矿物制品业	10.00	9.62	8.74
黑色金属冶炼及压延加工业	0.39	0.24	0.31
有色金属冶炼及压延加工业	0.05	0.03	0.04
金属制品业	0.48	0.47	0.49
通用设备制造业	0.56	0.41	0.46
专用设备制造业	0.31	0.35	0.30

续表

行业分类	2012 年	2013 年	2014 年
汽车制造业	1.71	1.24	1.23
铁路、船舶、航空航天和其他运输设备制造业	0.23	0.21	0.20
电气机械和器材制造业	0.09	0.10	0.10
计算机、通信和其他电子设备制造业	0.09	0.30	0.42
仪器仪表制造业	0.04	0.03	0.03
其他制造业	0.10	0.10	0.12
废弃资源综合利用业	0.05	0.05	0.04
金属制品、机械和设备修理业	0.17	0.56	0.22
电力、燃气及水的生产和供应业	1.07	1.85	1.71
电力、热力生产和供应业	0.91	1.69	1.55
燃气生产和供应业	0.06	0.06	0.06
水的生产和供应业	0.10	0.10	0.09
建筑业	26.80	22.51	25.03
批发和零售业	6.09	4.48	3.88
交通运输、仓储和邮政业	117.34	124.28	126.56
住宿和餐饮业	0.94	0.72	0.61
信息传输、软件和信息技术服务业	0.44	0.53	0.42
金融业	0.24	0.18	0.41
房地产业	1.45	1.01	1.63
租赁和商务服务业	2.92	4.64	5.47
科学研究和技术服务业	1.49	3.11	0.86
水利、环境和公共设施管理业	4.42	3.65	4.69
居民服务、修理和其他服务业	0.84	0.73	1.04
教育	1.76	1.65	1.51
卫生和社会工作	0.23	0.42	0.37
文化、体育和娱乐业	0.40	0.32	0.32
公共管理、社会保障和社会组织	0.89	0.87	0.81
生活消费	0.56	0.14	0.11
城镇	0.00	0.00	0.00
乡村	0.56	0.14	0.11

将表 5－33、表 5－34 分行业数据进行归类加总，合并为农林牧渔业、采矿业、制造业、建筑业、交通运输仓储和邮政业、其他六个用柴油行业，2010—2014 年北京市分行业柴油消费量如表 5－35 所示。

表 5-35 2010—2014 年北京市主要行业柴油消费量 单位：万吨

行业分类	2010 年	2011 年	2012 年	2013 年	2014 年
农林牧渔业	5.83	5.30	3.81	3.66	3.43
采矿业	20.68	23.21	25.88	2.27	1.52
制造业	18.74	19.24	18.25	16.88	16.08
建筑业	39.95	33.31	26.80	22.51	25.03
交通运输仓储和邮政业	127.27	133.88	117.34	124.28	126.56
其他	24.94	26.17	23.74	24.30	23.84
合计	237.41	241.11	215.82	193.90	196.46

根据近年来北京市分行业柴油消费量测算，2020 年北京市柴油消费量约 224 万吨。其中，2020 年农林牧渔业用柴油约 4 万吨，“十三五”期间年均增长 2.0%；采矿业用柴油约 2 万吨，“十三五”期间年均增长 0.8%；制造业用柴油约 19 万吨，“十三五”期间年均增长 1.9%；建筑业用柴油约 28 万吨，“十三五”期间年均增长 2.5%；交通运输仓储和邮政业用柴油约 144 万吨，“十三五”期间年均增长 2.1%；其他行业用柴油约 27 万吨，“十三五”期间年均增长 2.0%；柴油消费合计约 224 万吨，“十三五”期间年均增长 2.1%。

表 5-36 2015—2020 年北京市主要行业柴油消费量 单位：万吨,%

行业分类	2015 年	2016 年	2017 年	2018 年	2019 年	2020 年	年均增速
农林牧渔业	3.67	3.70	3.80	3.85	3.96	4.06	2.0
采矿业	1.96	1.80	1.93	1.93	1.99	2.04	0.8
制造业	17.05	17.18	17.59	17.90	18.35	18.76	1.9
建筑业	24.57	25.73	25.83	26.53	27.06	27.75	2.5
交通运输仓储和邮政业	129.63	132.89	134.82	137.74	140.81	144.16	2.1
其他	24.84	25.24	25.70	26.19	26.79	27.36	2.0
合计	201.72	206.54	209.67	214.14	218.96	224.13	2.1

4. 燃料油消费分行业预测

北京市燃料油消费主要集聚在制造业、电力燃气及水的生产和供应业等行业。

2010—2014 年北京市分行业燃料油消费量如表 5-37、表 5-38 所示，根据国家统计局能源核算统一要求，2013 年开始按照能源消费数据新口径核算，2010—2011 年与 2012—2014 年行业分类亦有所调整，为保证数据的连续性，分行业燃料油消费量按照 2010—2011 年、2012—2014 年两个时间段列出。

表 5－37 2010—2011 年北京市分行业燃料油消费量 单位：万吨

行业分类	2010 年	2011 年
合计	66.68	74.65
农、林、牧、渔业	0.00	0.00
采矿业	0.05	0.03
煤炭开采和洗选业	0.00	0.00
石油和天然气开采业	0.00	0.00
黑色金属矿采选业	0.05	0.03
有色金属矿采选业	0.00	0.00
非金属矿采选业	0.00	0.00
其他采矿业	0.00	0.00
制造业	59.54	69.69
农副食品加工业	0.06	0.07
食品制造业	0.00	0.00
饮料制造业	0.00	0.00
烟草制品业	0.00	0.00
纺织业	0.00	0.00
纺织服装、鞋、帽制造业	0.00	0.00
皮革、毛皮、羽毛（绒）及其制品业	0.00	0.00
木材加工及竹、藤、棕、草制品业	0.00	0.00
家具制造业	0.01	0.01
造纸及纸制品业	0.06	0.04
印刷业和记录媒介复制业	0.00	0.00
文教体育用品制造业	0.00	0.00
石油加工、炼焦及核燃料加工业	50.64	62.24
化学原料及化学制品制造业	3.99	3.53
医药制造业	0.01	0.00
化学纤维制造业	0.00	0.00
橡胶制品业	0.00	0.00
塑料制品业	0.00	0.00
非金属矿物制品业	4.48	3.69
黑色金属冶炼及压延加工业	0.00	0.00
有色金属冶炼及压延加工业	0.00	0.00
金属制品业	0.00	0.00
通用设备制造业	0.21	0.04
专用设备制造业	0.03	0.02

续表

行业分类	2010 年	2011 年
交通运输设备制造业	0.04	0.04
电气机械及器材制造业	0.00	0.00
通信设备、计算机及其他电子设备制造业	0.00	0.00
仪器仪表及文化、办公用机械制造业	0.00	0.00
工艺品及其他制造业	0.00	0.00
废弃资源和废旧材料回收加工业	0.00	0.00
电力、燃气及水的生产和供应业	6.82	3.85
电力、热力的生产和供应业	6.82	3.85
燃气生产和供应业	0.00	0.00
水的生产和供应业	0.00	0.00
建筑业	0.00	0.00
交通运输、仓储和邮政业	0.20	0.15
信息传输、计算机服务和软件业	0.00	0.00
批发和零售业	0.06	0.03
住宿和餐饮业	0.00	0.01
金融业	0.00	0.00
房地产业	0.00	0.85
租赁和商务服务业	0.00	0.01
科学研究、技术服务与地质勘查业	0.00	0.00
水利、环境和公共设施管理业	0.00	0.00
居民服务和其他服务业	0.00	0.01
教育	0.00	0.00
卫生、社会保障和社会福利业	0.00	0.00
文化、体育与娱乐业	0.01	0.00
公共管理与社会组织	0.00	0.01
生活消费	0.00	0.00
城镇	0.00	0.00
乡村	0.00	0.00

表 5-38 2012—2014 年北京市分行业燃料油消费量

单位：万吨

行业分类	2012 年	2013 年	2014 年
合计	78.16	8.30	5.63
农、林、牧、渔业	0.00	0.00	0.00
采矿业	0.01	0.00	0.00

续表

行业分类	2012 年	2013 年	2014 年
煤炭开采和洗选业	0.00	0.00	0.00
石油和天然气开采业	0.00	0.00	0.00
黑色金属矿采选业	0.01	0.00	0.00
有色金属矿采选业	0.00	0.00	0.00
非金属矿采选业	0.00	0.00	0.00
开采辅助活动	0.00	0.00	0.00
其他采矿业	0.00	0.00	0.00
制造业	73.90	5.77	3.45
农副食品加工业	0.03	0.01	0.01
食品制造业	0.00	0.00	0.00
酒、饮料和精制茶制造业	0.00	0.00	0.00
烟草制品业	0.00	0.00	0.00
纺织业	0.00	0.00	0.00
纺织服装、服饰业	0.00	0.00	0.00
皮革、毛皮、羽毛及其制品和制鞋业	0.00	0.00	0.00
木材加工和木、竹、藤、棕、草制品业	0.00	0.00	0.00
家具制造业	0.01	0.01	0.01
造纸和纸制品业	0.01	0.00	0.00
印刷和记录媒介复制业	0.00	0.00	0.00
文教、工美、体育和娱乐用品制造业	0.00	0.00	0.00
石油加工、炼焦和核燃料加工业	67.12	0.00	0.00
化学原料和化学制品制造业	3.51	3.66	0.54
医药制造业	0.00	0.00	0.00
化学纤维制造业	0.00	0.00	0.00
橡胶和塑料制品业	0.00	0.00	0.00
非金属矿物制品业	3.18	2.08	2.83
黑色金属冶炼及压延加工业	0.00	0.00	0.00
有色金属冶炼及压延加工业	0.00	0.00	0.00
金属制品业	0.00	0.01	0.00
通用设备制造业	0.00	0.00	0.00
专用设备制造业	0.01	0.00	0.00
汽车制造业	0.03	0.00	0.00
铁路、船舶、航空航天和其他运输设备制造业	0.00	0.00	0.00
电气机械和器材制造业	0.00	0.00	0.00

续表

行业分类	2012 年	2013 年	2014 年
计算机、通信和其他电子设备制造业	0.00	0.00	0.00
仪器仪表制造业	0.00	0.00	0.00
其他制造业	0.00	0.00	0.00
废弃资源综合利用业	0.00	0.00	0.00
金属制品、机械和设备修理业	0.00	0.00	0.06
电力、燃气及水的生产和供应业	1.99	0.28	0.24
电力、热力生产和供应业	1.99	0.28	0.24
燃气生产和供应业	0.00	0.00	0.00
水的生产和供应业	0.00	0.00	0.00
建筑业	0.00	0.00	0.00
批发和零售业	0.03	0.01	0.01
交通运输、仓储和邮政业	1.28	1.60	1.88
住宿和餐饮业	0.03	0.02	0.02
信息传输、软件和信息技术服务业	0.00	0.00	0.00
金融业	0.00	0.00	0.00
房地产业	0.89	0.60	0.00
租赁和商务服务业	0.01	0.01	0.01
科学研究和技术服务业	0.00	0.00	0.00
水利、环境和公共设施管理业	0.00	0.00	0.00
居民服务、修理和其他服务业	0.01	0.00	0.01
教育	0.00	0.00	0.00
卫生和社会工作	0.00	0.00	0.00
文化、体育和娱乐业	0.00	0.00	0.00
公共管理、社会保障和社会组织	0.01	0.01	0.01
生活消费	0.00	0.00	0.00
城镇	0.00	0.00	0.00
乡村	0.00	0.00	0.00

将表 5-37、表 5-38 分行业数据进行归类加总，合并为制造业、电力燃气及水的生产和供应业、其他等三个用柴油行业，2010—2014 年北京市分行业燃料油消费量如表 5-39 所示。

表 5-39 2010—2014 年北京市主要行业燃料油消费量 单位：万吨

行业分类	2010 年	2011 年	2012 年	2013 年	2014 年
制造业	59.54	69.69	73.90	5.77	3.45
电力燃气及水的生产和供应业	6.82	3.85	1.99	0.28	0.24
其他	0.32	1.11	2.27	2.25	1.94
合计	66.68	74.65	78.16	8.30	5.63

根据近年来北京市分行业燃料油消费量测算，2020 年北京市燃料油消费量约 4 万吨。其中，2020 年制造业用燃料油约 2.6 万吨，“十三五”期间年均下降 3.4%；电力燃气及水的生产和供应业用燃料油约 0.16 万吨，“十三五”期间年均下降 2.3%；其他行业用燃料油约 1.3 万吨，“十三五”期间年均下降 2.2%；燃料油消费合计约 4 万吨，“十三五”期间年均下降 3.0%。

表 5-40 2015—2020 年北京市主要行业燃料油消费量 单位：万吨，%

行业分类	2015 年	2016 年	2017 年	2018 年	2019 年	2020 年	年均增速
制造业	3.05	3.67	3.50	3.42	2.95	2.56	-3.4
电力燃气及水的生产和供应业	0.18	0.23	0.21	0.21	0.18	0.16	-2.3
其他	1.43	1.89	1.72	1.73	1.47	1.28	-2.2
合计	4.66	5.79	5.43	5.36	4.60	4.00	-3.0

5. 成品油分品种消费预测

北京市成品油主要有汽油、煤油、柴油、燃料油，从上述成品油主要分品种分行业消费量来看，北京市“十三五”期间汽油、煤油、柴油增长较快，增速均保持在 2% 以上，2020 年成品油消费量预计达到 1316 万吨，年均增长 2.3%。

表 5-41 2015—2020 年北京市成品油分品种消费量 单位：万吨，%

品种分类	2015 年	2016 年	2017 年	2018 年	2019 年	2020 年	年均增速
汽油	456.1	463.4	472.0	482.8	496.9	511.3	2.3
煤油	514.1	529.0	535.5	548.6	562.1	577.3	2.3
柴油	201.7	206.5	209.7	214.1	219.0	224.1	2.1
燃料油	4.7	5.8	5.4	5.4	4.6	4.0	-3.0
合计	1176.6	1204.7	1222.6	1250.9	1282.6	1316.7	2.3

（三）天然气消费分行业预测

天然气主要消费行业有一产、二产工业燃料、二产化工燃料、二产发电供热、服务业、居民六个用气行业，对于北京来说，主要是二产工业燃料、二产化工燃料、二产发电供热、服务业、居民五个用气行业。

2010—2014 年北京市分行业天然气消费量如表 5-42、表 5-43 所示，根据国家统计局能源核算统一要求，2013 年开始按照能源消费数据新口径核算，2010—2011 年与 2012—2014 年行业分类亦有所调整，为保证数据的连续性，分行业天然气消费量按照 2010—2011 年、2012—2014 年两个时间段列出。

表 5-42　2010—2011 年北京市分行业天然气消费量

单位：亿立方米

行业分类	2010 年	2011 年
合计	74.78	73.56
农、林、牧、渔业	0.00	0.01
采矿业	0.63	0.31
煤炭开采和洗选业	0.00	0.00
石油和天然气开采业	0.29	0.06
黑色金属矿采选业	0.35	0.24
有色金属矿采选业	0.00	0.00
非金属矿采选业	0.00	0.00
其他采矿业	0.00	0.00
制造业	8.25	8.15
农副食品加工业	0.09	0.08
食品制造业	0.31	0.34
饮料制造业	0.04	0.05
烟草制品业	0.11	0.11
纺织业	0.02	0.03
纺织服装、鞋、帽制造业	0.02	0.02
皮革、毛皮、羽毛（绒）及其制品业	0.00	0.00
木材加工及竹、藤、棕、草制品业	0.01	0.02
家具制造业	0.01	0.01
造纸及纸制品业	0.05	0.06
印刷业和记录媒介复制业	0.25	0.23
文教体育用品制造业	0.00	0.00
石油加工、炼焦及核燃料加工业	2.75	2.56
化学原料及化学制品制造业	0.17	0.21
医药制造业	0.29	0.28
化学纤维制造业	0.01	0.01
橡胶制品业	0.00	0.01

续表

行业分类	2010 年	2011 年
塑料制品业	0.01	0.01
非金属矿物制品业	0.82	0.78
黑色金属冶炼及压延加工业	0.86	0.84
有色金属冶炼及压延加工业	0.01	0.01
金属制品业	0.18	0.19
通用设备制造业	0.12	0.13
专用设备制造业	0.21	0.14
交通运输设备制造业	1.40	1.53
电气机械及器材制造业	0.14	0.16
通信设备、计算机及其他电子设备制造业	0.29	0.26
仪器仪表及文化、办公用机械制造业	0.04	0.04
工艺品及其他制造业	0.04	0.04
废弃资源和废旧材料回收加工业	0.00	0.00
电力、燃气及水的生产和供应业	26.17	26.42
电力、热力的生产和供应业	25.66	25.90
燃气生产和供应业	0.39	0.41
水的生产和供应业	0.12	0.11
建筑业	0.46	0.41
交通运输、仓储和邮政业	6.71	2.38
信息传输、计算机服务和软件业	0.14	0.12
批发与零售业	0.47	0.52
住宿和餐饮业	4.01	3.98
金融业	0.07	0.07
房地产业	7.22	6.53
租赁和商务服务业	2.46	1.72
科学研究、技术服务与地质勘查业	1.40	2.18
水利、环境和公共设施管理业	0.18	0.17
居民服务和其他服务业	0.57	0.82
教育	3.50	3.24
卫生、社会保障和社会福利业	1.10	0.98
文化、体育与娱乐业	0.69	0.55
公共管理与社会组织	0.63	0.66
生活消费	10.15	10.49
城镇	9.89	10.21
乡村	0.26	0.28

表 5－43　2012—2014 年北京市分行业天然气消费量

单位：亿立方米

行业分类	2012 年	2013 年	2014 年
合计	92.07	98.81	113.70
农、林、牧、渔业	0.01	0.01	0.01
采矿业	0.32	0.06	0.01
煤炭开采和洗选业	0.00	0.00	0.00
石油和天然气开采业	0.06	0.00	0.00
黑色金属矿采选业	0.24	0.06	0.01
有色金属矿采选业	0.00	0.00	0.00
非金属矿采选业	0.00	0.00	0.00
开采辅助活动	0.02	0.00	0.00
其他采矿业	0.00	0.00	0.00
制造业	9.88	9.05	9.70
农副食品加工业	0.12	0.15	0.14
食品制造业	0.45	0.44	0.42
酒、饮料和精制茶制造业	0.09	0.11	0.18
烟草制品业	0.12	0.12	0.10
纺织业	0.03	0.02	0.02
纺织服装、服饰业	0.03	0.02	0.03
皮革、毛皮、羽毛及其制品和制鞋业	0.00	0.00	0.00
木材加工和木、竹、藤、棕、草制品业	0.02	0.00	0.00
家具制造业	0.01	0.01	0.02
造纸和纸制品业	0.06	0.07	0.07
印刷和记录媒介复制业	0.30	0.21	0.18
文教、工美、体育和娱乐用品制造业	0.04	0.02	0.02
石油加工、炼焦和核燃料加工业	2.62	1.94	2.74
化学原料和化学制品制造业	0.29	0.20	0.19
医药制造业	0.35	0.35	0.36
化学纤维制造业	0.02	0.03	0.03
橡胶和塑料制品业	0.09	0.07	0.12
非金属矿物制品业	0.98	0.81	0.81
黑色金属冶炼及压延加工业	0.91	0.88	0.81
有色金属冶炼及压延加工业	0.01	0.02	0.02
金属制品业	0.44	0.41	0.37
通用设备制造业	0.19	0.15	0.15
专用设备制造业	0.12	0.13	0.12

续表

行业分类	2012 年	2013 年	2014 年
汽车制造业	1.88	2.26	2.22
铁路、船舶、航空航天和其他运输设备制造业	0.05	0.05	0.04
电气机械和器材制造业	0.15	0.09	0.08
计算机、通信和其他电子设备制造业	0.28	0.27	0.27
仪器仪表制造业	0.06	0.05	0.05
其他制造业	0.02	0.02	0.02
废弃资源综合利用业	0.00	0.02	0.02
金属制品、机械和设备修理业	0.15	0.13	0.10
电力、燃气及水的生产和供应业	34.98	48.99	61.70
电力、热力生产和供应业	34.49	44.67	56.44
燃气生产和供应业	0.43	4.25	5.16
水的生产和供应业	0.06	0.07	0.10
建筑业	0.49	0.43	0.22
批发和零售业	0.62	0.60	0.64
交通运输、仓储和邮政业	8.22	2.35	3.17
住宿和餐饮业	4.67	5.62	6.11
信息传输、软件和信息技术服务业	0.14	0.16	0.16
金融业	0.10	0.12	0.22
房地产业	8.21	7.56	7.82
租赁和商务服务业	2.03	1.93	2.26
科学研究和技术服务业	3.07	2.39	2.33
水利、环境和公共设施管理业	0.20	0.46	0.42
居民服务、修理和其他服务业	0.91	0.92	0.29
教育	3.97	3.76	3.64
卫生和社会工作	1.14	1.16	1.06
文化、体育和娱乐业	0.85	0.57	0.50
公共管理、社会保障和社会组织	0.72	0.73	0.73
生活消费	11.54	11.94	12.71
城镇	11.27	11.60	12.26
乡村	0.27	0.34	0.45

将表 5 -42、表 5 -43 分行业数据进行归类加总，合并为一产、二产工业燃料、二产化工燃料、二产发电供热、服务业、居民六个用气行业，2010—2014 年北京市分行业天然气消费量如表 5 -44 所示。

表 5－44　2010—2014 年北京市主要行业天然气消费量

单位：亿立方米

行业分类	2010 年	2011 年	2012 年	2013 年	2014 年
一产	0. 00	0. 01	0. 01	0. 01	0. 01
二产工业燃料	7. 35	6. 97	8. 73	8. 54	10. 78
二产化工燃料	3. 10	2. 93	3. 05	0. 00	3. 76
二产发电供热	27. 21	27. 34	36. 34	52. 40	44. 87
服务业	26. 36	25. 25	31. 79	25. 77	39. 26
居民	10. 76	11. 07	12. 16	12. 10	15. 02
合计	74. 78	73. 56	92. 07	98. 81	113. 70

我国政府在《大气污染防治行动计划》和《京津冀及周边地区落实大气污染防治行动计划实施细则》等一系列政策中提出，要“优化天然气使用方式，新增天然气应优先保障居民生活或用于替代煤炭”和“计划 2013—2017 年削减煤炭消费 6300 万吨”等政策。北京市作为国家政治、经济、文化中心，北京市大气污染防治事关全国工作的信心和成败。北京市坚持绿色发展理念，立足宜居城市功能定位，不断完善大气污染综合防治体系，凝心聚力、不懈不怠，持续推动首都空气质量改善。北京市“十三五”期间将进一步提高天然气等清洁能源在能源结构中的比重，目前已基本建成覆盖新城、重点小城镇及重点工业开发区、园区和产业基地的天然气供应管网，为北京市“十三五”期间天然气快速增长奠定了坚实的基础。

按照北京市“十三五”期间进一步提高天然气等清洁能源在能源结构中的比重目标，根据近年来北京市分行业天然气消费量测算，2020 年北京市天然气消费量约 200 亿立方米。其中，2020 年一产用气约 0. 01 亿立方米，“十三五”期间年均增长 0；二产工业燃料用气约 19 亿立方米，“十三五”期间年均增长 8. 9%；二产化工燃料用气约 5 亿立方米，“十三五”期间年均增长 6. 7%；二产发电供热用气约85 亿立方米，“十三五”期间年均增长 9. 8%；服务业用气约 65 亿立方米，“十三五”期间年均增长 8. 8%；居民用气约 27 亿立方米，“十三五”期间年均增长 8. 7%；天然气消费合计约 200 亿立方米，“十三五”期间年均增长 9. 2%。

表 5－45　2015—2020 年北京市主要行业天然气消费量

单位：亿立方米，%

行业分类	2015 年	2016 年	2017 年	2018 年	2019 年	2020 年	年均增速
一产	0. 01	0. 01	0. 01	0. 01	0. 01	0. 01	0. 0
二产工业燃料	12. 13	13. 44	14. 77	16. 02	17. 49	18. 61	8. 9
二产化工燃料	3. 81	3. 92	3. 92	3. 97	5. 14	5. 26	6. 7

续表

行业分类	2015 年	2016 年	2017 年	2018 年	2019 年	2020 年	年均增速
二产发电供热	53.12	60.80	68.65	76.06	78.53	84.84	9.8
服务业	42.57	46.97	51.24	55.01	61.39	64.85	8.8
居民	17.60	19.47	20.98	22.84	24.97	26.71	8.7
合计	129.24	144.60	159.56	173.91	187.52	200.28	9.2

2011—2020 年北京市主要用气行业的行业增加值如表 5－46、表 5－47 所示，测算的主要行业单位增加值气耗如表 5－48、表 5－49 所示。从一产、二产工业燃料、二产化工燃料、二产发电供热、服务业行业增加值来看，“十三五”期间一产行业和二产工业燃料行业增加值增速较“十二五”有较大提升，其中，一产行业增加值增速从“十二五”期间的－0.8%提升至“十三五”期间的6.5%左右，二产工业燃料行业增加值增速从“十二五”期间的3.8%提升至“十三五”期间的6.2%左右；二产化工燃料行业低迷，年均下降4.7%；服务业是“十三五”经济增长的主要拉动力，年均增长6.8%。从一产、二产工业燃料、二产化工燃料、二产发电供热、服务业行业单位增加值气耗来看，一产行业单位增加值气耗年均下降6.1%，二产工业燃料行业单位增加值气耗年均增长2.6%，二产化工燃料行业单位增加值气耗年均增长12.0%，二产发电供热行业单位增加值气耗年均增长5.3%，服务业行业单位增加值气耗年均增长1.8%，北京市单位GDP气耗年均增长2.4%。

表 5－46 2010—2015 年北京市主要用气行业增加值（2010 年价） 单位：亿元，%

行业分类	2010	2011	2012	2013	2014	2015	年均增速
一产	127.0	128.1	132.1	136.1	136.0	121.8	－0.8
二产工业燃料	2713.5	2890.4	3107.2	3376.8	3660.8	3268.1	3.8
二产化工燃料	268.0	277.0	198.1	161.4	166.5	133.7	－13.0
二产发电供热	405.8	445.2	575.8	658.1	658.5	576.7	7.3
服务业	10599.3	11516.1	12418.3	13364.5	14366.9	16198.5	8.9
合计	14113.6	15256.8	16431.6	17696.8	18988.7	20298.9	7.5

表 5－47 2015—2020 年北京市主要用气行业增加值（2010 年价） 单位：亿元，%

行业分类	2015 年	2016 年	2017 年	2018 年	2019 年	2020 年	年均增速
一产	121.8	124.2	131.9	147.7	150.7	167.1	6.5
二产工业燃料	3268.1	3521.0	3748.1	3954.7	4172.6	4407.4	6.2
二产化工燃料	133.7	129.5	123.8	117.2	110.8	104.9	－4.7

续表

行业分类	2015 年	2016 年	2017 年	2018 年	2019 年	2020 年	年均增速
二产发电供热	576.7	609.9	637.5	660.7	685.0	711.2	4.3
服务业	16198.5	17256.0	18380.0	19653.6	21041.3	22551.4	6.8
合计	20298.9	21640.6	23021.3	24533.8	26160.4	27941.9	6.6

表 5-48　2010—2015 年北京市主要行业气耗（2010 年价） 单位：立方米/万元，%

行业分类	2010 年	2011 年	2012 年	2013 年	2014 年	2015 年	年均增速
一产	0.00	0.52	0.47	0.81	0.58	0.65	—
二产工业燃料	27.08	24.13	28.10	25.28	29.45	37.10	6.5
二产化工燃料	115.79	105.71	153.76	0.00	225.91	285.05	19.7
二产发电供热	670.56	614.13	631.07	796.31	681.44	921.06	6.6
服务业	24.87	21.92	25.60	19.28	27.33	26.28	1.1
合计	52.98	48.21	56.03	55.84	59.88	63.67	3.7

表 5-49　2015—2020 年北京市主要行业气耗（2010 年价） 单位：立方米/万元，%

行业分类	2015 年	2016 年	2017 年	2018 年	2019 年	2020 年	年均增速
一产	0.65	0.64	0.60	0.53	0.52	0.47	-6.1
二产工业燃料	37.10	38.17	39.40	40.50	41.91	42.23	2.6
二产化工燃料	285.05	302.60	316.57	339.15	463.89	501.86	12.0
二产发电供热	921.06	996.90	1076.80	1151.17	1146.35	1192.87	5.3
服务业	26.28	27.22	27.88	27.99	29.18	28.76	1.8
合计	63.67	66.82	69.31	70.89	71.68	71.68	2.4

（四）电力消费分行业预测

电力主要消费行业有一产、二产非金属、二产化工、二产黑色金属、二产有色金属、二产装备制造、二产电力燃气水供应业、二产采矿、二产其他、三产、居民生活 11 个用电行业，对于北京来说，主要是二产装备制造、二产电力燃气水供应业、二产其他、三产、居民生活等用电行业。

2010—2014 年北京市分行业电力消费量如表 5-50、表 5-51 所示，根据国家统计局能源核算统一要求，2013 年开始按照能源消费数据新口径核算，2010—2011 年与 2012—2014 年行业分类亦有所调整，为保证数据的连续性，分行业电力消费量按照2010—2011年、2012—2014年两个时间段列出。

表5-50 2010—2011年北京市分行业电力消费量 单位：亿千瓦时

行业分类	2010年	2011年
合计	830.90	853.68
农、林、牧、渔业	16.89	17.04
采矿业	39.28	21.08
煤炭开采和洗选业	1.48	1.61
石油和天然气开采业	0.57	0.74
黑色金属矿采选业	36.90	18.23
有色金属矿采选业	0.00	0.00
非金属矿采选业	0.33	0.50
其他采矿业	0.00	0.00
制造业	167.74	169.99
农副食品加工业	3.55	3.63
食品制造业	4.66	4.77
饮料制造业	4.65	5.24
烟草制品业	0.26	0.28
纺织业	1.87	1.88
纺织服装、鞋、帽制造业	1.45	1.49
皮革、毛皮、羽毛（绒）及其制品业	0.13	0.15
木材加工及竹、藤、棕、草制品业	1.18	1.22
家具制造业	1.32	1.34
造纸及纸制品业	1.92	1.92
印刷业和记录媒介复制业	5.26	5.51
文教体育用品制造业	0.36	0.39
石油加工、炼焦及核燃料加工业	21.15	18.80
化学原料及化学制品制造业	23.20	19.50
医药制造业	3.96	4.35
化学纤维制造业	0.32	0.35
橡胶制品业	1.65	1.67
塑料制品业	5.18	5.39
非金属矿物制品业	23.25	23.12
黑色金属冶炼及压延加工业	4.60	4.27
有色金属冶炼及压延加工业	2.35	2.49
金属制品业	5.86	6.24
通用设备制造业	7.55	7.76

续表

行业分类	2010 年	2011 年
专用设备制造业	5.20	5.38
交通运输设备制造业	15.08	16.41
电气机械及器材制造业	4.28	4.89
通信设备、计算机及其他电子设备制造业	14.59	18.73
仪器仪表及文化、办公用机械制造业	1.14	1.24
工艺品及其他制造业	1.11	1.17
废弃资源和废旧材料回收加工业	0.67	0.41
电力、燃气及水的生产和供应业	98.82	96.16
电力、热力的生产和供应业	89.82	86.81
燃气生产和供应业	0.78	0.81
水的生产和供应业	8.22	8.55
建筑业	23.55	25.14
交通运输、仓储和邮政业	50.37	61.96
信息传输、计算机服务和软件业	30.04	33.68
批发和零售业	38.83	42.18
住宿和餐饮业	37.63	41.79
金融业	9.59	12.03
房地产业	56.40	57.81
租赁和商务服务业	28.30	29.76
科学研究、技术服务与地质勘查业	19.24	20.80
水利、环境和公共设施管理业	8.33	9.60
居民服务和其他服务业	3.70	4.09
教育	24.55	24.97
卫生、社会保障和社会福利业	10.25	10.99
文化、体育与娱乐业	10.92	12.52
公共管理与社会组织	17.14	17.36
生活消费	139.33	144.74
城镇	95.38	95.48
乡村	43.95	49.26

表 5-51　2012—2014 年北京市分行业电力消费量　　单位：亿千瓦时

行业分类	2012 年	2013 年	2014 年
合计	911.94	908.70	933.41
农、林、牧、渔业	18.14	18.57	18.56
采矿业	19.40	4.75	6.19

续表

行业分类	2012 年	2013 年	2014 年
煤炭开采和洗选业	1. 72	1. 79	1. 60
石油和天然气开采业	0. 26	0. 00	0. 00
黑色金属矿采选业	16. 34	2. 75	4. 43
有色金属矿采选业	0. 00	0. 00	0. 00
非金属矿采选业	0. 24	0. 11	0. 12
开采辅助活动	0. 84	0. 10	0. 04
其他采矿业	0. 00	0. 00	0. 00
制造业	175. 62	176. 28	174. 29
农副食品加工业	3. 97	4. 36	4. 40
食品制造业	4. 86	5. 30	5. 26
酒、饮料和精制茶制造业	5. 46	4. 38	4. 13
烟草制品业	0. 26	0. 29	0. 28
纺织业	1. 35	1. 13	0. 97
纺织服装、服饰业	2. 09	2. 43	2. 23
皮革、毛皮、羽毛及其制品和制鞋业	0. 19	0. 28	0. 26
木材加工和木、竹、藤、棕、草制品业	1. 11	1. 51	1. 38
家具制造业	1. 38	1. 77	1. 74
造纸和纸制品业	1. 95	2. 07	2. 12
印刷和记录媒介复制业	5. 92	6. 09	5. 84
文教、工美、体育和娱乐用品制造业	0. 71	0. 93	0. 80
石油加工、炼焦和核燃料加工业	17. 38	15. 23	17. 25
化学原料和化学制品制造业	17. 02	14. 25	13. 58
医药制造业	4. 87	5. 48	5. 82
化学纤维制造业	0. 37	0. 19	0. 30
橡胶和塑料制品业	7. 25	7. 10	6. 60
非金属矿物制品业	21. 45	21. 01	18. 45
黑色金属冶炼及压延加工业	5. 86	5. 29	4. 73
有色金属冶炼及压延加工业	2. 05	1. 59	1. 45
金属制品业	6. 56	7. 73	7. 44
通用设备制造业	6. 16	6. 84	6. 46
专用设备制造业	4. 54	5. 05	4. 84
汽车制造业	18. 15	20. 31	22. 20
铁路、船舶、航空航天和其他运输设备制造业	2. 24	2. 49	2. 66
电气机械和器材制造业	4. 86	4. 69	4. 61

续表

行业分类	2012 年	2013 年	2014 年
计算机、通信和其他电子设备制造业	23.37	25.48	25.52
仪器仪表制造业	1.27	1.42	1.46
其他制造业	0.90	0.89	0.79
废弃资源综合利用业	0.35	0.22	0.22
金属制品、机械和设备修理业	1.72	0.48	0.50
电力、燃气及水的生产和供应业	102.13	116.98	117.84
电力、热力生产和供应业	92.42	105.21	105.23
燃气生产和供应业	0.80	0.87	0.87
水的生产和供应业	8.91	10.90	11.74
建筑业	25.89	23.52	22.38
批发和零售业	45.27	38.78	40.50
交通运输、仓储和邮政业	69.11	44.64	45.02
住宿和餐饮业	43.62	48.03	49.90
信息传输、软件和信息技术服务业	37.24	40.44	44.71
金融业	13.42	15.07	17.07
房地产业	60.29	64.77	63.50
租赁和商务服务业	30.63	37.33	37.75
科学研究和技术服务业	23.40	28.06	27.37
水利、环境和公共设施管理业	9.88	11.21	13.04
居民服务、修理和其他服务业	5.04	4.78	4.42
教育	27.02	29.88	31.62
卫生和社会工作	11.59	14.33	15.68
文化、体育和娱乐业	13.76	13.67	14.63
公共管理、社会保障和社会组织	18.66	20.57	19.68
生活消费	161.83	157.04	169.26
城镇	137.09	134.74	145.74
乡村	24.74	22.30	23.52

将表 5－50、表 5－51 分行业数据进行归类加总，合并为一产、二产非金属、二产化工、二产黑色金属、二产有色金属、二产装备制造、二产电力燃气水供应业、二产采矿、二产其他、三产、居民生活 11 个用电行业，2010—2014 年北京市分行业电力消费量如表 5－52 所示。

表 5－52 2010—2014 年北京市主要行业电力消费量 单位：亿千瓦时

行业分类	2010 年	2011 年	2012 年	2013 年	2014 年
一产	16.9	17.0	18	19	18.6
二产非金属	23.2	23.1	21	20	22.0
二产化工	23.2	19.5	17	13	17.4
二产黑色金属	4.6	4.3	6	5	6.0
二产有色金属	2.3	2.5	2	1	2.1
二产装备制造	55.5	62.2	70	69	71.8
二产电力燃气水供应业	98.8	96.2	102	102	104.5
二产采矿	39.3	21.1	19	22	19.9
二产其他	82.4	83.5	85	76	87.0
三产	345.3	379.5	409	407	418.6
居民生活	139.3	144.7	162	175	165.7
合计	830.90	853.68	911.94	908.70	933.41

按照北京市“十三五”能源消费结构“减煤稳油增气”，实施煤改电、气改电等政策要求，根据近年来北京市分行业电力消费量测算，2020 年北京市电力消费量约 1157 亿千瓦时。其中，2020 年一产用电约 24 亿千瓦时，“十三五”期间年均增长 4.1%；二产非金属用电约 28 亿千瓦时，“十三五”期间年均增长 3.3%；二产化工用电约 22 亿千瓦时，“十三五”期间年均增长 2.4%；二产黑色金属用电约 7 亿千瓦时，“十三五”期间年均增长 4.3%；二产有色金属用电约 3 亿千瓦时，“十三五”期间年均增长 2.7%；二产装备制造用电约 87 亿千瓦时，“十三五”期间年均增长 4.3%；二产电力燃气水供应业用电约 131 亿千瓦时，“十三五”期间年均增长 3.8%；二产采矿用电约 29 亿千瓦时，“十三五”期间年均增长 1.6%；二产其他用电约 107 亿千瓦时，“十三五”期间年均增长 3.6%；三产用电约 515 亿千瓦时，“十三五”期间年均增长 4.2%；居民生活用电约 206 亿千瓦时，“十三五”期间年均增长 4.2%；电力消费合计约 1157 亿千瓦时，“十三五”期间年均增长 4.0%。

表 5－53 2015—2020 年北京市主要行业电力消费量 单位：亿千瓦时，%

行业分类	2015 年	2016 年	2017 年	2018 年	2019 年	2020 年	年均增速
一产	19.8	20.7	21.7	22.8	23.2	24.2	4.1
二产非金属	23.6	23.9	24.2	25.2	26.6	27.7	3.3
二产化工	19.5	18.9	18.8	19.5	21.1	22.0	2.4
二产黑色金属	5.4	5.7	6.0	6.1	6.5	6.7	4.3

续表

行业分类	2015 年	2016 年	2017 年	2018 年	2019 年	2020 年	年均增速
二产有色金属	2.3	2.3	2.2	2.3	2.5	2.6	2.7
二产装备制造	70.4	74.8	78.3	81.2	84.2	87.1	4.3
二产电力燃气水供应业	108.3	111.7	116.2	120.9	125.6	130.6	3.8
二产采矿	26.5	23.7	24.5	26.0	27.0	28.7	1.6
二产其他	89.0	91.6	94.1	97.5	102.8	106.5	3.6
三产	420.1	442.4	460.6	478.4	496.6	514.8	4.2
居民生活	167.8	176.5	185.3	193.1	198.6	206.4	4.2
合计	952.72	992.00	1032.10	1072.99	1114.67	1157.10	4.0

2010—2020 年北京市主要用电行业的行业增加值如表 5－54、表 5－55 所示，测算的主要行业单位增加值电耗如表 5－56、表 5－57 所示。从一产、二产非金属、二产化工、二产黑色金属、二产有色金属、二产装备制造、二产电力燃气水供应业、二产采矿、二产其他、三产行业增加值来看，“十三五”期间一产行业增加值增速较“十二五”有较大提升，从“十二五”期间的－0.8%提升至“十三五”期间的6.5%左右；二产非金属、二产化工、二产黑色金属、二产装备制造、二产采矿、二产其他行业增加值增速均高于“十二五”期间的增速，其中，二产非金属行业增加值增速从“十二五”期间的－4.4%提升至“十三五”期间的－0.6%左右，二产化工行业增加值增速从“十二五”期间的－9.5%提升至“十三五”期间的－5.9%左右，二产黑色金属行业增加值增速从“十二五”期间的－33.3%提升至“十三五”期间的0.5%左右，二产装备制造行业增加值增速从“十二五”期间的5.1%提升至“十三五”期间的7.0%左右，二产采矿行业增加值增速从“十二五”期间的－8.7%提升至“十三五”期间的0.1%左右，二产其他行业增加值增速从“十二五”期间的3.3%提升至“十三五”期间的5.8%左右；二产有色金属、二产电力燃气水供应业行业增加值增速均低于“十二五”期间的增速，二产有色金属行业增加值增速从“十二五”期间的15.2%下降至“十三五”期间的1.6%左右，二产电力燃气水供应业行业增加值增速从“十二五”期间的7.8%下降至“十三五”期间的4.3%左右。三产是“十三五”经济增长的主要拉动力，年均增长6.8%。从一产、二产非金属、二产化工、二产黑色金属、二产有色金属、二产装备制造、二产电力燃气水供应业、二产采矿、二产其他、三产行业行业单位增加值电耗来看，一产、二产装备制造、二产电力燃气水供应业、二产其他、三产行业行业单位增加值

电耗呈下降趋势，“十三五”期间年均分别下降2.2%、2.5%、0.5%、2.1%和2.5%，二产非金属、二产化工、二产黑色金属、二产有色金属、二产采矿行业行业单位增加值电耗呈增加趋势，“十三五”期间年均分别增长3.9%、8.8%、3.8%、1.2%和1.5%。整体来看，北京市单位GDP电耗年均下降2.5%。

表5-54 2010—2015年北京市主要用电行业增加值（2010年价） 单位：亿元,%

行业分类	2010年	2011年	2012年	2013年	2014年	2015年	年均增速
一产	127.0	128.1	132.1	136.1	136.0	121.8	-0.8
二产非金属	89.2	91.5	80.9	83.1	84.9	71.2	-4.4
二产化工	101.3	112.4	99.5	86.6	77.7	61.6	-9.5
二产黑色金属	44.4	11.1	5.5	4.8	6.9	5.9	-33.3
二产有色金属	8.0	12.3	20.3	16.4	18.9	16.2	15.2
二产装备制造	1193.4	1290.8	1356.0	1537.8	1699.7	1533.5	5.1
二产电力燃气水供应业	449.7	486.1	631.0	715.9	747.7	655.2	7.8
二产采矿	238.3	248.3	253.2	238.5	179.5	150.9	-8.7
二产其他	1263.0	1360.2	1434.7	1513.1	1670.5	1484.2	3.3
三产	10599.3	11516.1	12418.3	13364.5	14366.9	16198.5	8.9
合计	14113.6	15256.8	16431.6	17696.8	18988.7	20298.9	7.5

表5-55 2015—2020年北京市主要用电行业增加值（2010年价） 单位：亿元,%

行业分类	2015年	2016年	2017年	2018年	2019年	2020年	年均增速
一产	121.8	124.2	131.9	147.7	150.7	167.1	6.5
二产非金属	71.2	72.0	71.8	70.9	70.0	69.2	-0.6
二产化工	61.6	58.9	55.7	52.0	48.6	45.4	-5.9
二产黑色金属	5.9	6.0	6.1	6.1	6.0	6.0	0.5
二产有色金属	16.2	16.7	17.0	17.2	17.3	17.5	1.6
二产装备制造	1533.5	1668.1	1791.3	1905.0	2024.4	2152.1	7.0
二产电力燃气水供应业	655.2	693.2	724.9	751.7	779.7	809.9	4.3
二产采矿	150.9	153.2	153.7	153.0	152.3	151.8	0.1
二产其他	1484.2	1592.3	1688.9	1776.7	1870.0	1971.6	5.8
三产	16198.5	17256.0	18380.0	19653.6	21041.3	22551.4	6.8
合计	20298.9	21640.6	23021.3	24533.8	26160.4	27941.9	6.6

表5-56 2010—2015年北京市主要行业电耗（2010年价） 单位：千瓦时/万元,%

行业分类	2010年	2011年	2012年	2013年	2014年	2015年	年均增速
一产	1330	1330	1373	1364	1365	1625	4.1

续表

行业分类	2010 年	2011 年	2012 年	2013 年	2014 年	2015 年	年均增速
二产非金属	2605	2527	2652	2350	2586	3308	4.9
二产化工	2290	1735	1710	1516	2243	3170	6.7
二产黑色金属	1036	3856	10622	9416	8632	9187	54.7
二产有色金属	2946	2019	1011	896	1112	1398	-13.8
二产装备制造	465	482	517	450	422	459	-0.2
二产电力燃气水供应业	2198	1978	1618	1430	1398	1653	-5.5
二产采矿	1648	849	766	930	1107	1754	1.3
二产其他	653	614	592	504	521	600	-1.7
三产	326	330	329	304	291	259	-4.5
合计	588.72	559.54	554.99	513.48	491.56	469.34	-4.4

表 5-57 2015—2020 年北京市主要行业电耗（2010 年价）单位：千瓦时/万元，%

行业分类	2015 年	2016 年	2017 年	2018 年	2019 年	2020 年	年均增速
一产	1625	1666	1647	1546	1537	1451	-2.2
二产非金属	3308	3318	3373	3547	3795	4000	3.9
二产化工	3170	3202	3387	3749	4340	4835	8.8
二产黑色金属	9187	9408	9945	10147	10834	11057	3.8
二产有色金属	1398	1356	1306	1334	1441	1481	1.2
二产装备制造	459	448	437	426	416	405	-2.5
二产电力燃气水供应业	1653	1611	1603	1609	1611	1612	-0.5
二产采矿	1754	1547	1593	1699	1770	1888	1.5
二产其他	600	575	557	549	550	540	-2.1
三产	259	256	251	243	236	228	-2.5
合计	469.34	458.40	448.32	437.35	426.09	414.11	-2.5

四、“十三五”时期北京能源需求总量分行业预测

2010—2014 年北京市分行业能源消费量如表 5-58、表 5-59 所示，根据国家统计局能源核算统一要求，2013 年开始按照能源消费数据新口径核算，2010—2011 年与 2012—2014 年行业分类亦有所调整，为保证数据的连续性，分行业能源消费量按照 2010—2011 年、2012—2014 年两个时间段列出。

表5－58 2010—2011年北京市分行业能源消费量 单位：万吨标煤

行业分类	2010年	2011年
合计	6954.05	6995.40
农、林、牧、渔业	100.25	100.33
采矿业	554.46	189.87
煤炭开采和洗选业	5.51	6.10
石油和天然气开采业	28.89	30.10
黑色金属矿采选业	515.45	148.76
有色金属矿采选业	0.00	0.00
非金属矿采选业	4.61	4.91
其他采矿业	0.00	0.00
制造业	1626.04	1714.47
农副食品加工业	26.68	28.20
食品制造业	32.44	32.24
饮料制造业	43.29	46.83
烟草制品业	2.25	2.36
纺织业	13.84	14.48
纺织服装、鞋、帽制造业	14.01	16.48
皮革、毛皮、羽毛（绒）及其制品业	0.72	1.02
木材加工及竹、藤、棕、草制品业	5.12	5.89
家具制造业	6.59	8.10
造纸及纸制品业	14.56	14.93
印刷业和记录媒介复制业	25.40	27.61
文教体育用品制造业	2.95	3.35
石油加工、炼焦及核燃料加工业	584.98	621.69
化学原料及化学制品制造业	194.42	191.87
医药制造业	27.83	30.45
化学纤维制造业	1.54	1.47
橡胶制品业	10.18	10.27
塑料制品业	21.49	23.04
非金属矿物制品业	269.94	271.22
黑色金属冶炼及压延加工业	27.88	26.53
有色金属冶炼及压延加工业	9.43	10.01
金属制品业	28.86	34.51
通用设备制造业	38.40	42.58
专用设备制造业	32.01	32.90

续表

行业分类	2010 年	2011 年
交通运输设备制造业	92.93	99.09
电气机械及器材制造业	24.44	28.40
通信设备、计算机及其他电子设备制造业	54.79	69.77
仪器仪表及文化、办公用机械制造业	6.75	8.47
工艺品及其他制造业	8.61	8.83
废弃资源和废旧材料回收加工业	3.71	1.89
电力、燃气及水的生产和供应业	379.15	425.32
电力、热力的生产和供应业	343.36	384.63
燃气生产和供应业	8.58	12.36
水的生产和供应业	27.21	28.33
建筑业	167.01	159.07
交通运输、仓储和邮政业	1104.84	1185.89
信息传输、计算机服务和软件业	107.53	124.00
批发和零售业	192.72	211.46
住宿和餐饮业	239.41	253.08
金融业	43.32	50.88
房地产业	389.60	391.17
租赁和商务服务业	182.48	182.57
科学研究、技术服务与地质勘查业	122.72	144.74
水利、环境和公共设施管理业	40.17	47.03
居民服务和其他服务业	34.17	46.25
教育	199.54	205.79
卫生、社会保障和社会福利业	66.87	71.69
文化、体育与娱乐业	60.09	69.84
公共管理与社会组织	113.97	116.13
生活消费	1229.71	1305.84
城镇	921.67	959.49
乡村	308.04	346.35

表 5-59 2012—2014 年北京市分行业能源消费量

单位：万吨标煤

行业分类	2012 年	2013 年	2014 年
合计	7177.68	6723.89	6831.22
农、林、牧、渔业	100.75	97.31	91.69
采矿业	195.12	22.04	22.21

续表

行业分类	2012 年	2013 年	2014 年
煤炭开采和洗选业	6.44	6.17	5.53
石油和天然气开采业	0.77	0.01	0.01
黑色金属矿采选业	150.94	13.43	15.22
有色金属矿采选业	0.00	0.01	0.01
非金属矿采选业	1.81	2.04	1.22
开采辅助活动	35.16	0.38	0.22
其他采矿业	0.00	0.00	0.00
制造业	1640.46	1388.55	1332.76
农副食品加工业	30.85	26.86	26.16
食品制造业	32.70	30.34	30.02
酒、饮料和精制茶制造业	46.09	34.92	31.10
烟草制品业	2.40	2.28	1.99
纺织业	8.86	6.37	5.49
纺织服装、服饰业	22.65	15.21	14.34
皮革、毛皮、羽毛及其制品和制鞋业	1.39	1.19	1.14
木材加工和木、竹、藤、棕、草制品业	5.49	6.21	5.56
家具制造业	8.52	7.90	7.65
造纸和纸制品业	15.31	11.18	11.69
印刷和记录媒介复制业	30.29	25.21	24.47
文教、工美、体育和娱乐用品制造业	5.89	4.94	4.39
石油加工、炼焦和核燃料加工业	564.68	468.50	477.21
化学原料和化学制品制造业	158.36	113.08	97.66
医药制造业	33.05	32.13	32.30
化学纤维制造业	1.72	0.99	1.30
橡胶和塑料制品业	34.65	29.67	27.39
非金属矿物制品业	235.20	203.33	168.30
黑色金属冶炼及压延加工业	32.23	27.63	24.78
有色金属冶炼及压延加工业	8.47	5.74	5.26
金属制品业	37.66	35.61	34.37
通用设备制造业	38.37	30.94	30.35
专用设备制造业	26.03	24.28	23.59
汽车制造业	98.84	100.13	102.63
铁路、船舶、航空航天和其他运输设备制造业	17.46	17.49	17.12
电气机械和器材制造业	28.95	21.56	22.09

续表

行业分类	2012 年	2013 年	2014 年
计算机、通信和其他电子设备制造业	82.79	86.54	85.90
仪器仪表制造业	8.97	7.72	8.07
其他制造业	6.52	4.98	5.54
废弃资源综合利用业	1.59	1.12	1.10
金属制品、机械和设备修理业	14.48	4.50	3.80
电力、燃气及水的生产和供应业	440.08	540.72	518.54
电力、热力生产和供应业	400.38	449.68	417.76
燃气生产和供应业	10.92	56.25	63.89
水的生产和供应业	28.78	34.79	36.89
建筑业	150.45	127.91	124.85
批发和零售业	221.68	189.91	194.18
交通运输、仓储和邮政业	1235.05	1145.52	1204.15
住宿和餐饮业	262.34	282.56	292.04
信息传输、软件和信息技术服务业	129.64	136.19	148.40
金融业	54.26	61.22	68.41
房地产业	411.54	376.99	374.91
租赁和商务服务业	196.26	188.98	210.51
科学研究和技术服务业	163.92	160.81	159.81
水利、环境和公共设施管理业	46.51	53.50	61.52
居民服务、修理和其他服务业	47.13	40.70	32.69
教育	222.87	208.19	220.52
卫生和社会工作	74.05	79.89	84.70
文化、体育和娱乐业	71.47	62.25	65.44
公共管理、社会保障和社会组织	115.35	122.34	119.26
生活消费	1398.75	1438.31	1504.63
城镇	1115.44	1199.04	1248.07
乡村	283.31	239.27	256.56

将表5－58、表5－59分行业数据进行归类加总，合并为农林牧渔业、工业、建筑业、批发和零售业、交通运输仓储和邮政业、住宿和餐饮业、信息传输软件和信息技术服务业、金融业、房地产业、租赁和商务服务业、其他行业11个用能行业，2010—2014年北京市分行业能源消费量如表5－60所示。

表5-60 2010—2014年北京市主要行业能源消费量 单位：万吨标煤

行业分类	2010年	2011年	2012年	2013年	2014年
农林牧渔业	100.25	100.33	100.75	97.31	91.69
工业	2559.65	2329.66	2275.66	1951.31	1873.51
建筑业	167.01	159.07	150.45	127.91	124.85
批发和零售业	192.72	211.46	221.68	189.91	194.18
交通运输仓储和邮政业	1104.84	1185.89	1235.05	1145.52	1204.15
住宿和餐饮业	239.41	253.08	262.34	282.56	292.04
信息传输软件和信息技术服务业	107.53	124.00	129.64	136.19	148.40
金融业	43.32	50.88	54.26	61.22	68.41
房地产业	389.60	391.17	411.54	376.99	374.91
租赁和商务服务业	182.48	182.57	196.26	188.98	210.51
其他	1867.24	2007.29	2140.05	2165.99	2248.57
合计	6954.05	6995.40	7177.68	6723.89	6831.22

按照北京市“十三五”优化能源结构，提高清洁能源使用比重，推进新能源规模化发展与综合利用等目标，根据近年来北京市分行业能源消费量测算，2020年北京市能源消费量约7503万吨标准煤。其中，2020年农林牧渔业用能约104万吨标准煤，“十三五”期间年均增长1.7%；工业用能约2099万吨标准煤，“十三五”期间年均增长1.6%；建筑业用能约140万吨标准煤，“十三五”期间年均增长1.7%；批发和零售业用能约213万吨标准煤，“十三五”期间年均增长1.9%；交通运输仓储和邮政业用能约1309万吨标准煤，“十三五”期间年均增长2.0%；住宿和餐饮业用能约320万吨标准煤，“十三五”期间年均增长1.9%；信息传输软件和信息技术服务业用能约160万吨标准煤，“十三五”期间年均增长2.1%；金融业用能约74万吨标准煤，“十三五”期间年均增长2.3%；房地产业用能约416万吨标准煤，“十三五”期间年均增长1.8%；租赁和商务服务业用能约226万吨标准煤，“十三五”期间年均增长2.2%；其他行业用能约2444万吨标准煤，“十三五”期间年均增长1.9%；能源消费合计7503万吨标准煤，“十三五”期间年均增长1.8%。

表5-61 2015—2020年北京市主要行业能源消费量 单位：万吨标煤，%

行业分类	2015年	2016年	2017年	2018年	2019年	2020年	年均增速
农林牧渔业	95.92	95.28	98.26	99.33	102.05	104.29	1.7
工业	1934.23	1936.13	1982.23	2011.03	2055.65	2098.62	1.6
建筑业	128.13	128.66	131.49	133.88	136.55	139.56	1.7

续表

行业分类	2015 年	2016 年	2017 年	2018 年	2019 年	2020 年	年均增速
批发和零售业	193.90	197.51	200.77	204.41	208.50	213.09	1.9
交通运输仓储和邮政业	1188.09	1216.34	1231.47	1256.72	1280.37	1309.29	2.0
住宿和餐饮业	290.51	296.26	300.44	306.62	312.75	319.63	1.9
信息传输软件和信息技术服务业	143.89	148.83	149.87	153.31	156.38	159.82	2.1
金融业	65.78	68.15	68.57	70.54	71.95	73.53	2.3
房地产业	380.27	383.89	391.64	398.03	406.72	415.67	1.8
租赁和商务服务业	202.13	210.03	211.37	216.65	220.25	225.84	2.2
其他	2228.86	2273.41	2303.18	2347.19	2390.43	2443.77	1.9
合计	6851.71	6954.49	7069.29	7197.71	7341.60	7503.11	1.8

2011—2020 年北京市主要用能行业的行业增加值如表 5-62、表 5-63 所示，测算的主要行业单位增加值能耗如表 5-64、表 5-65 所示。从农林牧渔业、工业、建筑业、批发和零售业、交通运输仓储和邮政业、住宿和餐饮业、信息传输软件和信息技术服务业、金融业、房地产业、租赁和商务服务业行业增加值来看，“十三五”期间农林牧渔业、工业、建筑业、住宿和餐饮业行业增加值增速较“十二五”有较大提升，分别从“十二五”期间的-0.8%、3.2%、3.6%、4.8%提升至“十三五”期间的6.5%、5.6%、5.7%、6.1%左右；“十三五”期间批发和零售业、交通运输仓储和邮政业、信息传输软件和信息技术服务业、金融业、租赁和商务服务业行业增加值增速较“十二五”有较大回落，分别从“十二五”期间的7.4%、8.0%、11.0%、9.7%、10.6%回落至“十三五”期间的6.8%、6.8%、7.2%、7.2%、7.1%左右；“十三五”期间房地产业行业增加值增速与“十二五”基本保持持平，均在6.3%左右。从农林牧渔业、工业、建筑业、批发和零售业、交通运输仓储和邮政业、住宿和餐饮业、信息传输软件和信息技术服务业、金融业、房地产业、租赁和商务服务业行业单位增加值能耗来看，分别下降 20.7%、17.3%、17.5%、21.0%、20.7%、18.1%、21.5%、21.2%、19.5%、20.8%，整体来看，北京市“十三五”单位 GDP 能耗有望下降 20.4%。

表 5-62　2010—2015 年北京市主要用能源行业增加值（2010 年价） 单位：亿元，%

行业分类	2010 年	2011 年	2012 年	2013 年	2014 年	2015 年	年均增速
农林牧渔业	127.0	128.1	132.1	136.1	136.0	121.8	-0.8
工业	2764.0	2971.3	3179.2	3427.2	3636.0	3235.1	3.2

续表

行业分类	2010 年	2011 年	2012 年	2013 年	2014 年	2015 年	年均增速
建筑业	624.4	642.5	705.0	772.7	851.5	743.4	3.6
批发和零售业	1888.5	2056.6	2139.5	2280.8	2394.8	2696.8	7.4
交通运输仓储和邮政业	712.0	756.1	808.1	864.7	923.5	1044.8	8.0
住宿和餐饮业	317.3	324.6	323.7	313.3	310.5	400.9	4.8
信息传输软件和信息技术服务业	1214.1	1492.1	1593.3	1708.0	1911.2	2050.3	11.0
金融业	1863.6	2005.2	2259.8	2508.4	2826.9	2967.0	9.7
房地产业	1006.5	938.1	1066.8	1103.0	1078.8	1359.7	6.2
租赁和商务服务业	953.2	1127.6	1234.5	1351.8	1430.2	1579.9	10.6
其他	2643.0	2814.5	2989.6	3230.9	3489.3	4098.9	9.2
合计	14113.6	15256.8	16431.6	17696.8	18988.7	20298.9	7.5

表 5－63 2015—2020 年北京市主要用能行业增加值（2010 年价） 单位：亿元，%

行业分类	2015 年	2016 年	2017 年	2018 年	2019 年	2020 年	年均增速
农林牧渔业	121.8	124.2	131.9	147.7	150.7	167.1	6.5
工业	3235.1	3458.1	3663.5	3843.1	4035.5	4242.2	5.6
建筑业	743.4	802.2	845.9	889.5	932.9	981.2	5.7
批发和零售业	2696.8	2860.4	3065.3	3276.5	3509.3	3751.7	6.8
交通运输仓储和邮政业	1044.8	1111.2	1184.5	1266.1	1355.8	1452.9	6.8
住宿和餐饮业	400.9	414.4	436.3	460.5	495.4	538.4	6.1
信息传输软件和信息技术服务业	2050.3	2225.7	2368.8	2535.7	2720.2	2898.9	7.2
金融业	2967.0	3186.2	3432.7	3690.0	3951.4	4195.1	7.2
房地产业	1359.7	1410.5	1503.6	1592.0	1698.1	1845.6	6.3
租赁和商务服务业	1579.9	1709.4	1825.1	1951.4	2081.7	2228.6	7.1
其他	4098.9	4338.2	4563.6	4881.3	5229.3	5640.2	6.6
合计	20298.9	21640.6	23021.3	24533.8	26160.4	27941.9	6.6

表 5－64 2010—2015 年北京市主要行业能耗（2010 年价） 单位：吨标煤/万元，%

行业分类	2010 年	2011 年	2012 年	2013 年	2014 年	2015 年
农林牧渔业	0.7894	0.7832	0.7627	0.7150	0.6742	0.7875
工业	0.9261	0.7841	0.7158	0.5694	0.5153	0.5979
建筑业	0.2675	0.2476	0.2134	0.1655	0.1466	0.1724
批发和零售业	0.1020	0.1028	0.1036	0.0833	0.0811	0.0719
交通运输仓储和邮政业	1.5517	1.5684	1.5283	1.3248	1.3039	1.1371

续表

行业分类	2010 年	2011 年	2012 年	2013 年	2014 年	2015 年
住宿和餐饮业	0.7545	0.7797	0.8104	0.9019	0.9405	0.7246
信息传输软件和信息技术服务业	0.0886	0.0831	0.0814	0.0797	0.0776	0.0702
金融业	0.0232	0.0254	0.0240	0.0244	0.0242	0.0222
房地产业	0.3871	0.4170	0.3858	0.3418	0.3475	0.2797
租赁和商务服务业	0.1914	0.1619	0.1590	0.1398	0.1472	0.1279
其他	0.7065	0.7132	0.7158	0.6704	0.6444	0.5438
合计	0.4927	0.4585	0.4368	0.3799	0.3598	0.3375

表 5-65　2015—2020 年北京市主要行业能耗（2010 年价）单位：吨标煤/万元，%

行业分类	2015 年	2016 年	2017 年	2018 年	2019 年	2020 年	能耗下降
农林牧渔业	0.7875	0.7671	0.7450	0.6725	0.6772	0.6241	-20.7
工业	0.5979	0.5599	0.5411	0.5233	0.5094	0.4947	-17.3
建筑业	0.1724	0.1604	0.1554	0.1505	0.1464	0.1422	-17.5
批发和零售业	0.0719	0.0690	0.0655	0.0624	0.0594	0.0568	-21.0
交通运输仓储和邮政业	1.1371	1.0946	1.0397	0.9926	0.9444	0.9012	-20.7
住宿和餐饮业	0.7246	0.7149	0.6886	0.6658	0.6313	0.5937	-18.1
信息传输软件和信息技术服务业	0.0702	0.0669	0.0633	0.0605	0.0575	0.0551	-21.5
金融业	0.0222	0.0214	0.0200	0.0191	0.0182	0.0175	-21.2
房地产业	0.2797	0.2722	0.2605	0.2500	0.2395	0.2252	-19.5
租赁和商务服务业	0.1279	0.1229	0.1158	0.1110	0.1058	0.1013	-20.8
其他	0.5438	0.5240	0.5047	0.4809	0.4571	0.4333	-20.3
合计	0.3375	0.3214	0.3071	0.2934	0.2806	0.2685	-20.4

五、“十三五”时期北京能源消费结构预测

前文基于北京市地区生产总值（GDP）、三次产业结构、人口规模、城镇化率等宏观经济指标预测的结果，综合考虑“十三五”时期北京市将推进能源消费总量控制、煤炭减量替代和碳排放权交易市场等节能减排政策，运用自下而上的方法对“十三五”时期北京市能源消费总量进行预测。预测结果显示，“十三五”时期北京市能源消费增速约为1.83%，能源消费弹性系数约为0.28，到2020年，全市能源消费总量预计达到7503万吨标准煤，“十三五”时期北京市单位GDP能耗下降

20.45%，超额完成北京市“十三五”预计减排目标［《北京市进一步促进能源清洁高效安全发展的实施意见》提出到2020年，本市单位国内生产总值（GDP）能耗降低目标为15%］。

表5－66 2015—2020年北京市能源消费总量预测结果

指标	2015年	2016年	2017年	2018年	2019年	2020年
GDP（2010年不变价，亿元）	20299	21641	23021	24534	26160	27942
GDP增速（%）	6.90	6.61	6.38	6.57	6.63	6.81
能源消费总量（万吨标煤）	6852	6954	7069	7198	7342	7503
能源消费增速（%）	0.30	1.50	1.65	1.82	2.00	2.20
能源消费弹性系数	0.04	0.23	0.26	0.28	0.30	0.32
单位GDP能耗（吨标煤/万元）	0.34	0.32	0.31	0.29	0.28	0.27
单位GDP能耗下降幅度（%）	—	—	—	—	—	－20.45

前文运用自下而上方法对“十三五”时期北京市分品种能源消费量进行预测，煤炭消费量预测结果显示，2020年北京市煤炭消费总量约600万吨。国家发改委牵头制定的《重点地区煤炭消费减量替代管理暂行办法》提出，到2017年，北京市煤炭消费量比2012年减少1300万吨，即2017年北京市煤炭消费量须控制在970万吨以内，模型预测2017年北京市煤炭消费量为1076万吨，在2017年之前亟须加大煤炭削减力度；《能源发展战略行动计划（2014—2020年）》提出到2020年，京津冀鲁四省市煤炭消费比2012年净削减1亿吨，《北京市进一步促进能源清洁高效安全发展的实施意见》提出，到2020年，北京市煤炭消费总量要控制在900万吨以内，从预测结果来看，到2020年，全市煤炭消费量预计达到599万吨，能够实现煤炭减量目标。油气预测结果显示，“十三五”时期北京市石油消费增速约为2.69%，到2020年，全市石油消费量预计达到1809万吨；天然气消费增速约为9.16%，到2020年，全市天然气消费量预计达到200亿立方米。天然气消费增速远远大于石油消费增速，究其原因是《北京市2013—2017年加快压减燃煤和清洁能源建设工作方案》《北京市清洁空气行动计划（2013—2017年）》等政策文件提出，削减燃煤之后，北京将用天然气作为主要替代能源，未来将形成“三种气源、七大通道、两大环线”的多源多向燃气供应输配体系，为“十三五”时期北京市天然气消费提供有力保障，但是受天然气价格偏高影响，2017年增加到240亿方的难度极大。电力消费预测结果显示，“十三五”时期北京市电力消费增速约为3.96%，到2020年，全

市电力消费量预计达到1157万吨亿千瓦时，受北京市产业结构调整、节能减排技术的提升、宏观经济增速放缓等多重因素影响，北京市电力消费从中高速增长转向中低速增长，2017年电力需求增加到约1200亿千瓦时的难度较大。非化石能源消费量预测结果显示，为提高清洁能源比重，北京市布局的一批新能源产业项目将在“十三五”时期发挥重要作用，非化石能源消费量在2020年将达到608万吨标准煤左右，年均增速高达7.78%，高于其他化石能源消费增速。

表5-67　2015—2020年北京市分品种能源消费量预测结果

指标	2015年	2016年	2017年	2018年	2019年	2020年
煤炭消费量（万吨）	1201	1003	858	749	665	599
煤炭消费同比增速（%）	-30.86	-16.42	-14.46	-12.74	-11.22	-9.88
石油消费量（万吨）	1584	1630	1676	1721	1765	1809
消费同比增速（%）	3.00	2.89	2.79	2.69	2.59	2.50
天然气消费量（亿立方米）	129	145	160	174	188	200
天然气消费同比增速（%）	13.67	11.89	10.34	9.00	7.83	6.81
全社会用电量（亿千瓦时）	953	992	1032	1073	1115	1157
全社会用电量增速（%）	2.07	4.12	4.04	3.96	3.88	3.81
非化石能源消费量（万吨标煤）	418	448	484	521	562	608

通过能源消费总量与分品种能源消费量对北京市2015年和2020年能源消费结构进行测算，测算结果显示，“十三五”时期煤炭比重将下降到5.7%，天然气比重超过35%，新能源和可再生能源比重将由2015年的6.1%提升到2020年的8.1%，满足《北京市进一步促进能源清洁高效安全发展的实施意见》提出的到2020年优质能源比重要提高到92%左右，新能源和可再生能源消费占比提高到8%左右的目标。北京市《国民经济和社会发展第十三个五年规划纲要》提出，北京将形成东南西北四个方向500千伏主力送电通道，外受电能力达到3200万千瓦。建成以四大热电中心为主、区域能源中心为辅、新能源和可再生能源电站为补充的多元本地电源支撑体系，清洁能源发电装机比重达到100%。“十三五”期间，北京市调入的电力逐步向清洁电力转型，调入的煤电比重从2015年的24.6%下降至2020年的16.2%。

表5-68　北京市2020年能源消费结构预测结果

年份 / 能源品种	2015			2020		
	实物量	标准量	比重（%）	实物量	标准量	比重（%）
煤炭（万吨）	1200.6	906.2	13.2	599.4	428.4	5.7
调入煤电（亿千瓦时）	559.3	1683.5	24.6	403.3	1218.0	16.2

续表

能源品种 \ 年份	2015			2020		
	实物量	标准量	比重（%）	实物量	标准量	比重（%）
天然气（亿立方米）	129.2	1580.6	23.1	200.3	2663.9	35.5
油品（万吨）	1584.4	2263.5	33.0	1809.5	2585.0	34.5
新能源和可再生能源（含调入非化石电力）	—	418.0	6.1	—	607.8	8.1
合计	—	6851.7	100.0	—	7503.1	100.0

注：按现有统计口径预测平衡，2015 年各能源品种总量为预计数，标准量单位为万吨标准煤。

六、“十三五”时期北京能源发展目标预测

北京市人民政府办公厅印发的《北京市进一步促进能源清洁高效安全发展的实施意见》中提出，到 2020 年，全市能源消费总量控制在 8800 万吨标准煤左右，其中优质能源比重提高到 92% 左右，煤炭消费总量控制在 900 万吨以内，新能源和可再生能源比重提高到 8% 左右，能源结构进一步优化；全市万元地区生产总值能耗比 2015 年下降 15% 左右。

国家统计局根据第三次经济普查结果，对全国和地方能源统计数据进行了调整，2013 年北京市能源消费总量下调 630.3 万吨标煤。以《北京市进一步促进能源清洁高效安全发展的实施意见》中提出的目标作为“十三五”时期北京市能源发展目标，总量控制目标方面，按照“强化总量控制、促进节能减排”的原则，2020 年全市能源消费总量控制在 7500 万吨标准煤左右。结构调整目标方面，到 2020 年，优质能源消费比重达到 92% 以上，其中天然气比重超过 35%；煤炭消费总量控制在 600 万吨以内，首都功能核心区（东城区、西城区）、城市功能拓展区（朝阳区、丰台区、海淀区、石景山区）实现无煤化；新能源和可再生能源占能源消费总量的比重力争达到 8% 左右。节能减排目标方面，考虑到“十三五”时期北京市经济社会发展依然面临较大挑战，设定能源发展目标须留有余地，以便为发展目标的实现留足空间，既要保证如期实现“十三五”规划的经济社会发展目标，又要保证如期实现单位 GDP 能耗下降目标。建议节能减排目标方面，到 2020 年，全市万元 GDP 能耗比 2015 年下降 17%，节能减排工作继续走在全国前列。

《中华人民共和国国民经济和社会发展第十三个五年规划纲要》中提出，能源

消费总量控制在50亿吨标准煤，单位GDP能耗累计下降15%的目标。建议北京市根据“十三五”能源发展规划目标进行相应的目标值对应，如果国家“十三五”能源发展规划能源消费总量目标值定为48.5亿吨标煤，建议北京市2020年全市能源消费总量目标定为7500万吨标准煤左右；如果国家“十三五”能源发展规划能源消费总量目标值定为50亿吨标准煤，建议北京市2020年全市能源消费总量目标定为7600万吨标准煤左右，100万吨标准煤的增量部分主要由天然气、新能源和可再生能源提供。

《中美气候领导宣言》明确提出北京在2020年左右实现二氧化碳排放峰值，要实现北京市2020年碳排放达峰，2020年后北京能源消费总量进入峰值平台期，零增长或者微增长，同时进一步结构优化。“十四五”期间须继续削减煤炭消费，控制油气消费增长，非化石能源保持较快增速，2020年后煤炭减量部分主要通过非化石能源来提供。

表5-69 “十三五”时期北京市能源发展主要目标预测结果

（国家“十三五”能源发展规划总量为48.5亿吨标准煤方案）

年份 能源品种	2015			2020		
	实物量	标准量	比重（%）	实物量	标准量	比重（%）
煤炭（万吨）	1200.6	906.2	13.2	600.0	428.9	5.7
调入煤电（亿千瓦时）	559.3	1683.5	24.6	403.3	1217.9	16.2
天然气（亿立方米）	129.2	1580.6	23.1	200.0	2660.0	35.5
油品（万吨）	1584.4	2263.5	33.0	1810.0	2585.8	34.5
新能源和可再生能源（含调入非化石电力）	—	418.0	6.1	—	607.5	8.1
合计	—	6851.7	100.0	—	7500.0	100.0

注：按现有统计口径预测平衡，2015年各能源品种总量为预计数，标准量单位为万吨标准煤。

表5-70 “十三五”时期北京市能源发展主要目标预测结果

（国家“十三五”能源发展规划总量为50亿吨标准煤方案）

年份 能源品种	2015			2020		
	实物量	标准量	比重（%）	实物量	标准量	比重（%）
煤炭（万吨）	1200.6	906.2	13.2	600.0	428.9	5.6
调入煤电（亿千瓦时）	559.3	1683.5	24.6	345.6	1043.8	13.7
天然气（亿立方米）	129.2	1580.6	23.1	220.0	2926.0	38.5
油品（万吨）	1584.4	2263.5	33.0	1810.0	2585.8	34.0

续表

能源品种 \ 年份	2015			2020		
	实物量	标准量	比重（%）	实物量	标准量	比重（%）
新能源和可再生能源（含调入非化石电力）	—	418.0	6.1	—	615.6	8.1
合计	—	6851.7	100.0	—	7600.0	100.0

注：按现有统计口径预测平衡，2015 年各能源品种总量为预计数，标准量单位为万吨标准煤。

七、北京在京津冀能源协同发展战略中的地位与作用

京津冀位于东北亚中国地区环渤海“心脏”地带，是继珠江三角洲、长江三角洲之后的第三大经济增长极。京津冀协同发展是党中央、国务院作出的一项重大战略决策，是国家三大区域发展战略之一。能源是国民经济和社会发展的基础性要素，经济、能源与环境的协调发展，是实现京津冀协同发展的重要前提。未来十年是我国全面推进能源生产和消费革命的关键时期，京津冀能源协同发展对于推进能源革命先行示范和保障京津冀能源安全具有十分重要的意义。北京作为首都及全国的政治、文化、国际交往中心，在贯彻落实国家能源战略、京津冀协同发展战略和配合国家能源体制机制改革方面有着天然的优势，在京津冀能源协同发展战略中有着举足轻重的地位和作用。

（一）京津冀能源发展现状

1. 能源消费占全国比重高，消费结构矛盾突出

2014 年，京津冀能源消费 44296 万吨标煤，占全国能源消费总量的 10.07%，是我国能源消费重心之一。分品种来看，煤炭消费 36400 万吨，占全国煤炭消费总量的 8.43%；石油消费 4576 万吨，占全国石油消费总量的 8.71%；天然气消费 215 亿立方米，占全国天然气消费总量的 11.79%；电力消费 5071 亿千瓦小时，占全国电力消费总量的 9.03%。分地区来看，河北是京津冀地区的主要能源消费地，2014 年河北能源消费 29320 万吨标准煤，占全国能源消费总量的 6.66%，占京津冀地区能源消费总量的 66.19%；天津能源消费 8145 万吨标准煤，占全国能源消费总量的 1.85%，占京津冀地区能源消费总量的 18.39%；北京能源消费 6831 万吨标准煤，占全国能源消费总量的 1.55%，占京津冀地区能源消费总量的 15.42%。分品

种分地区来看，河北煤炭消费29636万吨，占全国煤炭消费总量的6.86%，占京津冀地区煤炭消费总量的81.42%，煤炭消费比重远远高于全国平均水平；石油消费较为均匀，京津冀各地区分别各占三分之一左右；北京天然气消费114亿立方米，占全国天然气消费总量的6.23%，占京津冀地区天然气消费总量的52.82%，清洁能源比重高；河北产业结构以能源、原材料等重化工业为主，受其影响，河北电力消费3314亿千瓦小时，占全国电力消费总量的5.90%，占京津冀地区电力消费总量的65.35%。

表5－71　2014年京津冀地区分品种能源消费量

地区	能源合计（万吨标准煤）	煤炭（万吨）	石油（万吨）	天然气（亿立方米）	电力（亿千瓦小时）
北京	6831	1737	1538	114	933
天津	8145	5027	1615	45	824
河北	29320	29636	1423	56	3314
京津冀	44296	36400	4576	215	5071

资料来源：《中国能源统计年鉴2015》。

表5－72　2014年京津冀地区分品种能源消费量占全国比重　%

地区	能源合计	煤炭	石油	天然气	电力
北京	1.55	0.40	2.93	6.23	1.66
天津	1.85	1.16	3.07	2.49	1.47
河北	6.66	6.86	2.71	3.07	5.90
京津冀	10.07	8.43	8.71	11.79	9.03

注：占全国比重以全国各地区合计数为100计算。

2. 能源自给率低，能源供应主要依靠外地调入

2014年，京津冀煤炭一次能源生产量7802.93万吨，远远不能满足36400万吨的消费需求，其中天津100%需要外地调入；石油一次能源生产量3667.17万吨，自给率约80.14%，其中北京100%需要外地调入，天津从外省（区、市）调入4056.50万吨；天然气一次能源生产量38.65亿立方米，82.02%需要从外部调入，其中北京100%需要从外省（区、市）调入，天津、河北均需从外地调入38亿立方米；一次电力生产量202.23亿千瓦小时，自给率仅3.99%，其中北京需从外省（区、市）调入573.35亿千瓦小时，河北需从外省（区、市）调入835.03亿千瓦小时。

表 5-73 2014 年京津冀地区分品种一次能源生产量

地区	煤炭（万吨）	石油（万吨）	天然气（亿立方米）	电力（亿千瓦小时）	其他能源（万吨标准煤）
北京	457.49	0.00	0.00	9.76	54.67
天津	0.00	3074.84	21.15	6.31	32.95
河北	7345.44	592.33	17.50	186.16	0.00
京津冀	7802.93	3667.17	38.65	202.23	87.62

资料来源：《中国能源统计年鉴 2015》分地区能源平衡表。

表 5-74 2014 年京津冀地区分品种能源外省（区、市）调入量

地区	煤炭（万吨）	石油（万吨）	天然气（亿立方米）	电力（亿千瓦小时）	其他能源（万吨标准煤）
北京	1725.80	1170.60	113.70	573.35	0.00
天津	4563.95	4056.50	37.94	198.58	81.86
河北	22467.90	1364.01	37.79	835.03	0.00

资料来源：《中国能源统计年鉴 2015》分地区能源平衡表。

3. 节能减排基础差异大，能效水平两极分化

"十二五"以来，京津冀地区以 10% 的能源消费，仅创造了 10% 的国内生产总值，能效水平相对长三角、珠三角地区还有较大差距。以 2014 年 GDP 现价计算，京津冀地区万元 GDP 能耗为 0.6659 吨标准煤，高于全国万元 GDP 能耗 0.6556 吨标准煤的平均水平，而同期长三角、珠三角地区万元 GDP 能耗分别为 0.4595 和 0.4200 吨标准煤，低于全国平均水平 29.9% 和 35.9%。从京津冀区内三省市能效水平来看，北京、天津万元 GDP 能耗分别低于全国平均水平 51.9% 和 23.6%，而河北万元 GDP 能耗高于全国平均水平 53.8%，同期长三角区内的上海、江苏、浙江万元 GDP 能耗分别低于全国平均水平 26.6%、31.6% 和 29.2%，其能效水平基本趋同。

（二）京津冀能源协同发展面临的形势

1. 能源需求稳定增长，能源保障要求趋高

从经济发展阶段来看，北京已进入后工业化发展阶段，天津的工业化也基本完成，河北还处于工业化中期，今后一个时期，京津冀地区将率先进入后工业化发展阶段，工业用能下降，相应的用能需求主要集中在建筑、交通、生活等领域。国际

经验表明，能源需求在工业化前中期高速增长，工业化后期仍保持稳定增长，但弹性系数小于1，后工业化阶段能源需求增速下降，能源需求逐步趋于稳定。京津冀地区与长三角、珠三角地区比肩而立，是新常态下拉动我国经济发展新的增长极，能源是经济社会发展的“血液”，京津冀协同发展对能源保障提出了更高的要求。

2. 煤炭减量替代，其他品种能源将作为补充

《重点地区煤炭消费减量替代管理暂行办法》提出，到2017年，北京市煤炭消费量将比2012年减少1300万吨，天津市将减少1000万吨，河北省将减少4000万吨，山东省将减少2000万吨；《能源发展战略行动计划（2014—2020）》提出，到2020年，京津冀鲁四省市煤炭消费要比2012年净削减1亿吨，长三角、珠三角煤炭消费总量要求实现负增长。随着京津冀协同发展的稳步推进，能源消费还将合理增加，煤炭刚性削减将会导致能源缺口，保供的压力增加，亟须通过其他品种能源来补充，新形势下天然气将是弥补削减煤炭消费造成能源缺口的主要替代能源，其他能源形式是有益补充。

3. 大气污染联防联控，能源清洁化替代刻不容缓

京津冀水土相连，同在一片蓝天下，防治污染、改善生态环境是京津冀地区人们的共同愿望。京津冀及周边地区作为中国大气污染最为严重的区域，煤炭大规模利用，是区域大气污染物排放浓度过高的重要原因之一。虽然北京、天津煤炭消费比重较低，但河北省消耗了以煤炭为主的大量能源，导致京津冀地区大气污染问题愈加严峻，特别是以细颗粒物（PM2.5）为特征的区域性大气环境问题日益突出。《京津冀及周边地区落实大气污染防治行动计划实施细则》指出，在治理大气污染的压力下，京津冀地区清洁能源的替代利用是降低污染的最佳选择。

4. 区域发展不平衡，能源协同发展亟须创新驱动

受京津冀各地区经济发展、体制机制、科技创新等方面不平衡影响，区内三省市能效水平两极分化严重，在京津冀协同发展过程中，能效水平趋同对能源协同发展提出了更高要求和挑战，亟须科技创新和体制机制创新双轮驱动。京津冀地区作为全国科技研发创新基地，适应未来能源发展的智能电网、大容量储能、电动汽车、能源互联网、煤炭清洁高效利用等新能源新技术有待进一步突破，为能源高效可持续发展提供技术保障。同时在全面深化改革的大背景下，通过加快京津冀地区能源政策体系完善和相关体制机制改革来提升资源优化配置的空间巨大。

（三）保障京津冀能源安全的战略举措

1. 落实京津冀协同发展战略，推进能源一体化建设

一是做好京津冀能源发展规划与国家能源总体规划的纵向对接，将京津冀区域能源战略放在“十三五”能源总体规划中统筹考虑，统筹做好京津冀煤油气电与全国能源战略规划的衔接平衡。二是做好京津冀与长江经济带、丝绸之路经济带西北六省区区域之间的横向衔接，与区外主要经济带或经济圈加强能源优势互补，优化时空布局，发挥京津冀在能源区域协同发展中的比较优势。三是做好区域内三地能源发展规划与京津冀总体规划的内部衔接，增强能源基础设施互联互通和能源系统结构优化的横向协同，优化能源系统，推动差异发展和协同发展。

2. 坚持节能减排绿色低碳导向，推进能源消费和供给革命

一是严格控制能源消费总量和煤炭消费量，根据京津冀三地未来经济社会发展所处的阶段，科学合理确定能源消费总量，同时认真落实煤炭消费减量替代，大力削减煤炭消费量，确保2017年京津冀煤炭消费量比2012年减少6300万吨。二是加快实施煤电节能减排升级改造、燃煤机组超低排放改造、成品油质量升级改造、工业节能、绿色建筑和绿色交通行动计划等重点节能减排工程步伐，从能源转型的角度改善京津冀空气质量。三是加强电网、油气管网等清洁能源供应基础设施建设，充分利用河北张家口市张北地区风能和太阳能丰富的资源优势，大力发展清洁能源。

3. 增强创新发展能力，推进能源科技和体制机制革命

一是充分发挥北京科技创新和天津先进制造研发方面的优势，集中攻关超超临界燃煤发电、高能量密度储能、新型储能材料等重大前沿技术。二是依托天津科技研发转化和创新成果产业化基地、河北新能源及储能前沿技术示范基地、京津冀清洁电力外送基地等主要基地，示范应用推广电动汽车、光热发电、特高压智能电网、大规模储能等技术。三是打破三地行政壁垒，在京津冀地区推行电力、天然气、石油等重点领域改革先行先试，充分发挥市场在区域内能源资源配置中的决定性作用，为全国其他地区推行能源体制机制革命提供经验。

4. 加强区外区内能源合作，提升京津冀能源安全保障能力

一是以“一带一路”战略为契机，加强与蒙古国在太阳能、风能和煤炭等方面的合作，推进输电通道等跨境能源基础设施互联互通，加强与俄罗斯在天然气方面

的合作，加快中俄东线天然气管道建设，确保从2018年开始通过中俄东线天然气管道向中国供气。二是加强与内蒙古、山西、山东等周边能源资源大省之间的合作，优化与区外省份的能源互联互通布局，尤其是亟须加快清洁能源输入通道建设。三是贯彻协同发展战略部署，根据京津冀各自的功能定位，推进三地能源一体化建设，集成优化京津冀能源系统，提升区域内能源系统运行效率。

八、“十三五”时期保障北京能源安全的政策建议

（一）控制能源消费增长速度，推进能源消费革命

一是严格控制能源消费总量，实施更为严格的环保准入标准，坚决控制新上高耗能、高污染、高排放和产能过剩行业项目，建立产业结构向“高精尖”转型的长效机制；二是大力刚性削减煤炭消费总量，全面关停燃煤机组，淘汰退出高耗能、高污染企业，加快推进城乡结合部和农村地区“减煤换煤”步伐，压减民用燃煤总量；三是严格控制重点行业能源消费增长，坚决控制新建或改扩建石化、化工、建材等高耗能行业项目，提高新建建筑和新机动车的能效标准；四是实时监测全市重点用能区县、重点用能行业、重点用能企业的煤炭、石油、天然气、电力等主要能源品种消费情况，对能源消费超标单位提前进行预测预警；五是将2020年全市能源消费总量7500万~7600万吨标准煤、煤炭消费总量600万吨等控制目标分解到各个区县和各行业，加大对区县和行业的能源消费监管力度；六是推动居民生活用能方式变革，充分利用广播、电视、报刊、杂志、互联网等多种媒体广泛宣传绿色低碳消费，引导居民树立低碳消费观念，实现生活能源消费从传统消费模式向绿色低碳消费模式转变。

（二）加快能源结构调整，推进能源供给革命

一是大幅降低煤炭在一次能源消费总量中的比重，严格落实《能源发展战略行动计划（2014—2020年）》《煤电节能减排升级与改造行动计划（2014—2020年）》《京津冀及周边地区落实大气污染防治行动计划实施细则》等政策文件中的煤炭削减目标，力争超额完成任务；二是提高天然气消费比重，扩大天然气在工业、制冷、交通、发电等领域的应用，拓展天然气在城乡结合部和农村地区的应用，加快天然

气管网和储气基础设施建设，实现天然气管网覆盖全市；三是优化外调电力来源地与北京之间的外受电力通道、变电设施、高压环网建设，实施城乡结合部和农村地区农网建设和改造工程，提高首都电力供给保障水平；四是大力发展新能源和可再生能源，加快推动公共建筑、工业厂房和居民楼使用地热、再生水、余热等热泵供暖系统开发利用，在学校、工业园区、大型公共建筑等场所推进太阳能光伏发电，推进中心城区生活垃圾焚烧发电，为城市提供绿色能源。

（三）发挥首都科技创新优势，推进能源科技革命

一是以科技创新为引领，大力推进煤炭及相关行业低碳化发展，推广燃煤机组的超低排放技术，实现终端煤炭消费清洁化；二是大力发展储能技术，充分发挥首都科研人才集聚优势，组织专家对锂、钠硫、铁铬、全钒、锌空、铝空等储能电池、抽水蓄能、储热等技术进行联合攻关，在可再生能源并网、分布式发电、微网、电动汽车等领域开展储能技术示范项目；三是积极主动应对“互联网+”发展新态势，运用能源互联网将能源生产端、能源传输端、能源消费端连接起来，充分利用大数据分析、人工智能、数据挖掘、机器学习、预测等技术对能源互联网中的数据进行分析，动态调整北京能源供需关系，提高首都能源经济运行的监测预测预警能力；四是加快能源科技创新体系建设，推进能源科技成果转化，建立能源企业、高校、研究机构为一体的产学研联盟，针对首都能源发展密切相关的热电联产、新型储能材料、燃料电池、智能电网、分布式能源等技术开展深入研究，以打造北京能源科技创新基地。

（四）稳步开展能源改革试点先行，推进体制机制革命

一是针对国家能源发展开展战略性、前瞻性研究，密切关注国家能源体制机制改革动向，提前科学谋划北京市贯彻落实国家能源战略和配合国家能源体制机制改革的相关举措，在重点领域推动改革试点，为全国相关领域改革提供示范；二是进一步完善市场对能源价格的调节作用，还原能源商品属性，构建有效竞争的市场结构和市场体系，形成主要由市场决定能源价格的机制，认真落实中共中央国务院《关于进一步深化电力体制改革的若干意见》，稳步推进电力体制改革，加快天然气、石油、供热、燃气、新能源等重点领域价格改革；三是积极引入社会资本参与能源建设，落实《国务院关于创新重点领域投融资机制鼓励社会投资的指导意见》

《国家发展改革委关于开展政府和社会资本合作的指导意见》《关于推进水污染防治领域政府和社会资本合作的实施意见》等文件中的精神，通过 BT、BOT、PPP 等方式鼓励社会资本进入能源基础设施、清洁能源开发等领域；四是创新政府对能源的监管职能，加强北京市能源发展规划的制订，对全市整体能源发展规划进行延伸和细化，将总体规划任务目标分解落实到各个区县、各个行业等专项规划中，保证总体规划的执行力和可操作性，同时明确一些带有全局性、长远性的能源重大投资项目和相关配套项目，保证规划能够落到实处。

（五）加强国际国内能源合作，提高首都能源安全保障能力

一是紧紧抓住国家“丝绸之路经济带”和“21 世纪海上丝绸之路”建设这一重大历史机遇，充分发挥北京在能源科技创新领域的比较优势，加强与“一带一路”沿线能源资源丰富的国家开展能源科技创新合作，共同应对全球能源科技革命；二是深化与山西、内蒙古等地的能源合作，山西、内蒙古的煤炭、风能、太阳能资源比较丰富，按照“优势互补、合作共赢”的原则，建立长期稳定的能源合作机制，共同构建更加稳固的区域能源保障体系；三是以京津冀协同发展为契机，协同发展，能源先行，加强与天津、河北等周边省市的能源协同发展，将优化三地能源消费结构，实现大气污染防治联防联控放在首位，构建更加稳定的清洁能源合作关系；四是加强与国家电网、中石油、中石化、神华集团、中海油等重点能源企业的合作，双方共同制定未来能源供应长效机制，明确约定能源供应数量和质量，并推动重大项目合作，充分保障首都电力、煤炭、石油、天然气等能源需求；五是支持北京能源集团有限责任公司等重点能源企业“走出去”，充分发挥资本优势，与重点能源产地开展投资合作，共同推进煤电一体化、煤化一体化、油炼一体化、清洁能源发电等重点合作项目建设。

参考文献

[1] 中国能源中长期发展战略研究项目组．中国能源中长期（2030、2050）发展战略研究［M］．北京：科学出版社，2011.

[2] 中国能源发展战略研究组．中国能源发展战略选择［M］．北京：清华大学出版社，2013.

[3] 林伯强．中国能源发展报告 2015［M］．北京：北京大学出版社，2015.

[4] 范必．决策参考 3：中国能源政策研究［M］．北京：中国言实出版社．

[5] 朱彤，王蕾．国家能源转型：德、美实践与中国选择［M］．杭州：浙江大学出版社，2016.

[6] 杜群，王利等．能源政策与法律——国别和制度比较［M］．武汉：武汉大学出版社，2014.

[7] 史丹，朱彤．能源经济学理论与政策研究评述［M］．北京：经济管理出版社，2013.

[8] 北京统计局，国家统计局北京调查总队．北京统计年鉴 2015［M］．北京：中国统计出版社，2015.

[9] 北京统计局，国家统计局北京调查总队．北京统计年鉴 2014［M］．北京：中国统计出版社，2014.

[10] 北京统计局，国家统计局北京调查总队．北京统计年鉴 2012［M］．北京：中国统计出版社，2012.

[11] 杜君立．煤炭驱动下的北京历史［J］．企业观察家，2013（11）：118－120.

[12] 潘惠楼．北京煤炭工业 60 年发展述略（1949—2009 年）［J］．中国矿业大学学报（社会科学版），2011（2）：90－94.

[13] 王红霞等．北京地区多气源天然气互换性的探讨［J］．石油规划设计，2010（1）：18－20.

[14] 高新宇，等．北京新能源产业发展思路及政策探析［J］．中国能源，2009（9）：25－26.

[15] 郭维圻．对建立北京天然气供热安全保障体系的思考［J］．区域供热，2013（2）：10－14.

[16] 王朝华．北京新能源发展现状与对策分析［J］．经济论坛，2012（9）：12－14.

[17] 李印香．北京新能源汽车产业发展策略探析［J］．前线，2011（5）：47－48.

[18] 董建伟．北京新能源汽车产业发展的制约因素与对策［J］．财经问题研究，2014（s2）：20－23.

[19] 苏喆等．北京电网建设的外部环境分析及对策［J］．农村电气化，2009（3）：5－6.

[20] 中国可再生能源学会太阳能建筑专委会，北京新能源与可再生能源协会．北京地区太阳能采暖工程现状与分析［J］．2008（4）：2－7.

[21] 田闻旭，谭忠富，等．节能减排目标下北京能源消费布局优化分析［J］．中国能源，2012（9）：31－41.

[22] 姚永玲．北京城市发展中的能源消耗影响因素分析［J］．中国人口，资源与环境．2011（7）：40－45.

[23] 邢芳芳，王效科等．北京终端能源碳消费清单与结构分析［J］．环境科学，2007（9）：1918－1923.

[24] 樊艳云，陈首丽．北京产业结构调整与能源消费的灰色关联关系［J］．山西财经大学学报，2010（1）：92－93.

[25] 城市客运交通能源需求与环境排放研究——以北京为例［J］．北京理工大学学报（社会科学版），2013（5）：10－15.

[26] 李振宇，黄格省等．从能源消费结构分析北京雾霾天气成因及防治措施［J］．当代石油石化，2013（6）：11－16.

[27] 王铮，朱永彬．省区碳排放量状况及减排对策研究［J］．中国科学院院刊，2008（2）：109－115.

[28] 张菊，苗鸿等．近20年北京市城近郊区环境空气质量变化及其影响因素分析［J］．环境科学学报，2006（11）：1886－1892.

[29] 仲平. 建筑生命周期能源消耗及其环境影响研究 [D]. 成都：四川大学，2005.

[30] 郝吉明，王丽涛. 北京市能源相关大气污染源的贡献率和调控对策分析 [J]. 中国科学（D辑：地球科学），2005（35）：115－122.

[31] 马礼梅，张晓. 中国雾霾污染的空间效应及经济、能源结构影响 [J]. 中国工业经济，2014（4）：19－31.

[32] 胡军峰，赵晓丽. 北京市能源消费与经济增长关系研究 [J]. 统计研究，2011（3）：79－85.

[33] 朱松丽. 北京、上海城市交通能耗和温室气体排放比较 [J]. 城市交通，2010（3）：58－63.

[34] 赵晓丽，欧阳超. 北京市经济机构与能源消费关系研究 [J]. 中国能源，2008（3）：21－41.

[35] 柴立龙，马承伟. 北京地区温室地源热泵供暖能耗及经济分析 [J]. 农业工程学报，2010（3）：249－254.

[36] 张铁映. 城市不同交通方式能源消耗比较研究 [D]. 北京：北京交通大学，2010.

[37] 朱守先，张雷. 北京市产业结构的节能潜力分析 [J]. 资源科学，2007（6）：194－198.

[38] 程强. 北京延庆地区农村住宅节能设计研究 [D]. 北京：清华大学，2008.

[39] 王卉彤，慕淑茹. 北京市能源消费总量、结构与碳排放的趋势研究 [J]. 城市发展研究，2010（9）：55－61.

[40] 冯悦怡，张力小. 城市节能与碳减排政策情景分析——以北京市为例 [J]. 资源科学，2012（3）：541－550.

[41] 陈海燕. 北京工业终端能源消费变化的分解研究 [J]. 中国能源，2006（12）：28－40.

[42] 潘一玲，徐彦峰. 北京能源规划的若干思考 [J]. 北京规划建设，2005（1）：55－57.

[43] 夏春，孙鹏. 北京民用住宅太阳能集中热水系统的应用分析 [J]. 北京建筑大学学报，2014（3）：50－69.

[44] 余潇潇，张璞．北京电网风电发展与消纳能力［J］．电力建设，2015（8）：49－54.

[45] 丁海华，崔彬．北京的地热资源及其开发利用前景［J］．太阳能，2007（3）：48－50.

[46] 王树芳．北京地热利用与碳减排［J］．城市地质，2014（S1）：22－29.

[47] 樊栩静，王继龙．世界城市生物质能发展对北京的启示［J］．节能与环保，2014（1）：56－58.

[48] 张迪，周运斌等．北京电网生物质发电潜力分析［J］．农村电气化，2012（3）：51－52.

[49] 高雪景，任雪勇等．北京地区生物质能利用工程现状及政策建议［J］．现代化工，2011（S1）：8－11.

[50] 石帅，张大红．成型生物质燃料在北京农村替代社会用煤研究［J］．林业经济，2010（10）：88－91.

[51] 陈洁民，张尧等．北京碳排放交易发展现状分析［J］．2012（11）：52－55.

[52] 黄蕊，王铮等．上海、北京和天津碳排放的比较［J］．城市环境与城市生态，2012（2）：23－30.

[53] 杨巍，王伶．纽约节能减排做法对北京的启示［J］．环境保护，2012（4）：76－78.

[54] 于启武，李建茹．北京发展节能环保汽车的节能减排效果分析［J］．价值工程，2012（27）：32－35.

[55] 林玲．北京制造业节能减排潜力研究［D］．北京：北京林业大学，2013.

[56] 杨卫红，何永秀等．北京电网发展与经济发展协调性评价［J］．华东电力，2009（10）：1627－1630.

[57] 蔡伯华．基于供电可靠性的北京城市电网规划经济性研究［D］．北京：华北电力大学，2012.